U0921049

特别鸣谢：

中国嘉德国际拍卖有限公司
北京保利国际拍卖有限公司
北京翰海拍卖有限公司
中贸圣佳国际拍卖有限公司
北京匡时国际拍卖有限公司
西泠印社拍卖有限公司
北京荣宝拍卖有限公司
长风拍卖有限公司
北京华辰拍卖有限公司
北京诚轩拍卖有限公司
北京永乐国际拍卖有限公司
北京歌德拍卖有限公司
北京万隆拍卖有限公司
上海朵云轩拍卖有限公司
上海泓盛拍卖有限公司
上海道明拍卖有限公司
天津市文物公司
山东天承拍卖有限公司
中国嘉德广州国际拍卖有限公司
云南典藏拍卖有限公司
台湾罗芙奥艺术集团
佳士得国际（CHRISTIE'S）
苏富比国际（SOTHEBY'S）

2010 中国艺术品拍卖年鉴

书画

CHINESE ARTS AUCTION RECORDS

中国艺术品拍卖年鉴编委会

CPPH 中国画报出版社
CHINA PICTORIAL PUBLISHING HOUSE

图书在版编目（CIP）数据

2010中国艺术品拍卖年鉴. 书画 / 《2010中国艺术品拍卖年鉴》编委会编著.
——北京：中国画报出版社，2011. 1
ISBN 978-7-80220-994-7

Ⅰ. ①2… Ⅱ. ①2… Ⅲ. ①艺术—作品—拍卖—价格—中国—2010—年鉴②中国画—拍卖—价格—中国—2010—年鉴③汉字—法书—拍卖—价格—中国—2010—年鉴 Ⅳ. ①F724.787-54

中国版本图书馆CIP数据核字(2010)第255235号

2010中国艺术品拍卖年鉴·书画 CHINESE ARTS AUCTION RECORDS

出 版 人：田 辉
编　　著：中国艺术品拍卖年鉴编委会
责任编辑：齐丽华
出版发行：中国画报出版社
（北京市海淀区车公庄西路33号，邮编：100048）
电　　话：010-88417359（总编室兼传真）010-68469781（发行部）
010-88417417（发行部传真）
网　　址：//www.zghbcbs.com
电子邮箱：cpph1985@126.com
海外总代理：中国国际图书贸易集团有限公司
印　　刷：北京画中画印刷有限公司
开　　本：889×1194毫米 1/16
印　　张：24
版　　次：2011年1月第1版 2011年1月第1次印刷
书　　号：ISBN 978-7-80220-994-7
定　　价：188元
（版权所有，违者必究）

跨越亿元的辉煌
——2009年中国书画拍卖市场述评

赵榆 秦岳峰

2009年，是中国书画拍卖市场最激动人心的一年，这一年，中国书画首次进入亿元时代，这在中国艺术品拍卖史上具有里程碑意义。2009年创造的辉煌成就，必将载入史册。

在中国艺术品拍卖市场各细分板块中，中国书画向来独占鳌头，拍品数量大、成交额高。据统计，2008年，全国八家知名拍卖公司成交中国古代书画、中国近现代书画、中国当代书画7853件，占成交总件数的37.9%，成交额244453.2万元，占总成交额的44.85%。2009年，全国八家公司成交古代书画、近现代书画、当代书画10385件，占成交总件量的38.5%，成交额567682.1万元，占成交总额的65.5%，不夸张地说，中国书画占据了中国艺术品拍卖市场的半壁江山。

一年三次刷新纪录 古代书画创造辉煌

因为丰富的艺术内涵、独特的文化价值、稀缺的存世数量，自北宋以来，古代书画就是收藏界的重镇。解放以后，中国收藏界出现了长达四十年的断层，由于各种原因，古代书画的价值长期被低估。二十世纪九十年代国内艺术品市场开放之后，相比国内知名的近现代画家的作品，古代书画的价格依然偏低。抑之既久，其扬必速。经过连续多年的积累，古代书画在2009年终于厚积薄发，一飞冲天，多件拍品成交价超过亿元，一年之内，连续三次刷新中国书画成交价格的世界纪录。这既是中国古代书画文化价值的再发现，也是中国书画艺术品价值的再评估。

一场成功的中国书画拍卖会，必定要有高品位、高价格的中国书画上拍、成交，这是拍卖会成功与否的标志。2009年，仅就北京保利、中国嘉德、北京翰海、北京匡时、中贸圣佳、杭州西泠、北京华辰、北京荣宝八家大型拍卖公司统计，中国书画单件成交额超过百万元的就达770件，超过五千万元的十三件，其中古代书画就占了十件，超过亿元的有四件，全部出自古代书画。

北京匡时春拍，八大山人的《仿倪云林山水》立轴，估价为1400-1600万元，经过激烈竞争，最后以8400万元成交，第一次刷新了2007年中国嘉德明仇英《赤壁图》手卷创造的7952万元成交纪录。

中贸圣佳十五周年庆典拍卖会，清徐扬的《平定西域献俘礼图》手卷，以13440万元成交，再次刷新中国书画最高纪录，使得中国书画首次突破亿元大关，把中国书画带进亿元时代。徐扬《平定西域献俘礼图》手卷，是一件重大历史题材的鸿篇巨制，具有极高的历史价值、文献价值、艺术价值，曾著录于《石渠宝笈》，其成交价格可说是物有所值，实至名归。

中国嘉德秋拍，宋朱熹、张景修等《宋名贤题徐常侍篆书之迹》，估价不过160万-350万之间，经过几位买家漫长的拉锯战，最后以10080万元成交，超出原估价数十倍。

北京保利秋拍，唐宋八大家之一的曾巩唯一传世名帖《局事帖》，估价在1200-1800万之间，经过激烈竞争，最后以10864万元成交，同时创造了中国书法艺术品的最高纪录。这件作品经由项元汴、何良俊、安岐、王芑孙等大藏家收藏，经徐邦达题跋，来源可靠，递藏清晰，拍出高价，不出意外。明吴彬的《十八应真图》手卷，曾著录于《石渠宝笈》，估价为2000-3000万元，经过多轮竞投，最后以高出底价八倍的16912万元成交，第三次刷新中国书画最高纪录。这幅手卷曾于1992年在纽约以62万美元拍出，时隔十七年，竟以超过原价二十余倍的价格成交。

至此，2009年秋季拍卖会有四件中国古代书画突破亿元大关。

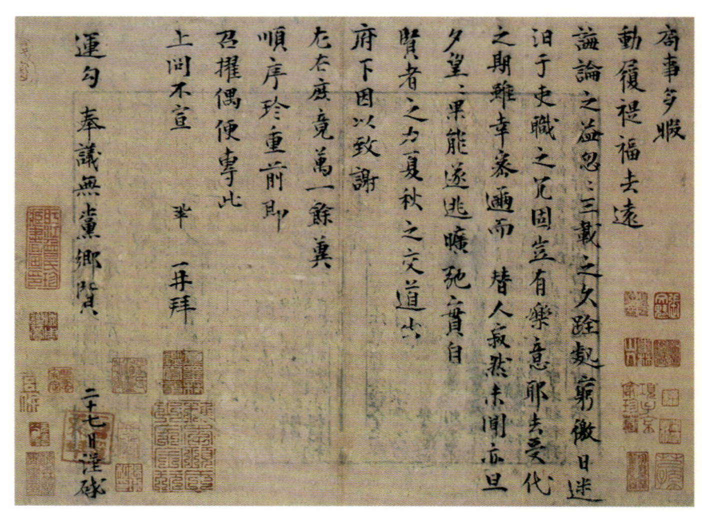

其实，古代书画价格的暴涨，在春拍时已见端倪，除八大山人《仿倪云林山水》打破原拍卖纪录外，还有一些古代书画作品都创出了高价。中国嘉德春拍推出的宋人（旧题萧照）的《瑞应图》手卷，著录于《石渠宝笈》，估价为650-1000万元，最后以5824万元高价成交；北京保利春拍推出宋徽宗（赵佶）的《写生珍禽图》手卷，曾著录于《石渠宝笈》，2002年中国嘉德第一次推出，以2530万元成交，被比利时人尤伦斯购得，八年后再次推出，最后以6174.2万元成交。

此外，秋拍还有数件书画作品以高价成交。中国嘉德秋拍推出的董其昌行书叶向高《龙神感应记》，清宫旧藏，缂丝包首，著录于《石渠宝笈初编》，以4480万元成交。此件作品曾在嘉德2008年秋拍中上拍，但因未达底价而流拍；萧云从《青山高隐图》手卷，估价为680-880万元，以高出底价近十倍的6720万元成交；宋克《草书杜子美诗》卷，估价为650-950万元，以6832万元成交；杭州西泠秋拍中，金农的《花果册》是其晚年精品，以3976万元高价成交，同时创造了金农作品拍卖最高纪录。这件作品曾在北京荣宝2006年秋拍，以412.5万元成交，三年时间，价格上涨了十倍。

近现代名家精品，各领风骚

近现代书画名家辈出，各擅胜场，各领风骚。因创作年代接近，内容丰富多彩，易于欣赏和理解，且存世数量大，因此受到人们的普遍认知和广泛喜爱。特别是那些已在美术史上确立地位的名家精品，持续受到市场追捧，吴昌硕、齐白石、黄宾虹、徐悲鸿、潘天寿、张大千、傅抱石、李可染等大家名品更是屡创新高。

海派书画始祖吴昌硕作品近年市场表现依然平稳，香港苏富比春拍，《秋光图》估价80-120万港元之间，以314万港元成交；保利秋拍，《清供图》估价140-180万元，最后以414.4万元成交；西泠秋拍，《仙木桃实图》估价150-250万元，最后以459.2易手。

徐悲鸿作为融汇中西的绘画大师，一直是拍卖市场上的超级明星。保利春拍，《春之歌》估价580-680万元，最后以1013.6万元成交；《奔马》估价260-360万元，以784万元成交；秋拍，《醒狮图》估价560-680万元，以1288万元成交。嘉德秋拍，《柳荫三骏》估价580-680万元，最后以1176万元成交。翰海秋拍，《双猫图》估价600-800万元，以784万元成交。荣宝秋拍，《六朝诗意图》估价800-1000万元，最后以985.6万元成交；匡时秋拍，《双骏图》估价250-350万元，最后以683.2万元成交。

黄宾虹作为水墨山水画大师，近年渐渐被藏家认识和接受，市场价位逐渐攀升。西泠春拍，《山水写生册》估价250-350万元，最后成交价为459.2万元；西泠秋拍，《陆游渭南词意图》，估价120-180万元，以515.2万元成交。嘉德秋拍，《浅绛山水四屏》，估计为380-580万元，以1232万元高价成交。

张大千先生是我国近现代书画巨擘，被徐悲鸿先生称赞为五百年来一大千。在拍卖场上，张大千的作品都是万众瞩目的焦点，价位稳步提升。

保利春拍，《峒关蒲雪》估价380-480万元，最后以621.6万元成交；中贸圣佳十五周年庆典，《松下观瀑》估价480-680万元，以739.2万元成交；香港佳士得秋拍，《看山须看故山青》估价200-300万港元，以542万港元成交；朵云轩秋拍，《白描画稿》估价360-450万元，最后以929.6万元高价

成交；嘉德秋拍，《五色荷花》以1232万元成交。

北京匡时春拍推出了张大千专场，大获成功。《文会图》估价400-500万元，以1366.4万元成交；《仿宋人山寺图》估价750-900万元，以1433.6万元成交。秋拍一鼓作气，重点推出了张大千的巨幅泼墨《瑞士雪山》，最终以5264万元成交，创造了张大千个人作品最高纪录；《长生殿》估价650-750万元，以1120万元成交。

山水画大师傅抱石的作品一直价格坚挺，表现非常突出。香港苏富比春拍，《醉僧图》估价320-500万港元，以626万港元成交；嘉德秋拍，名作《巴山夜雨》以1848万元成交；西泠秋拍，《袁安卧雪图》估价480-700万元，以1030.4万元成交；《华岳千寻图》估价600-900万元，以1288万元成交；香港佳士得秋拍，名作《杜甫诗意图》，估价待询，以6002万港元高价成交。

水墨山水画大师李可染近年备受追捧，屡创天价。香港长风春拍，《爱晚亭图》以380万港元起拍，以495万港元成交；诚轩春拍，传世名作《韶山》以1624万元的高价成交。香港苏富比秋拍，《山林清音图》估价300-450万港元，成交价为734万港元；荣宝秋拍，《阳朔一景》估价400-500万元，以537.6万元成交；保利秋拍，《乱山丛中百丈泉》估价320-360万元，以481.6万元成交。

写意画大师潘天寿传世作品大都收藏于博物馆，因存世量少，故价格一直高企，从2008年开始，涨幅明显。保利秋拍，《竹石双禽图》咨询价，以952万元成交；西泠秋拍，《竹石鸣蛙图》估价80-130万元，以336万元成交；匡时秋拍，《细雨鱼儿出》估价120-150万元，以403.2万元成交。

中国嘉德秋拍推出了蒋兆和先生的巨作《中国人民站起来了》，估价为800-1000万元，以1904万元成交，创造了蒋兆和作品最高纪录。

2009年，陆俨少有多幅山水画精品创出高价。保利秋拍，《古贤诗意图册》估价480-680万元，以795. 2万元成交；西泠秋拍，《宋人诗意册》估价600-900万元，以2464万元成交；匡时秋拍，《金罗店》估价180-250万元，以487.2万元成交。

在所有近现代书画家中，齐白石的书画作品表现无疑最为耀眼。

齐白石是二十世纪中国的艺术大师，兼善诗、书、画、印，是集画家、书法家、篆刻家、诗人于一身的旷世通才。齐白石的画作雅俗共赏，作品成交率和成交额一直都名列前茅，近年来，更是屡创新高。

2009年，齐白石的书画作品备受市场追捧，不仅上拍数量浩繁，而且价格飙升，可以说是齐白石年：一、高价位成交的作品众多。这一年全国八家知名拍卖公司推出的齐白石作品，仅单件成交额超过百万元的就有一百零六件,超过五百万元的有十二件，超过千万元的有五件，《可惜无声》册，以9520万元成交，直逼亿元大关，创造了中国近现代书画和齐白石作品的最高纪录。《可惜无声》北京翰海1995年秋季第一次推出时，以180万元成交，此次推出，时隔十五年，增值五十多倍。二、成交价都是在底价基础上大幅度提升。北京翰海秋拍推出的齐白石《许君长寿》，估价仅为40-50万元，最后以高出底价十余倍的554.4万元成交；《贝叶草虫》，估价为600-800万元，最后以1680万元成交。北京保利秋拍推出的巨幅《松鹰图》，估价为800-1000万元，以1456万元成交。三、高价位成交的作品，大多是曾经被出版著录过或者是名人收藏、名人鉴定、名人题跋的作品。如中国嘉德秋拍推出的“中国近现代书画专场（一）”，齐白石的作品成交超过百万元的有十七件，曾经公开出版著录过的作品就达十五件。

书法作品 迭创新高

书法艺术是中华民族独特的艺术形式，它以点线律动为特征，至简至繁，形神兼备。自古“书画同源”，是和绘画并驾齐驱的姊妹艺术。但长期以来，较之绘画作品，书法作品的价位明显偏低，其价值被明显低估。随着人们欣赏水平的不断提高，书法作品越来越受到关注，与绘画价格的巨大落差正在快速缩小。2009年，名家法书行情持续上涨，成为书画拍卖市场一大亮点。特别是古代书法，已形成书画、绘画双峰并峙、难分伯仲的格局。秋拍中，曾巩《局事帖》和朱熹、张景修等《宋名贤题徐常侍篆书之迹》双双过亿，更是将书法艺术品推向了高潮。除此之外，其他书法名家的作品也表现不俗，如广州嘉德秋拍推出的赵孟頫《勉学赋并序》，估价在200-250万元，最后以1209.6万元易手；中国嘉德秋拍推出的宋克《草书杜子美壮游诗》，估价650-950万元，最后以高出估价十倍的6832万元成交。此外，董其昌的行书《为丁云鹏贺寿诗》以683.2万元成交，祝允明的楷书

《黄庭经》拍得526.4万元，唐寅的行书《焚香默坐歌》也创出470.4万元的佳绩，金农《书吾自书册》估价为50-80万元，最后以481.6万元收槌，王铎《自书诗稿》以375.2万元成交。

古代书法作品表现抢眼，近现代书法作品也不遑多让，价格得到全面提升。华辰秋拍，弘一法师楷书华严经集句五言联，9万元起拍，以114.24万元成交；启功《草书琵琶行长卷》，通篇运笔流畅，神采飞动，50万元起拍，最终以392万元高价成交；赵朴初《行草贺新郎词》以47.04万元成交，叶圣陶《篆书七言联》估价在1.8万-3.8万元，最后以29.12万元成交；匡时秋拍，康有为行书《六十自述诗册》以179.2成交；齐白石《行书七言诗》，以100.8万元成交；翰海秋拍，齐白石书法《本立道生》，估价为40-50万元，最后以高出估价八倍的414.4万元的高价拍出；西泠秋拍，郭沫若《行书自作诗》，估价为28-40万元，最后以86.24万元成交；翰海秋拍，沙孟海《行书对联》，估价为12-15万元，最后成交价高达81.76万元。

基于这种成长态势，书法会迅速弥补与绘画价格上的巨大落差，未来书法作品值得期待。

拍卖专场 层出不穷

每场拍卖会成交率的高低是衡量拍卖会成功与否的标准之一，各大拍卖公司为了吸引客户，提高拍卖会的成交率，经常将高品位、高价格的中国书画作品以专场的形式推出。这种专场的图录印刷精美，装订考究。对拍品的题记、跋语、印记、铭文、款式等也作了详尽的诠释。对于拍品的历史传承以及出版、展览等著录过程都作出详细的考订，有时还会邀请权威专家撰写考证、鉴赏文章。所以，经过精心准备的拍卖专场往往能获得高成交率，成交额也会取得喜人的成绩。

2009年，各家知名拍卖公司推出了多个专场拍卖，都获得了非常好的业绩。

中贸圣佳公司十五年庆典，三个中国书画专场，都获得了百分之百成交率。

"挹爽楼收藏书画专场"共推出五十四件拍品，百分之百成交，成交总额为2648.4万元。其中齐白石《山水册》（八开）以1120万元成交。"齐白石绘画精品专场"二十七件作品，全部成交，成交额达3707.2万元，其中单件成交额超过百万元的有十三件。齐白石的《荷花鸭子》，为香港著名收藏家张宗宪先生旧藏，曾经五次展览，十一次出版著录。从380万元起拍后，经过二十一次激烈的竞争，最后以806.4万元成交。齐白石的另一件作品《山间人家童戏图》以537.6万元成交。"清代宫廷御笔专场"推出五十九件作品，全部成交，成交额1992万元。其中乾隆帝《楷书至圣先师孔子庙碑》，是乾隆皇帝尺幅最大的书法作品，曾经出版著录六次，原碑尚存曲阜孔子庙内，底价为120万元，经过激烈竞争，以313.6万元成交。乾隆帝《行书七言诗》，著录于《清高宗乾隆御制诗文集》，底价为60万元，以151.2万元成交。

北京华辰《书巢秘藏近代名士手迹》专场，二十八件作品，全部成交，成交额1132.3万元。此场拍卖会上拍的虽然都属小价位作品，但是作品来源清晰可靠，策划周密，宣传到位。结果，拍卖现场人满为患，竞价热烈，所有拍品都超底价成交。其中，启功《草书琵琶行》手卷，以392万元成交。弘一法师《书巢》横额，底价为12万元，最后以高出估价十六倍的190.4万元成交。

北京匡时春拍推出的"明清扇画专场"，104件作品全部成交，成交额757.9万元。秋拍推出的"清代扬州画派作品专场"，二十四件成交二十一件，成交率达88%，单件成交额超百万元的有十件，超千万元的有两件。其中，金农的《茅舍缫车》，估价140-160万元，以高出底价三倍多的459.2万元成交。此件作品在1995年北京翰海秋拍第一次推出，以27.5万元成交，十五年增值16.7倍；郑燮的《竹石图》，估价700-900万元，以1512万元成交；华喦的《明妃出塞图》，估价为700-900万元，以1232万元成交。

北京保利秋拍推出的"中国古代绘画夜场"，二十二件拍品成交十九件，成交率86.4%，成交额高达11860.8万元，其中单件成交超过百万元的有十六件，超过五百万元的六件，超过千万元的三件。石涛的《松荫研读图》轴，估价为800-1200万元，以1904万元成交。此件作品1995年北京翰海第一次推出，以170.5万元成交，十五年增值十一倍。石涛的《诗书画联璧》卷，估价为1620-2200万元，以2688万元成交。钱维城的《御题山水册》四十开，曾著录于《石渠宝笈》，最后以2464万元成交。"尤伦斯夫妇藏重要中国书画专场"，十六件拍品成交十四件，成交率88%，成交额高达28892.1万元，其中吴彬的《十八应真图》卷和曾巩的《局事帖》双双过亿。

中国嘉德秋拍，中国古代书画共推出三个专场，一共成交630件，成交率90%，总成交额高达63299.7万元，创造了单场拍卖会古代书画成交额最高纪录。其中"宋元明清法书墨迹专场"，成交八十三件，单件超过百万元的十件，超过五百万元的四件，超过千万元的三件，超过亿元的一件，成交率91%，成交额24826.1万元。《朱熹、张景修等七家宋名贤题徐常侍篆书之迹》卷，以10080万元成交。中国近现代书画部分，共推出三个专场，共成交535件，成交率90%，成交额高达39444.6万元，是近几年来近现代书画成交情况最好的。

杭州西泠两个中国书画专场，成交率达到百分之百："西泠印社部分社员作品专场"推出100件作品，全部成交，成交额4404万元。其中，谢稚柳的《峦峰空翠图》，估价50-80万元，以112万元成交；潘天寿的《竹石鸣蛙图》，估价80-130万元，以336万元成交。"名人手迹・碑帖法书专场"推出80件作品，全部成交，成交额1247.1万元，其中胡适的《〈尝试集〉第二编第二版稿本》，估价为40-60万元，以212.8万元成交。"中国书画古代作品专场"推出364件拍品，成交323件，成交率达93%，成交额18640.9万元。其中金农的《花果册》（十二开），曾经四次出版著录，估价为600-900万元，以3976万元成交，创造了金农作品最高价。康熙帝的《行书临苏轼满庭芳词》，估价为500-800万元，以1344万元成交。"中国书画海上画派作品专场"推出122件拍品，成交114件，成交率93%，成交额4634.3万元。

曾经著录、传承有序的作品 最受收藏家追捧

中国书画尤其是古代书画真伪鉴定是一个向来就困扰鉴定专家和收藏家的大问题。自南北朝时期，书画作伪就已大量出现。北宋时期，随着收藏之风的兴起，不良商贾为了牟利，大量作伪，导致伪作泛滥成灾，许多赝品几可乱真。

著录就是记载、记录，对于中国书画来说，曾经在历史上被收藏、记载、记录过，自然就是查之有据，说明其来源可靠、流传有绪。但古代书画创作、收藏历史悠久，公私著录浩如烟海。中国历史上，对书画作品进行全国性的普查与记录，一共有三次。第一次是北宋宋徽宗，对宋王朝宫廷收藏的书画进行普查登记，编辑出版了《宣和画谱》和《宣和书谱》。第二次是清朝乾隆、嘉庆朝，用七十四年的时间，对清朝宫廷收藏的中国书画进行普查登记，编辑出版了《石渠宝笈》。第三次是1983年，在国务院领导下，由国家文物局组织专家，对全国博物馆、美术馆、美术院校、文物商店、工艺品公司等单位收藏的中国书画，进行普查、鉴定、登记，并编辑出版了《中国古代书画图目》。这是我国最具权威性的三部中国书画著录，被这三部书籍著录过的书画作品，备受人们重视与关注，市场上也最为抢手。

随着拍卖市场竞争的加剧，各拍卖公司都加大了研究、考订工作的力度，拍卖结果证明，拍卖公司的工作得到了藏家的肯定，来源清晰可靠、传承有序的拍品备受藏家们的追捧。越是高价位的中国书画，著录的作用也就越大，全国八家知名拍卖公司2009年中国书画超百万元的有770件，有明确著录的就达513件，占66.5%。超千万元的六十一件，有著录的五十五件，占90%。超五千万元的十一件和超亿元的四件，均有完整的著录，可谓流传有序。

北京匡时春拍推出八大山人《仿倪云林山水》，经过仔细考证，查出此画曾经被十八种出版物著录出版，在两家权威博物馆展出。拍卖时，估价1400-1600万元，经过多轮竞投，最后以8400万元成交，创造了中国书画作品新的世界纪录。

中国嘉德秋拍推出的"传承与变革——亚洲重要藏家之晚清民国书画集珍"专场，331件作品全部在台湾历史博物馆举办的展览会上展出过，并在《中国近代绘画》、《清末民初书画艺术集》画册上收录。中国嘉德还诚邀著名美术史评论家华雪天先生撰写了《传承与变革——漫说晚清民国的中国画坛》，对近现代中国美术史的分期、画派以及各流派的艺术特征，乃至变革与传承过程进行了详细的评述，对于收藏家系统性收藏，起到了引导作用。此场拍卖会成交318件，成交率96.07%，创造了中国近现代书画成交率最高记录，成交额9309.7万元。其中，黄宾虹的《溪阁论古》，估价为28-38万元，以高出底价七点二倍的201.6万元成交。张大千的《五色荷花》，估价为120-180万元，以高出底价十倍的1232万元成交。

中国书画拍卖市场 前景光明

2009年，对于中国书画拍卖来说，是非同凡响的一年。这一年，全国第一阵营的八家艺术品拍卖公司，中国书画成交总额创出56.8亿元的新高。不仅有四件中国古代书画作品成交价超过一亿元，而且，嘉德、保利秋拍单场拍卖会的成交

额，已远超香港苏富比和香港佳士得单场拍卖会的成交额，中国书画的市场中心已经转移到中国大陆，北京已成为与伦敦、纽约、香港并列的全球四大艺术品交易中心。

2009年，中国的人均GDP已超过3000美元。根据国际通常状况，3000美元是一个分界点，人均GDP超过3000美元以上的人群，文化精神产品的消费将超过物质产品的需求，文化艺术品的消费将进入普通大众生活，成为主要消费品，这将为文化艺术品市场的发展创造广阔的空间，民富国强将为中国书画市场稳步发展奠定坚实的基础。

展望2010，藏家、市场评论家、拍卖公司都对未来持乐观态度，普遍认为，随着全球经济的趋稳回升和中国经济的高速发展，中国艺术品市场也将持续升温，并吸引更多的收藏家和投资人进入。可以预期，中国古代书画和近现代书画市场前景更加光明，“长风破浪会有时，直挂云帆济沧海”。

2009年中国古代书画成交TOP10

序号	拍品名称	估价	成交价	拍卖公司	拍卖时间	拍品号
1	明吴彬 十八应真图卷	RMB 20,000,000–30,000,000	RMB 169,120,000	北京保利	2009–11–22	5125
2	清徐扬 平定西域献俘礼图	咨询价	RMB 134,400,000	中贸圣佳	2009–10–19	0001
3	曾巩 局事帖	RMB 12,000,000–18,000,000	RMB 108,640,000	北京保利	2009–11–22	5126
4	朱熹 张景修 等宋名贤题徐常侍篆书之迹	RMB 1,600,000–3,500,000	RMB 100,800,000	中国嘉德	2009–11–23	1451
5	宋徽宗 写生珍禽图	咨询价	RMB 61,712,000	北京保利	2009–5–29	1336
6	八大山人 仿倪瓒山水	RMB 14,000,000–16,000,000	RMB 84,000,000	北京匡时	2009–6–26	1033
7	宋克 草书杜子美壮游诗	RMB 6,500,000–9,500,000	RMB 68,320,000	中国嘉德	2009–11–23	1434
8	萧云从 青山高隐图	RMB 6,800,000–8,800,000	RMB 67,200,000	中国嘉德	2009–11–23	1587
9	宋人 瑞应图	RMB 6,500,000–10,000,000	RMB 58,240,000	中国嘉德	2009–5–30	1256
10	佚名 北宋建阳景福院罗汉会斋牒	咨询价	RMB 50,400,000	山东天承	009–8–30	0589

2009年中国近现代书画成交TOP10

序号	拍品名称	估价	成交价	拍卖公司	拍卖时间	拍品号
1	齐白石 可惜无声·花鸟工虫册	咨询价	RMB 95,200,000	北京保利	2009–11–22	0997
2	傅抱石 杜甫诗意图	估价待询	HKD 60,020,000	香港佳士得	2009–11–29	0621
3	张大千 瑞士雪山	咨询价	RMB 52,640,000	北京匡时	2009–12–14	0173
4	齐白石 菊花鸽子	RMB 13,500,000–18,500,000	RMB 34,160,000	上海天衡	2009–12–22	0160
5	陆俨少 宋人诗意册	RMB 6,000,000–9,000,000	RMB 24,640,000	杭州西泠	2009–12–19	0322
6	蒋兆和 中国人民从此站立起来了	RMB 8,000,000–10,000,000	RMB 19,040,000	中国嘉德	2009–11–21	0751
7	傅抱石 巴山夜雨	RMB 13,000,000–18,000,000	RMB 18,480,000	中国嘉德	2009–11–21	0923
8	张大千 晚山看云	RMB 6,800,000–8,800,000	RMB 17,920,000	上海天衡	2009–12–22	0598
9	齐白石 贝叶草虫	RMB 6,000,000–8,000,000	RMB 16,800,000	北京翰海	2009–11–9	0598
10	李可染 韶山	咨询价	RMB 16,240,000	北京诚轩	2009–5–31	0614

（备注：表中HKD为港元，RMB为人民币）

目录
CONTENTS

近现代书画——

当代书画——

1827 佚名 狮子图
镜心 设色绢本
尺寸：73×27cm
估价：RMB600,000-900,000
成交价：RMB1,120,000
2009-11-10 北京翰海

0081 佚名 五方五帝像
立轴 纸本
鉴藏印：沙州龙兴寺藏、大风堂、至宝是宝、敌国之富
尺寸：130.5×61cm
估价：RMB1,500,000-1,800,000
成交价：RMB4,480,000
2009-12-16 北京长风

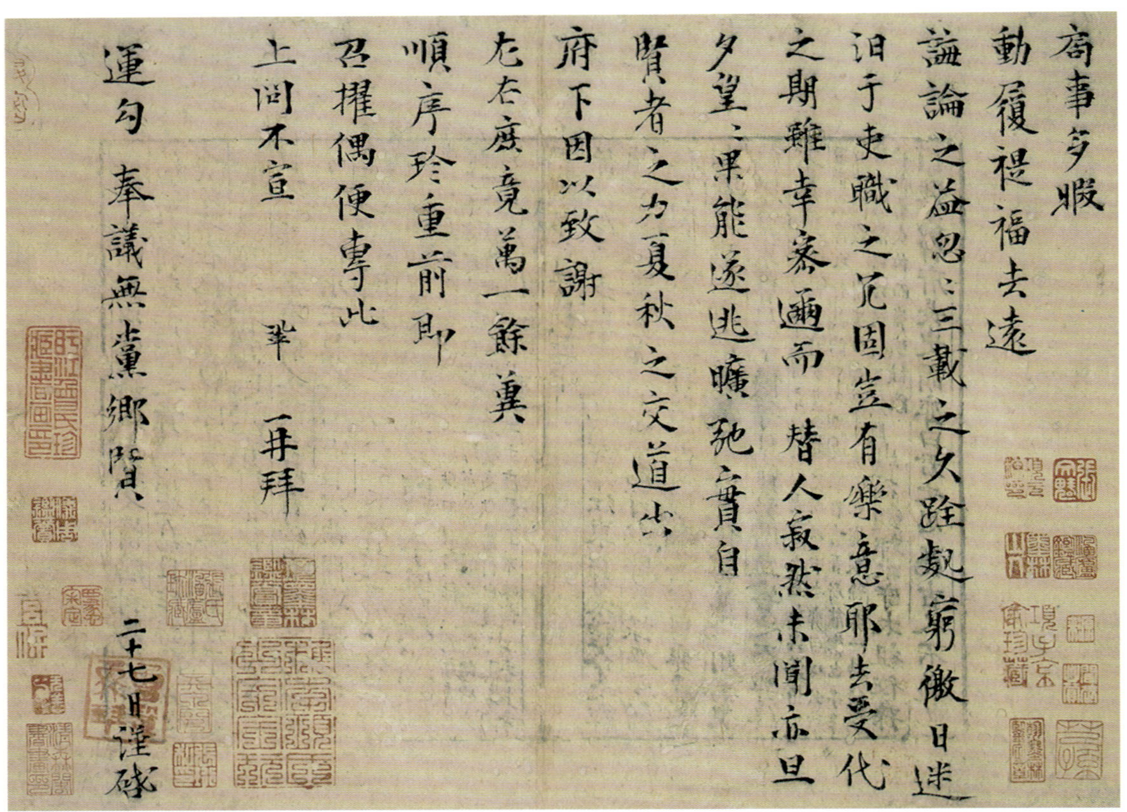

5126 曾巩 局事帖

镜心 水墨纸本

钤印：曾巩再拜

尺寸：29×38.2cm

估价：RMB12,000,000–18,000,000

成交价：RMB108,640,000

2009–11–22 北京保利

1825 吴元瑜 秋汀野鸭图

立轴 设色绢本

钤印：吴元瑜画

尺寸：24×30cm

估价：RMB1,800,000–2,800,000

成交价：RMB2,016,000

2009–11–10 北京翰海

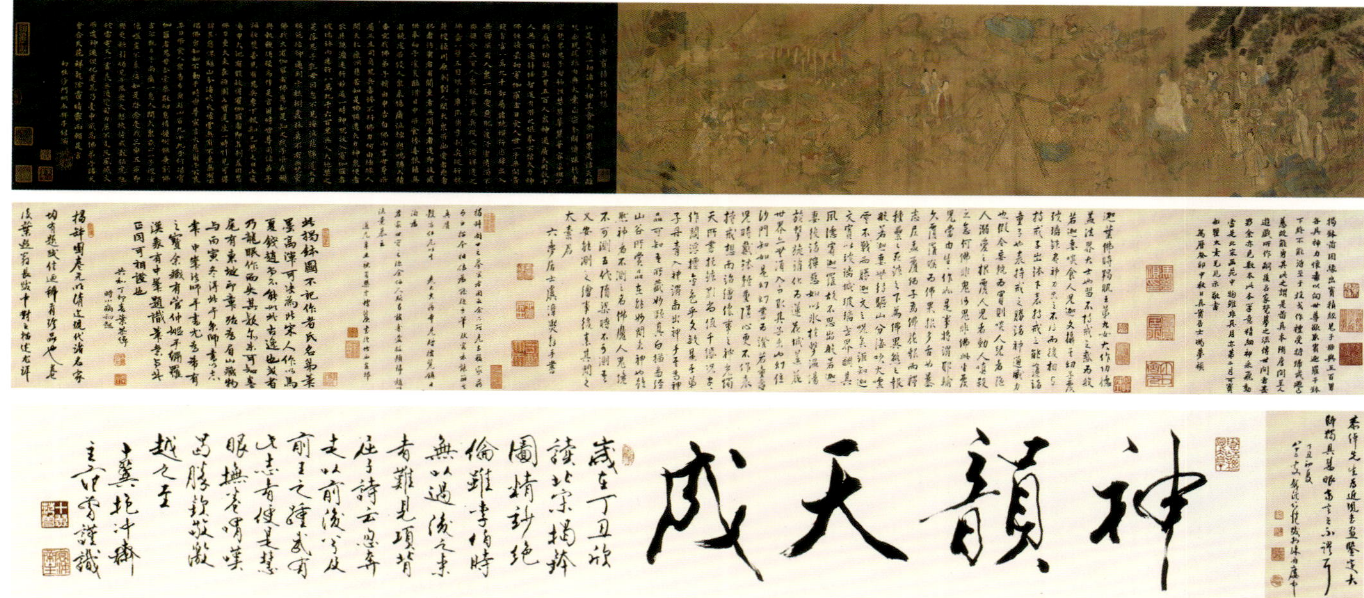

0060 北宋 揭钵图宣和御府藏本

手卷 设色绢本

尺寸：27×106cm

估价：RMB4,500,000-5,500,000

成交价：RMB8,960,000

2009-12-26 山东天承

1336 宋徽宗 写生珍禽图

手卷 水墨纸本

钤印：宋代玺印（五）方：政和、宣和，及双螭玺（十一次，分钤于每段合缝处）最末一段较短，纸边有残印小半方，据其印色，应与上列诸印同时，而其尺寸则与传世之徽宗“御书”长方印相同。

尺寸：27.5×525cm

估价：咨 询 价

成交价：RMB61,712,000

2009-5-29 北京保利

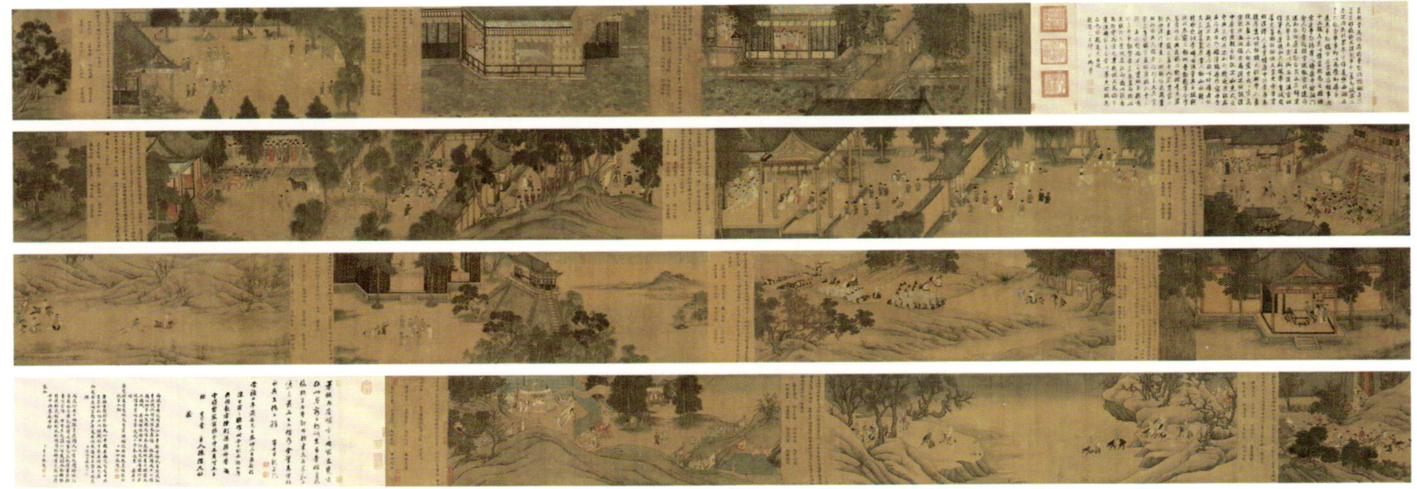

1256 宋人　瑞应图
手卷 设色绢本
尺寸：34.5×1463.3cm
估价：RMB6,500,000–10,000,000
成交价：RMB58,240,000
2009-5-30 中国嘉德

1451 朱熹　张景修　等宋名贤题徐常侍篆书之迹
手卷 水墨纸本
尺寸：尺寸不一
估价：RMB1,600,000–3,500,000
成交价：RMB100,800,000
2009-11-23 中国嘉德

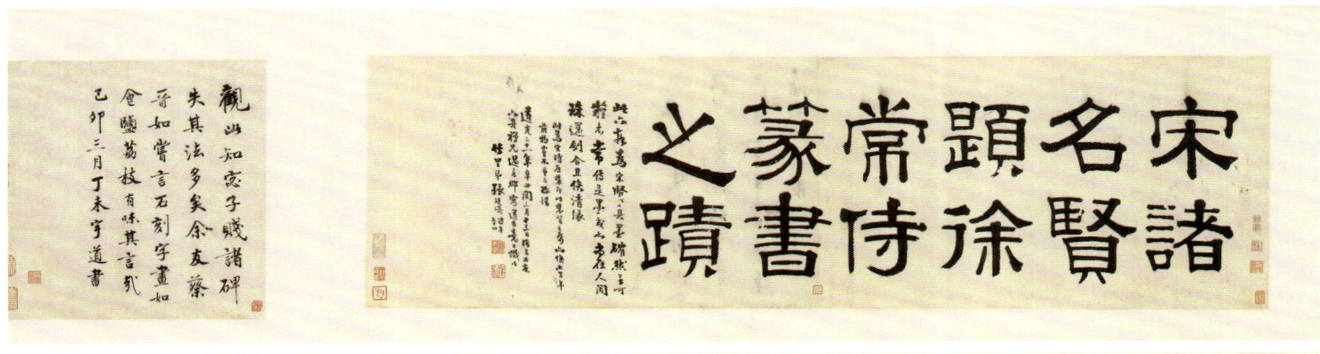

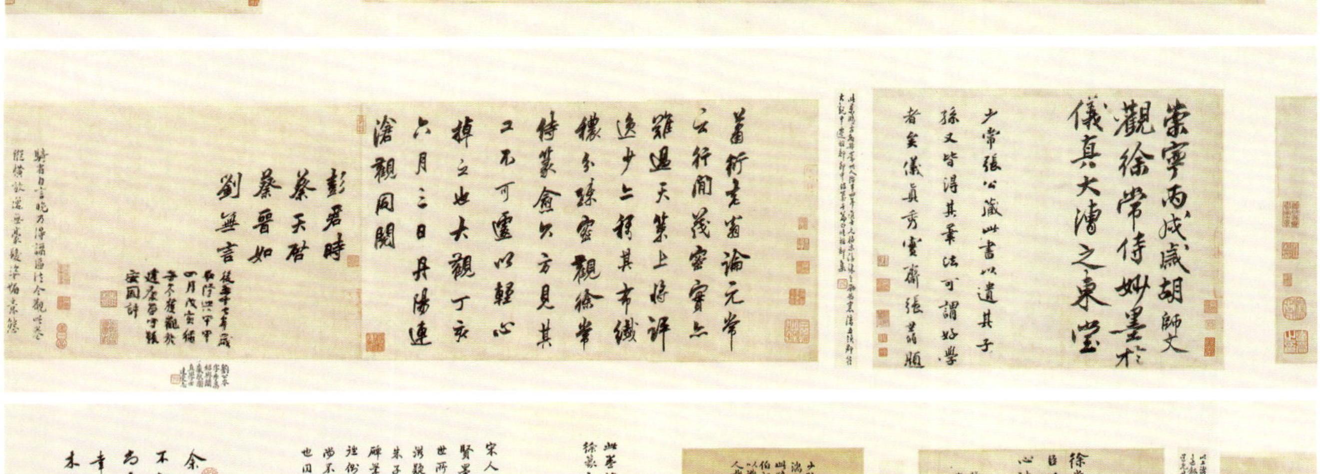

0582 马麟 高山流水图

立轴 绢本

鉴藏印：项元汴印、（子）京、项墨林父秘笈之印、项子京家珍藏、槜李项氏士家宝玩

尺寸：187×100cm

估价：HKD800,000–1,000,000

成交价：HKD4,480,000

2009-11-30 香港长风

1088 赵孟頫 勉学赋并序

手卷 水墨纸本

钤印：赵氏子昂

尺寸：24×363cm

估价：RMB2,000,000–2,500,000

成交价：RMB12,096,000

2009-12-6 广州嘉德

0757 赵孟頫 行书千字文卷

手卷 纸本

钤印：赵氏子昂、松雪斋

尺寸：25.5×269cm

估价：RMB3,000,000–4,000,000

成交价：RMB6,944,000

2009-12-15 北京匡时

0815 任仁发　五王醉归图

手卷 设色纸本

钤印：任氏子明、月山道人

尺寸：35.5×212.5cm

估价：HKD5,000,000–6,000,000

成交价：HKD46,580,000

2009-11-29 香港佳士得

0482 曹知白 洼盈轩图

手卷 水墨纸本

钤印：云西老人

尺寸：25×300cm

估价：RMB1,200,000–1,800,000

成交价：RMB1,736,000

2010-1-9 北京万隆

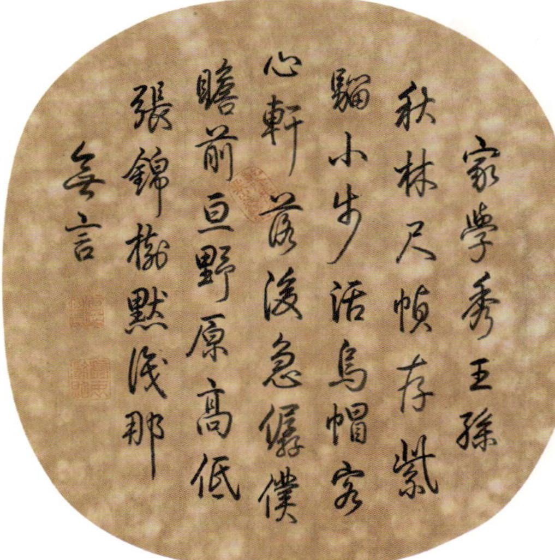

0905 赵雍 秋林独骑

镜心 绢本

钤印：仲穆

尺寸：直径25cm

估价：RMB2,000,000-3,000,000

成交价：RMB5,040,000

2009-12-15 北京匡时

0825 宋元掇英　山水花鸟（八幅）

镜心 水墨、设色绢本

鉴藏印：1.仇英、黄君璧、白云堂；2.仇英、珍玩、黄君璧印、白云堂藏；3.一方漫漶。黄君璧藏印两方：白云堂藏、黄君璧印；4.白云堂藏、林氏彦章；5.白云堂 叶蔗田、叶蔗田珍藏章；6.藏印八方；7.钤印一方漫漶。南海黄氏、黄君璧印、白云堂藏、午阴亭；8.白云堂、叶蔗田珍藏章、清森阁书画印

尺寸：尺寸不一

估价：HKD5,000,000-6,000,000

成交价：HKD4,820,000

2009-11-29 香港佳士得

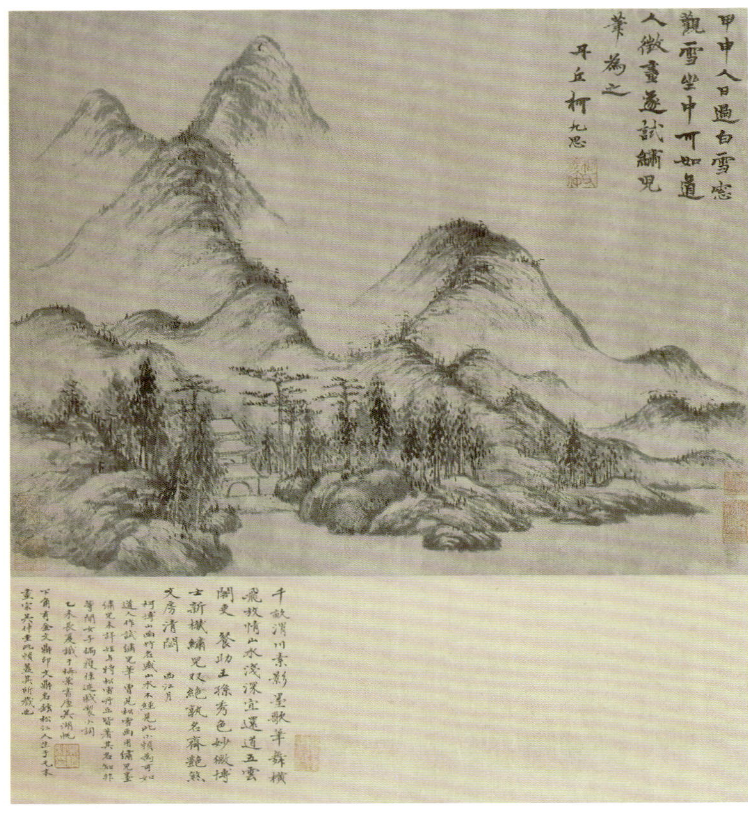

0471 柯九思　渭川素影图
立轴 纸本
钤印：柯氏敬仲
尺寸：36×46cm
起拍价：HKD3,500,000
成交价：HKD9,020,000
2009-5-26 香港长风

0570 倪瓒　溪山胜概图
立轴 水墨纸本
钤印：云林子
尺寸：92×24cm
估价：RMB2,800,000-3,800,000
成交价：RMB4,256,000
2009-8-30 山东天承

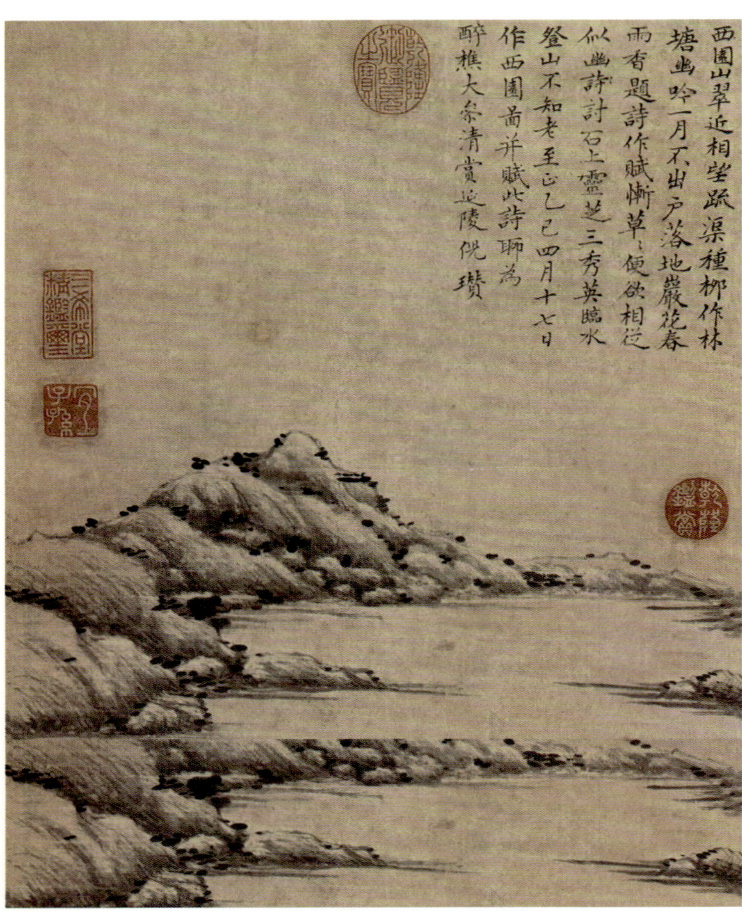

0495 倪瓒 山水
立轴 水墨纸本
鉴藏印：乾隆御览之宝、三希堂精鉴玺、宜子孙、乾隆鉴赏、石渠宝笈、项子京家珍藏、仪周鉴赏
尺寸：64×32cm
估价：RMB400,000-600,000
成交价：RMB1,792,000
2010-1-9 北京万隆

1093 方从义　云树流泉图

立轴 设色纸本

钤印：方方壶

尺寸：129×37cm

估价：RMB1,500,000–2,000,000

成交价：RMB17,360,000

2009–12–6 广州嘉德

1261 马琬　苍山寒林

立轴 水墨纸本

钤印：鲁钝生、马琬文璧之章

尺寸：80.5×29.7cm

估价：HKD800,000–1,000,000

成交价：HKD2,300,000

2009–5–26 香港佳士得

0319 夏昶 湘江烟雨

手卷 水墨纸本

尺寸：38×630cm

估价：RMB800,000–1,200,000

成交价：RMB1,456,000

2009-12-23 上海道明

1434 宋克 草书杜子美壮游诗

手卷 水墨纸本

钤印：东吴生、宋仲温

尺寸：28×600cm

估价：RMB6,500,000–9,500,000

成交价：RMB68,320,000

2009-11-23 中国嘉德

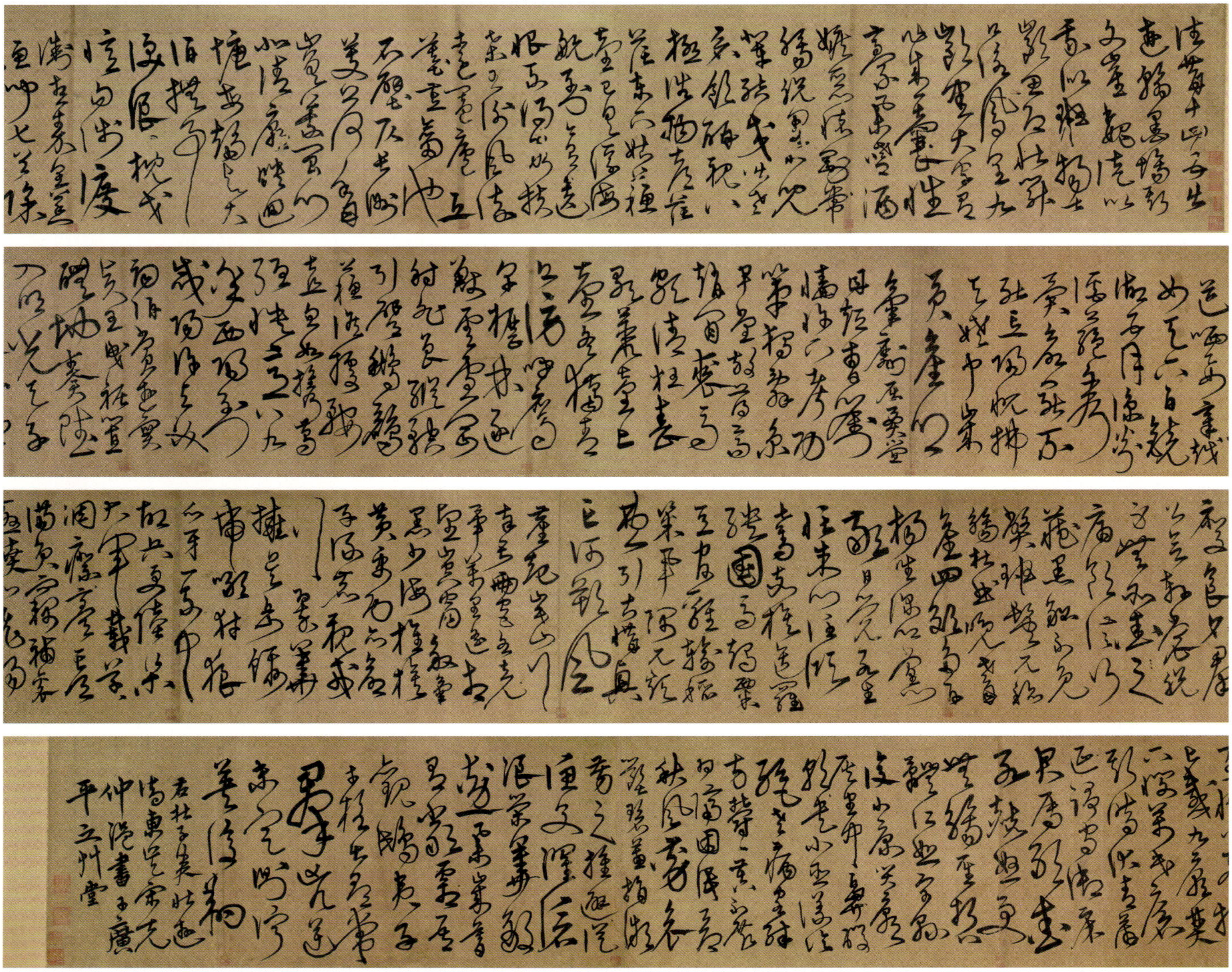

5181 戴进　雪夜访戴图
立轴 设色绢本
钤印：文进
尺寸：141.5×81cm
估价：RMB1,500,000-2,000,000
成交价：RMB2,016,000
2009-11-22 北京保利

1239 戴进　月夜访友
立轴 设色绢本
钤印：文进
尺寸：147.5×73.6cm
估价：HKD600,000-800,000
成交价：HKD920,000
2009-5-26 香港佳士得

1010 戴进 溪桥访友
立轴 绢本立轴
钤印：静庵、玉泉道人
尺寸：161×98cm
估价：RMB600,000-700,000
成交价：RMB1,512,000
2009-6-26 北京匡时

0259 明宣宗 朱高炽　玄虎图

立轴 绢本

钤印：宣德之宝、钦文之墨

尺寸：71×91cm

估价：RMB800,000–1,000,000

成交价：RMB1,344,000

2009–12–16 北京长风

0906 姚绶　师林图

立轴 水墨纸本

钤印：公绶、古柱下史

尺寸：127.5×37cm

估价：RMB350,000–400,000

成交价：RMB448,000

2009–6–20 杭州西泠

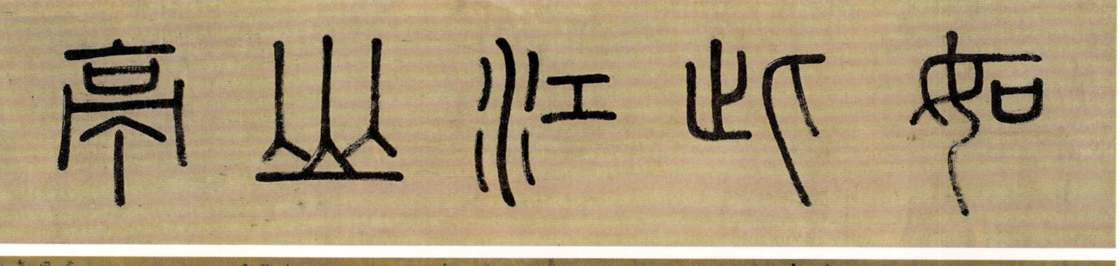

0412 沈周 连山夹涧图

手卷 设色纸本

钤印：沈氏启南、煮石亭

尺寸：28×750cm

估价：RMB500,000-600,000

成交价：RMB1,904,000

2009-5-28 北京保利

0858 张昱、张弼、张雨、宋璲等十二家 如此江山亭清集诗序

绢本 手卷

尺寸：引首：23.5×108cm，画心：24.5×417cm，跋文：25×30cm

估价：RMB1,200,000-1,800,000

成交价：RMB4,032,000

2009-12-19 杭州西泠

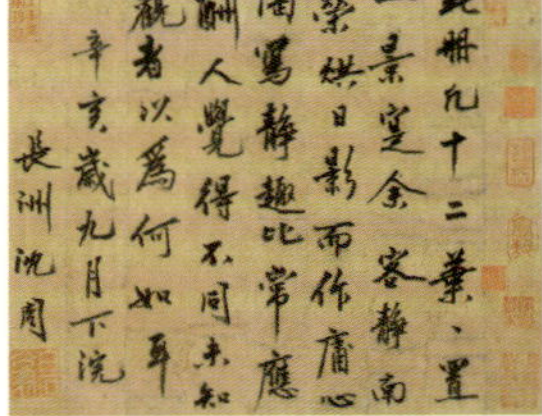

1734 沈周 八景图

卷 设色纸本

钤印：白石翁、沈氏启南、有竹居

尺寸：32×51.8cm×8

估价：RMB3,000,000-5,000,000

成交价：RMB3,136,000

2009-11-10 北京翰海

0403 沈周 墨笔花卉八种

手卷 水墨纸本

钤印：启南、石田

尺寸：27×768cm

估价：RMB1,600,000-1,800,000

成交价：RMB1,792,000

2009-5-28 北京保利

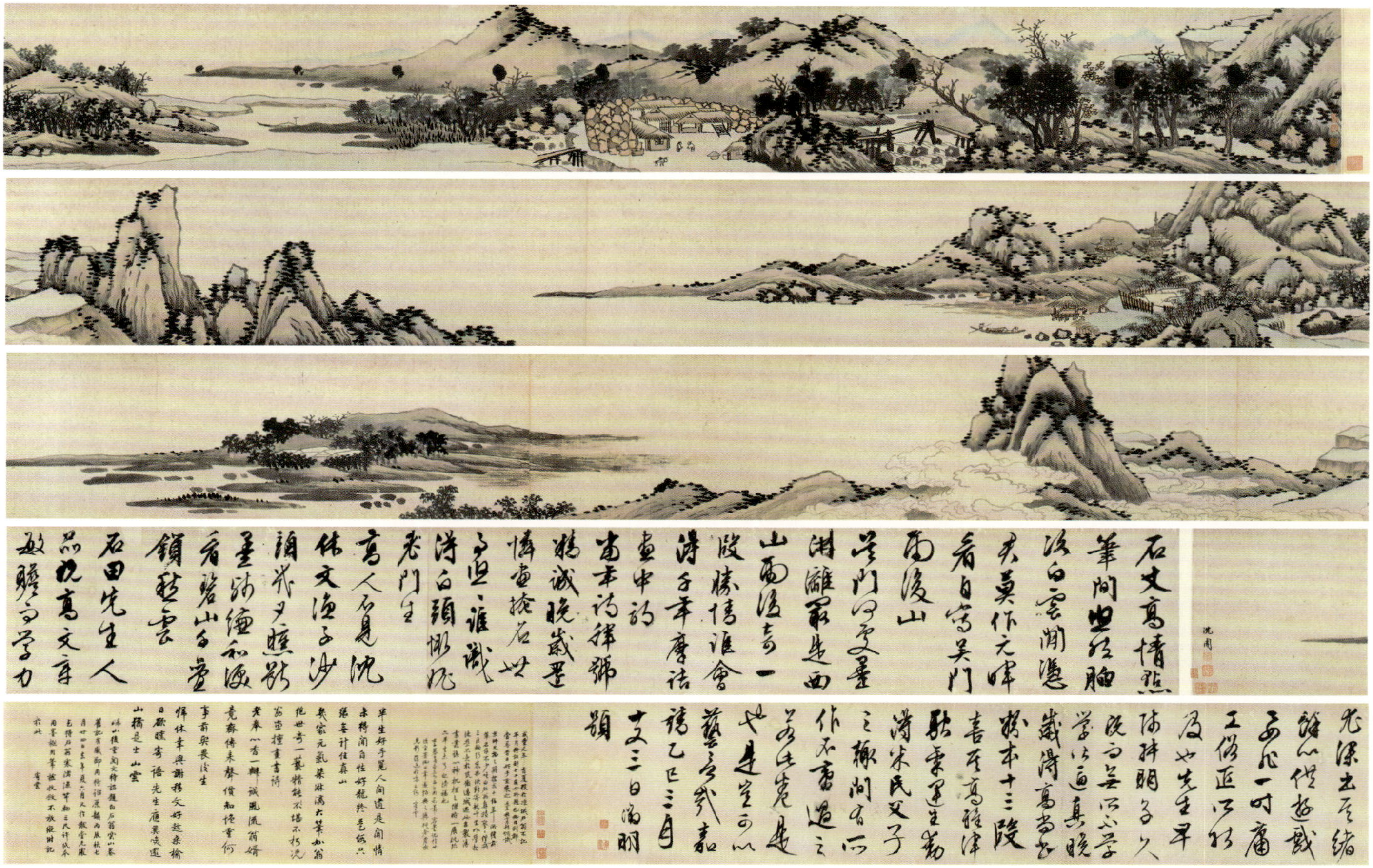

0856 沈周、文徵明 溪山云霭图卷·行书题识

设色纸本 手卷

钤印：启南、白石翁；文徵明印、衡山

尺寸：画心：31×755.5cm，书法：31.5×374cm，跋文：31.5cm×110cm

估价：RMB2,800,000–3,500,000

成交价：RMB3,920,000

2009–12–19 杭州西泠

1733 沈周 落花诗画

卷 设色绢本

钤印：启南

尺寸：26×377cm；24.5×41cm

估价：RMB8,000,000–12,000,000

成交价：RMB8,680,000

2009–11–10 北京翰海

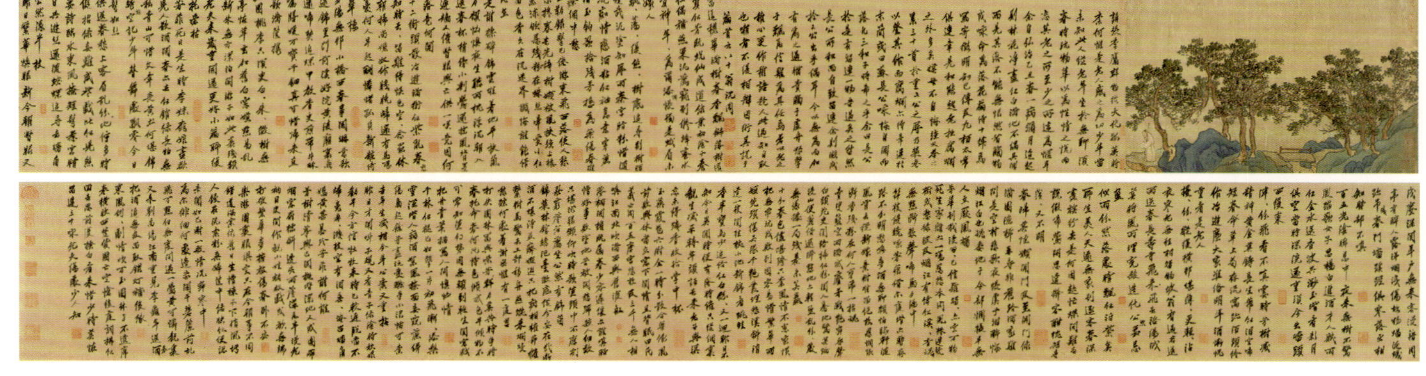

0566 沈周 雨中山图

立轴 设色绫本

钤印：石田、另两方模糊不辨

尺寸：152.5×51.5cm

估价：RMB3,500,000–5,000,000

成交价：RMB15,736,000

2009–5–8 北京翰海

0600 沈周　蕉阴弄琴图

立轴 绢本

钤印：启南、白石翁

尺寸：139×69cm

起拍价：RMB2,600,000

成交价：RMB4,256,000

2009–6–26 北京长风

0583 吴伟 寒江独钓图
立轴 绢本
钤印：吴伟
尺寸：106×59.5cm
估价：HKD250,000-300,000
成交价：HKD1,400,000
2009-11-30 香港长风

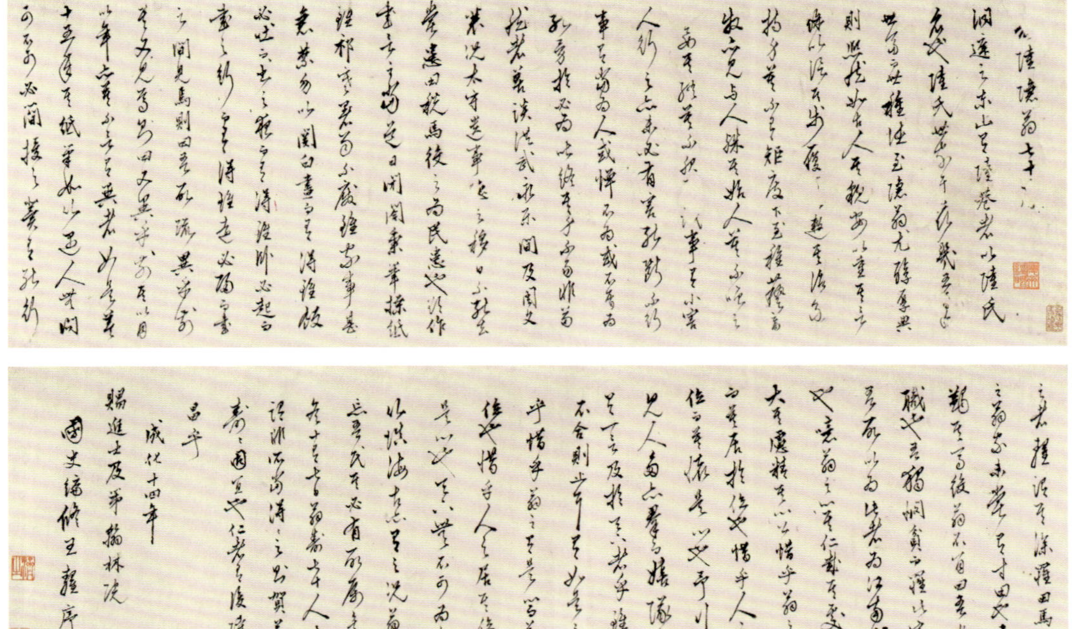

0743 王鏊 行书寿陆隐翁七十序
手卷 纸本
钤印：济之、玉堂学士
尺寸：31×196.5cm
估价：RMB1,000,000-1,200,000
成交价：RMB1,400,000
2009-12-15 北京匡时

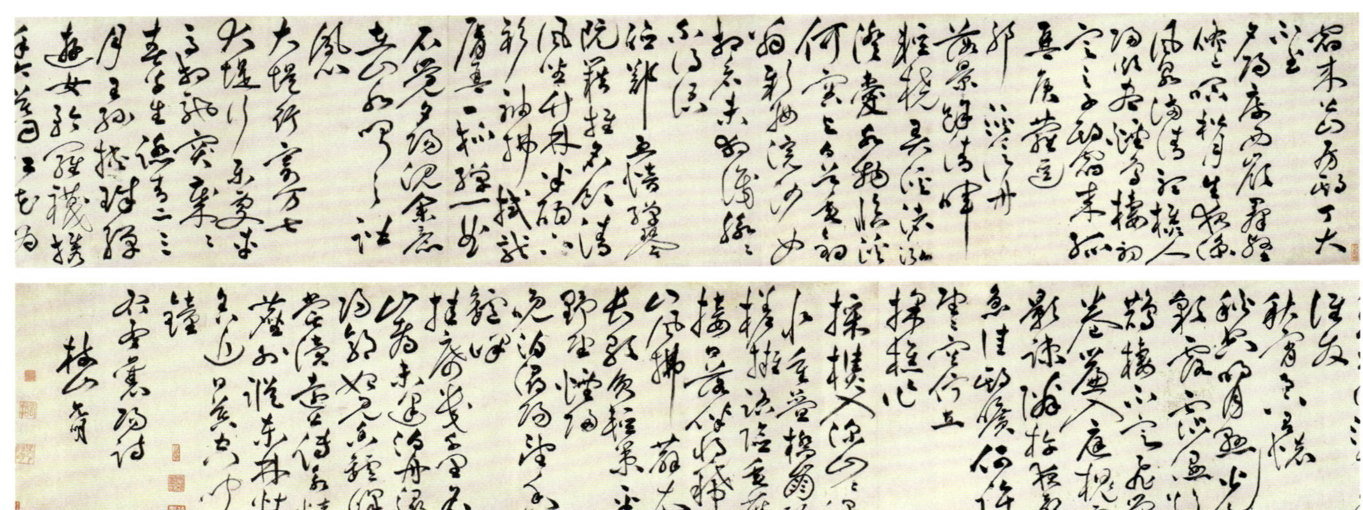

0801 祝允明 草书孟浩然诗卷

纸本 手卷

钤印：枝山祝氏、希哲、吴下阿明

尺寸：引首：34×102cm，画心：34×356cm，跋文：34×32cm

估价：RMB2,000,000-3,000,000

成交价：RMB4,032,000

2009-12-19 杭州西泠

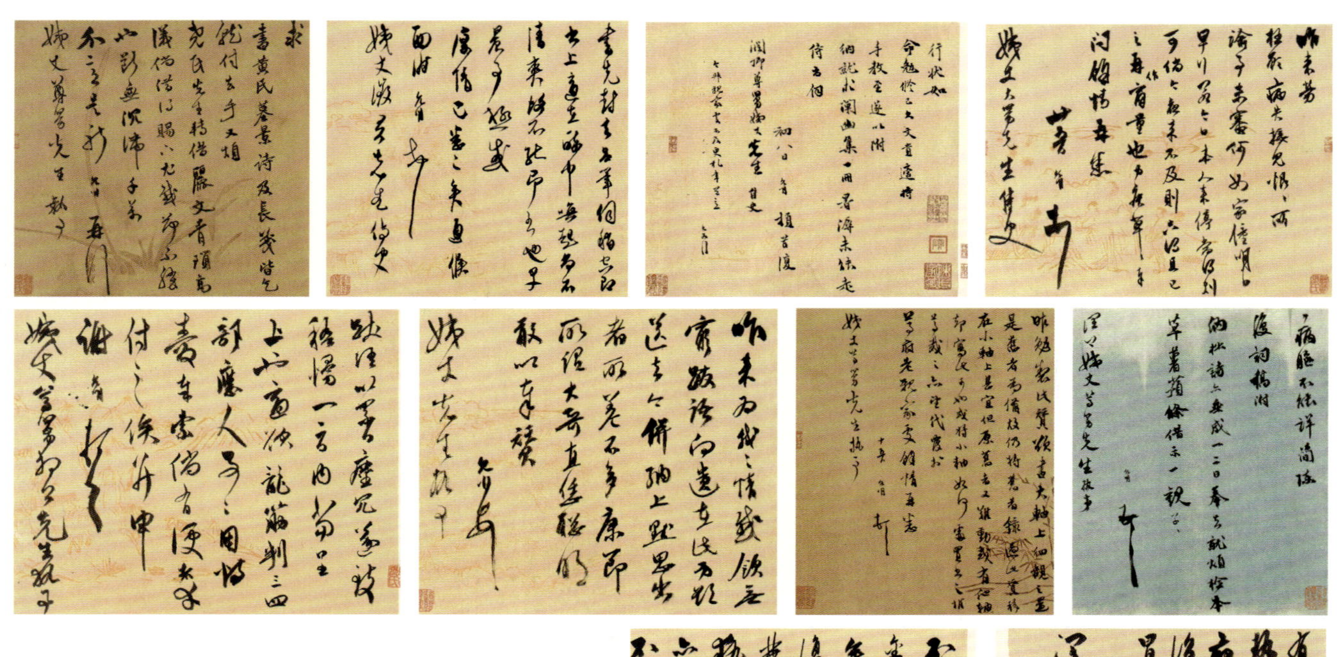

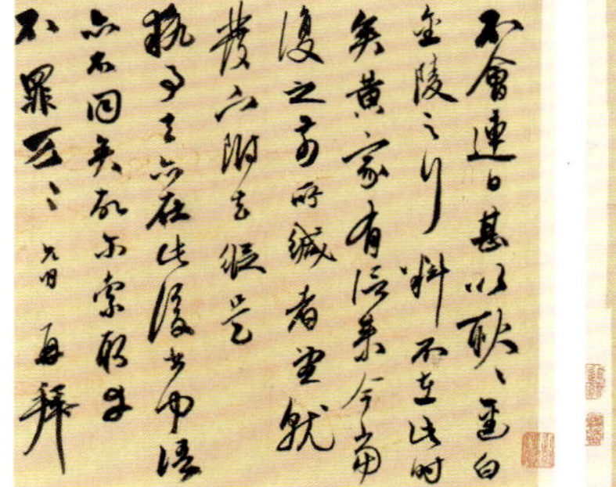

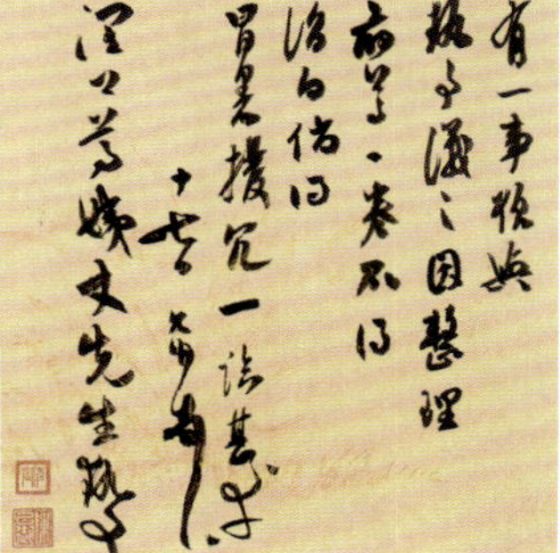

0761 祝允明 致沈润卿手札十通

尺寸：尺寸不一

估价：RMB800,000-1,000,000

成交价：RMB3,360,000

2009-12-15 北京匡时

1326 唐寅 书画临川序

手卷 水墨纸本

钤印：唐伯虎、六如居士

尺寸：26×214cm

估价：HKD400,000–600,000

成交价：HKD1,040,000

2009–5–26 香港佳士得

1242 唐寅 行书《焚香默坐歌》

立轴 水墨纸本

钤印：南京解元、六如居士

尺寸：94×47cm

估价：RMB2,000,000–3,000,000

成交价：RMB4,704,000

2009–5–30 中国嘉德

0737 祝允明 草书《摸鱼儿》

立轴 纸本

钤印：枝指道人、祝允明印

尺寸：72×26.5cm

估价：RMB500,000–600,000

成交价：RMB2,240,000

2009–12–15 北京匡时

1254 文徵明 松壑高逸图

立轴 设色绢本

钤印：徵、明

尺寸：104×32cm

估价：RMB900,000-1,600,000

成交价：RMB1,232,000

2009-10-18 中贸圣佳

130 文徵明 长林濯足

水墨纸本　立轴

钤印：征明、衡山、文仲子、文壁征明

尺寸：54×27.5 cm

估价：RMB800,000-1,200,000

成交价：RMB1,512,000

2009-12-23 上海朵云轩

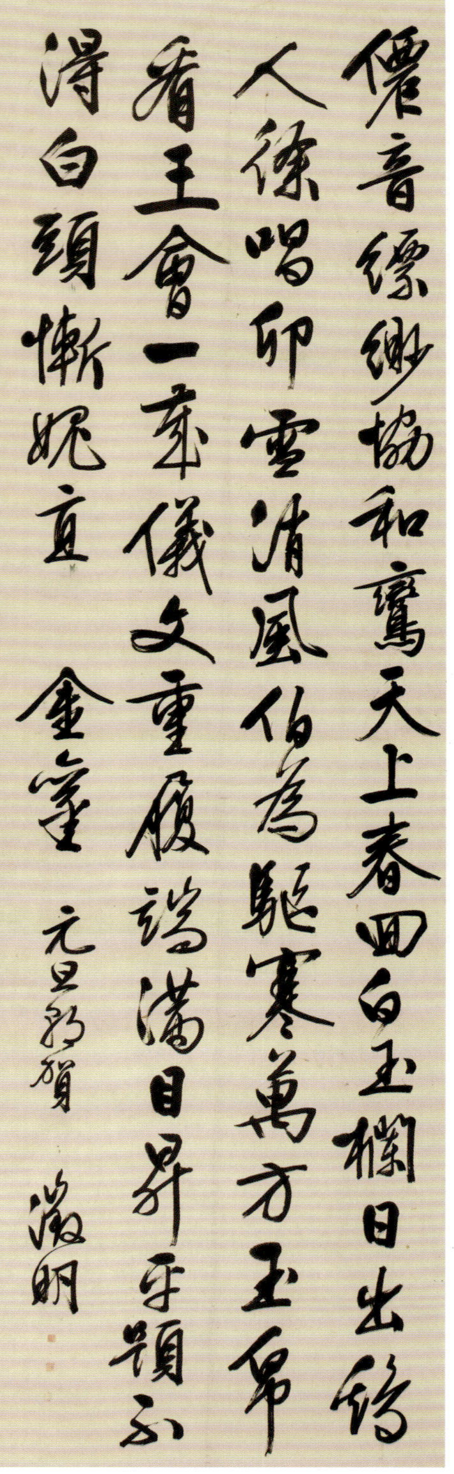

0736 文徵明 行书七言律诗

立轴 纸本

钤印：文徵明印、衡山、停云

尺寸：348×104cm

估价：RMB700,000-800,000

成交价：RMB1,680,000

2009-12-15 北京匡时

0886 文徵明 行书西苑诗十首

手卷 绢本手卷

钤印：文徵明印、停云馆、停云、征仲父印

尺寸：22×530cm

估价：RMB1,800,000–2,200,000

成交价：RMB2,352,000

2009–6–26 北京匡时

0742 文徵明 行书自作诗卷

手卷 纸本

钤印：文徵明印、征仲、玉磬山房

尺寸：30×683cm

估价：RMB1,000,000–1,200,000

成交价：RMB1,232,000

2009–12–15 北京匡时

0741 文徵明 行书诗卷

手卷 纸本

钤印：文徵明印、玉兰堂印

尺寸：55.5×1458cm

估价：RMB3,500,000–4,500,000

成交价：RMB5,824,000

2009–12–15 北京匡时

0823 文徵明 行书《离骚》

册页 水墨 纸本

钤印：衡山居士、停云、衡山居士、悟言室印、衡山

尺寸：29.2×20cm×49

估价：HKD1,500,000–2,000,000

成交价：HKD4,100,000

2009–11–29 香港佳士得

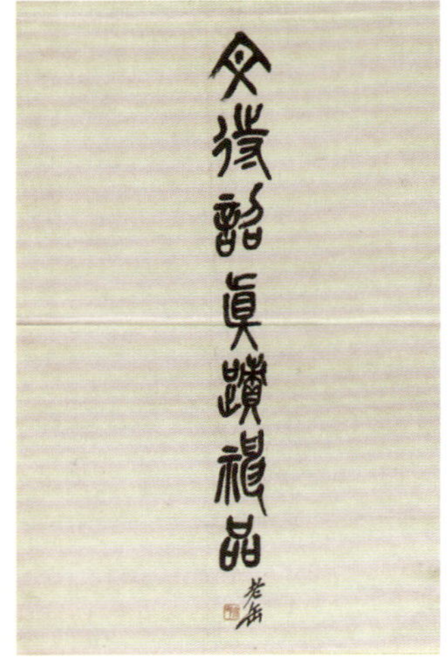

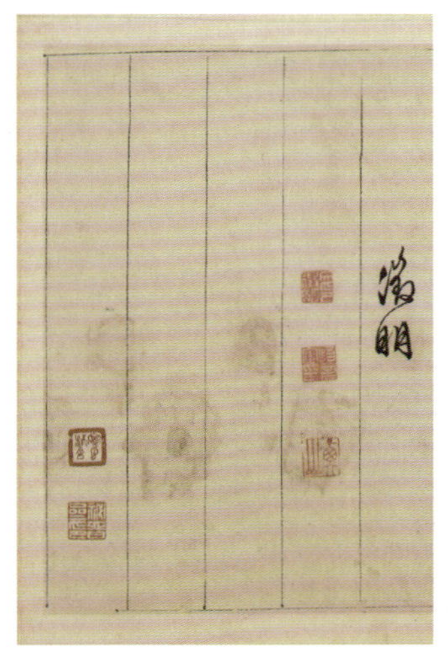

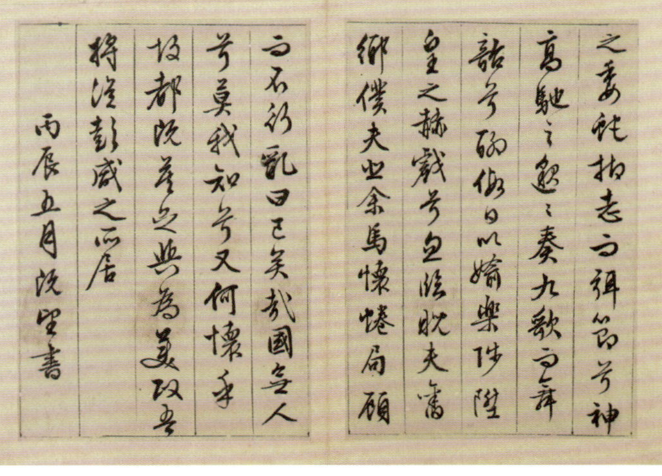

0826 文徵明 行书七言元旦朝贺诗

纸本 立轴

钤印：衡山、玉磬山房、文徵明印

尺寸：346×101.5cm

估价：RMB600,000–900,000

成交价：RMB1,344,000

2009-12-19 杭州西泠

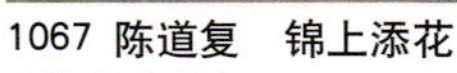

1331 陈淳 空山雪霁

立轴 水墨纸本

钤印：道复、陈生印、复父氏、大姚

尺寸：129×24.5cm

估价：RMB600,000–900,000

成交价：RMB784,000

2009-10-18 中贸圣佳

1067 陈道复 锦上添花

立轴 设色绢本

钤印：钤印三枚不清

尺寸：177×83cm

估价：RMB2,500,000–3,500,000

成交价：RMB2,800,000

2009-12-27 山东天承

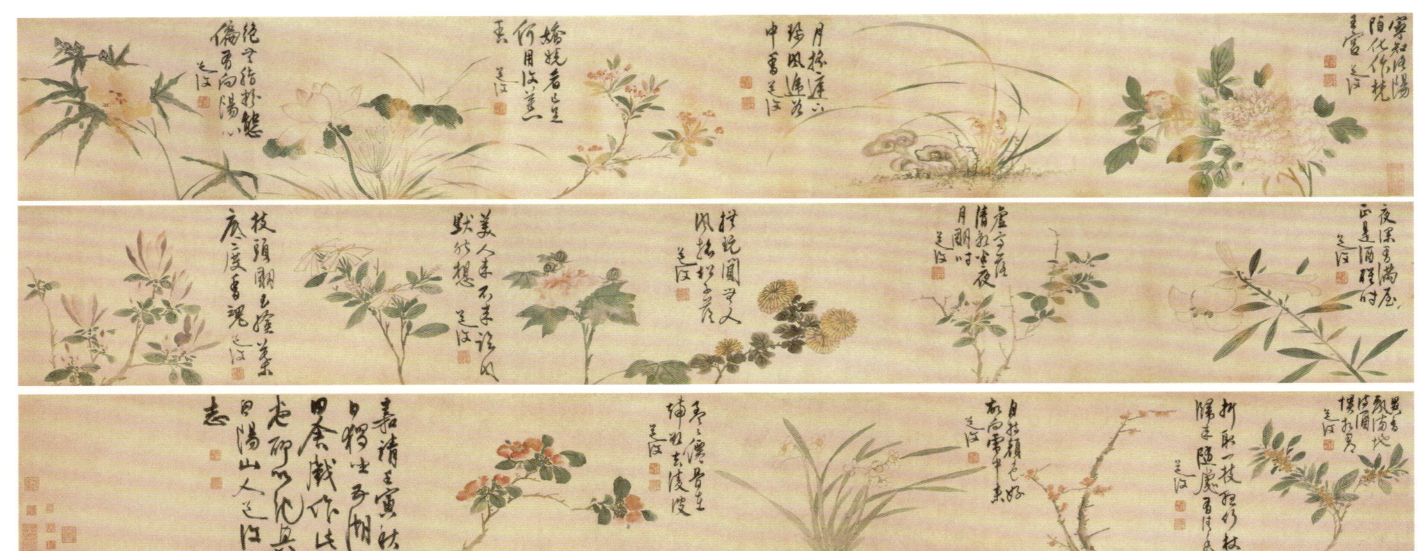

1461 陈淳 杂花图卷

手卷 设色纸本

钤印：复父氏、陈氏道复

尺寸：25.5×588cm

估价：RMB3,800,000–6,000,000

成交价：RMB5,040,000

2009–10–18 中贸圣佳

45 谢时臣 雁荡龙湫

设色绢本 立轴

钤印：谢氏时臣、姑苏台下逸人

尺寸：164.5×84 cm

估价：RMB450,000–550,000

成交价：RMB504,000

2009–12–23 上海朵云轩

0922 谢时臣　关山行旅图
立轴 纸本
钤印：谢氏、思忠、樗仙
尺寸：336×102.5cm
估价：RMB1,500,000-2,000,000
成交价：RMB2,072,000
2009-12-15 北京匡时

0585 陆治 山水
立轴 设色纸本
钤印：陆氏叔平
尺寸：138.5×44cm
估价：RMB500,000-700,000
成交价：RMB504,000
2009-5-8 北京翰海

0235 仇英 青绿山水
立轴 设色绢本
钤印：十州(朱文)、仇英之印
尺寸：170×90cm
估价：RMB3,000,000-4,000,000
成交价：RMB4,424,000
2009-12-27 山东天承

0424 王宠 草书渔父篇

手卷 水墨纸本

钤印：王履吉印、韡韡斋

尺寸：26×461cm

估价：RMB300,000-500,000

成交价：RMB873,600

2009-5-28 北京保利

0540 仇英 秋原游骑图

卷 设色纸本

钤印：十州

尺寸：26×116cm

估价：RMB2,800,000-3,500,000

成交价：RMB3,696,000

2009-5-8 北京翰海

0098 仇英 竹趣图

手卷 纸本

鉴藏印：高詹事、江邨秘藏、俨斋秘玩、吴湖驭藏、吴万宝藏、梅景书屋秘籍、吴湖驭、韩、琴书诗画巢印

尺寸：27.5×87cm

估价：RMB1,800,000-2,200,000

成交价：RMB2,800,000

2009-12-16 北京长风

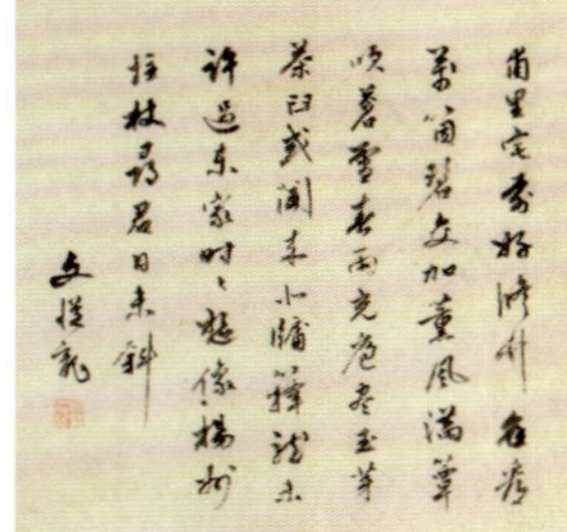

0256 仇英 文徵明 养政图（十帧）

手卷 绢本

钤印：十州（10次）、仇英之印（10次）；征仲父印（7次）、文徵明印（2次）、徵明（7次）、衡山（2次）、停云

尺寸：尺寸不一

估价：RMB800,000–1,000,000

成交价：RMB1,288,000

2009–12–16 北京长风

0467 仇英 文姬归汉长卷

手卷 绢本

钤印：十州、仇英实父

尺寸：28×467.5cm

估价：咨询价

成交价：HKD101,200,000

2009–5–26 香港长风

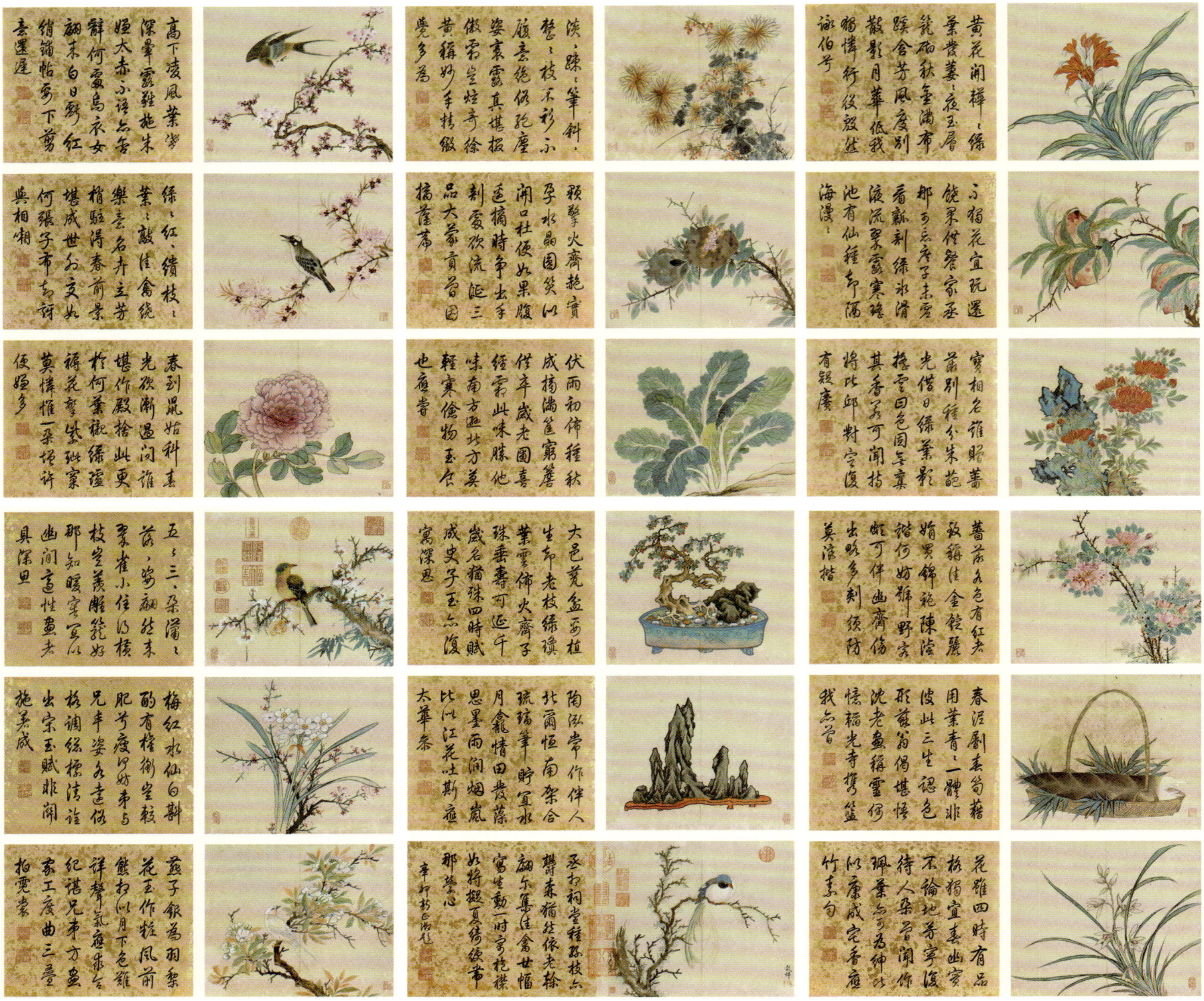

1557 王毂祥 花卉并乾隆御题册（三十六开）

册页 设色纸本

钤印：西室（八次）、禄之（十次）

尺寸：28×32cm×36

估价：RMB5,600,000–6,600,000

成交价：RMB13,440,000

2009–11–23 中国嘉德

0854 文伯仁 秋浦送别图

设色绢本 手卷

钤印：五峰、文伯仁

尺寸：画心：31×122cm，跋文：30.5×112.5cm

估价：RMB1,200,000–1,600,000

成交价：RMB2,016,000

2009–12–19 杭州西泠

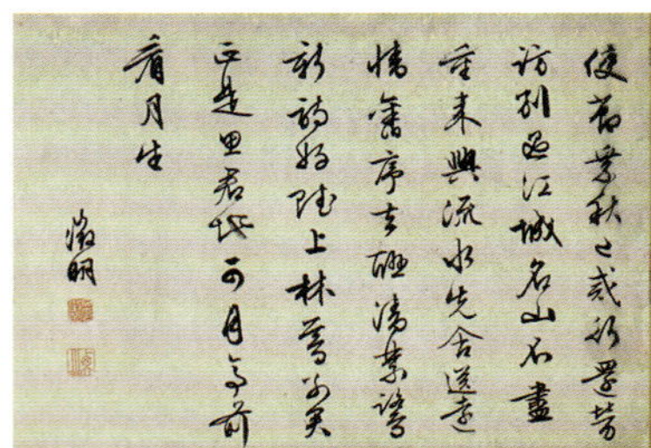

0580 文伯仁 员峤书屋图
立轴 纸本
钤印：伯仁、五峰山人
尺寸：137.5×62.5cm
估价：HKD650,000–750,000
成交价：HKD805,000
2009–11–30 香港长风

1249 陆师道 苍岩风霭图
立轴 水墨纸本
钤印：五湖道人
尺寸：69.5×35cm
估价：RMB500,000–800,000
成交价：RMB784,000
2009–10–18 中贸圣佳

1540 徐渭 墨葡萄
立轴 水墨纸本
钤印：佛寿、青藤道士、文长
尺寸：96×29.2cm
估价：RMB1,200,000–1,800,000
成交价：RMB2,352,000
2009–11–23 中国嘉德

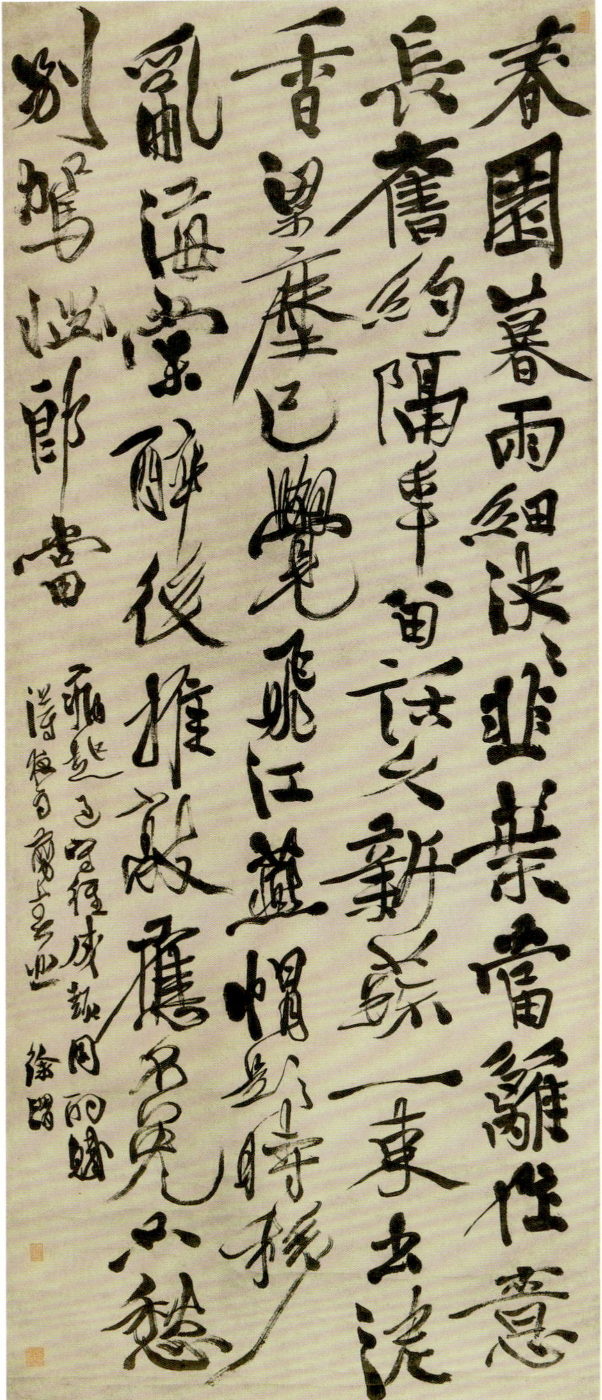

0503 徐渭 行书七言诗
立轴 纸本
钤印：海笠、天池漱仙、文长
尺寸：166×68cm
起拍价：HKD150,000
成交价：HKD2,310,000
2009-5-26 香港长风

0497 项元汴 兰亭图
手卷 纸本
钤印：项元汴印
尺寸：27×236.5cm
起拍价：HKD1,350,000
成交价：HKD1,980,000
2009-5-26 香港长风

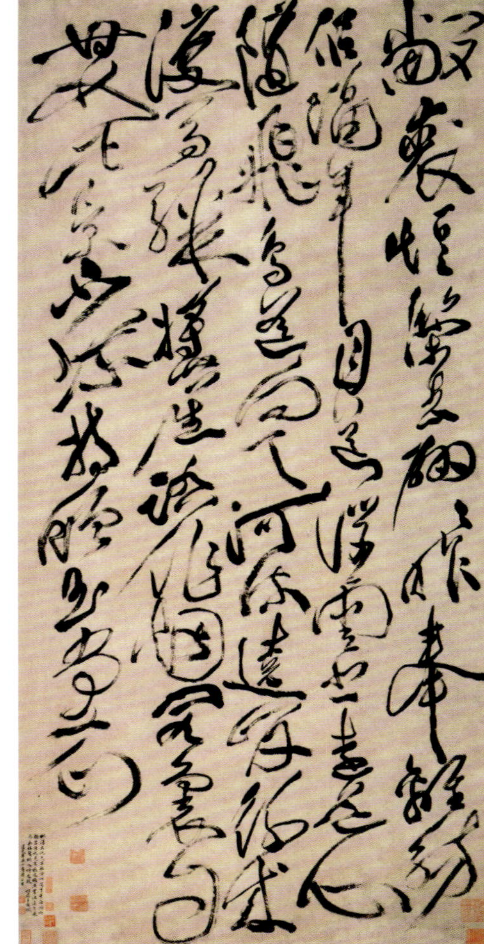

1244 徐渭 草书
立轴 水墨纸本
钤印：天池山人、青藤道士、湘管斋
尺寸：151.8×73cm
估价：RMB1,000,000-1,500,000
成交价：RMB1,120,000
2009-5-30 中国嘉德

0260 孙克弘　花卉卷

手卷 纸本

钤印：孙允执、汉阳太守章

尺寸：30×673.5cm

估价：RMB1,500,000-1,800,000

成交价：RMB2,016,000

2009-12-16 北京长风

0313 王世贞　草书《李于鳞罢官歌》

手卷 绢本

钤印：世贞记言凤洲

尺寸：31×732cm

估价：RMB800,000-1,000,000

成交价：RMB1,680,000

2009-12-16 北京长风

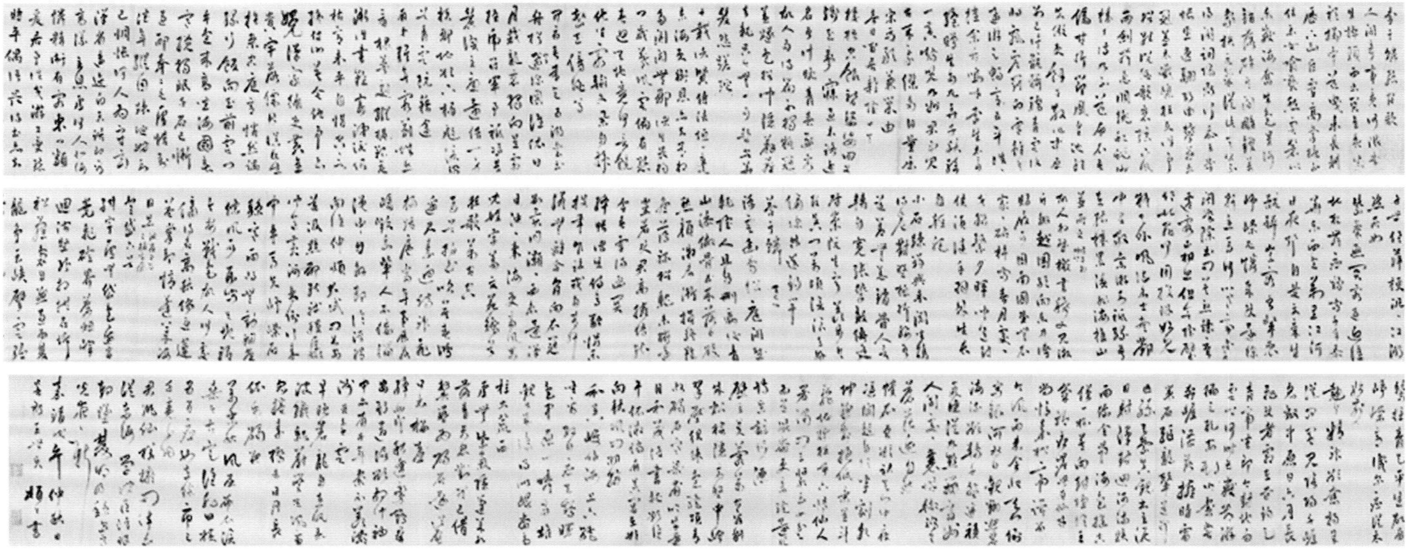

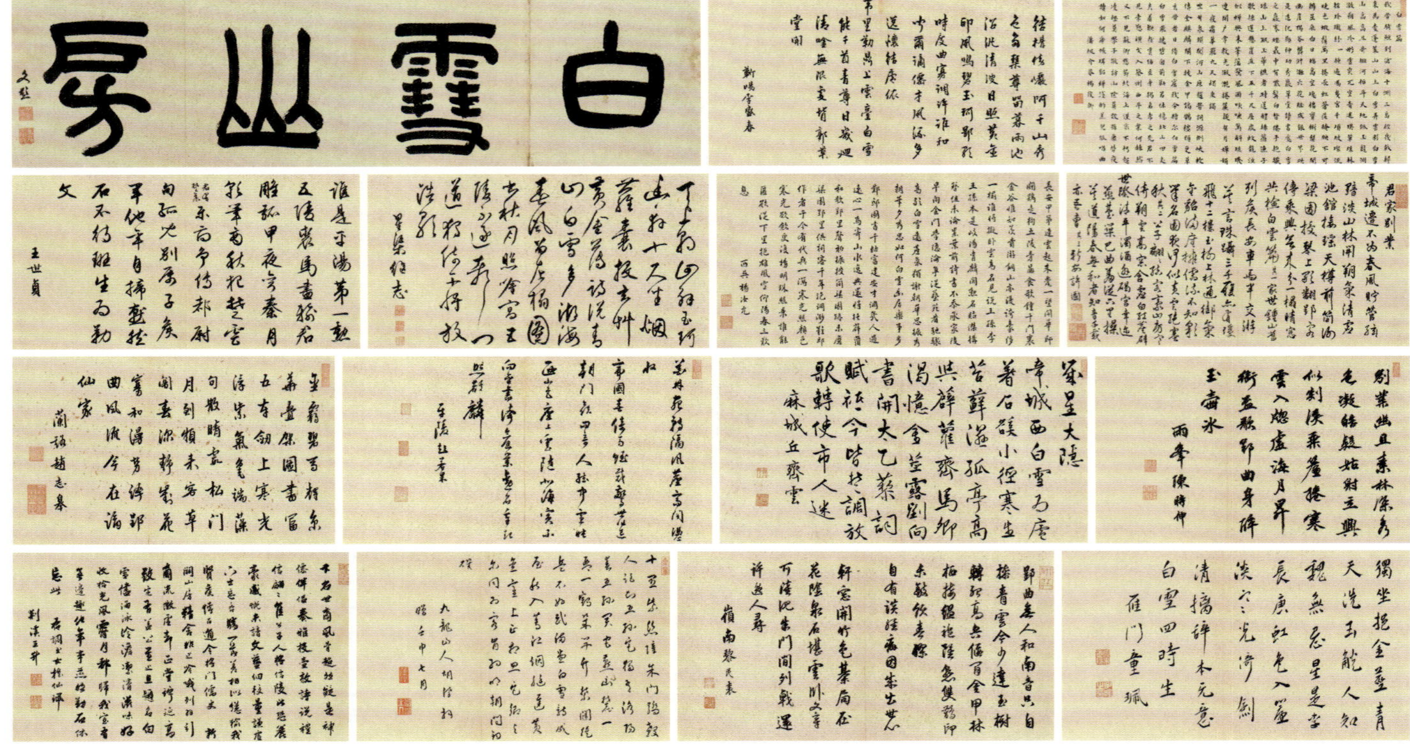

0823 王世贞、王穉登、文彭、胡应麟、潘光统等 明贤《白雪山房》诗赋书册

册页 纸本

尺寸：尺寸不一

估价：RMB1,200,000-1,500,000

成交价：RMB4,704,000

2009-12-15 北京匡时

1149 丁云鹏 云白山青图

手卷 设色纸本

钤印：南羽、云鹏之印、庚园

尺寸：30×152cm

估价：RMB1,000,000-1,400,000

成交价：RMB1,512,000

2009-12-27 山东天承

70 明 李士达 花村称庆
设色绢本　立轴
尺寸：127.5×86 cm
估价：RMB6,000,000-8,000,000
成交价：RMB14,560,000
2009-12-23 上海朵云轩

0981 李士达 山水人物册（十二开）
设色纸本 册页
钤印：士达
尺寸：22×18.5cm×12
估价：RMB650,000-800,000
成交价：RMB728,000
2009-12-19 杭州西泠

游藝神通

5125 吴彬　十八应真图卷

手卷 设色纸本

钤印：吴文中氏、吴彬之印

尺寸：31×571cm

估价：RMB20,000,000-30,000,000

成交价：RMB169,120,000

2009-11-22 北京保利

1255 吴彬　临李公麟画罗汉卷

手卷 白描淡设色纸本

钤印：吴彬、吴彬之印、吴氏文中

尺寸：31.8×1675.8cm

估价：RMB7,500,000-10,000,000

成交价：RMB44,800,000

2009-5-30 中国嘉德

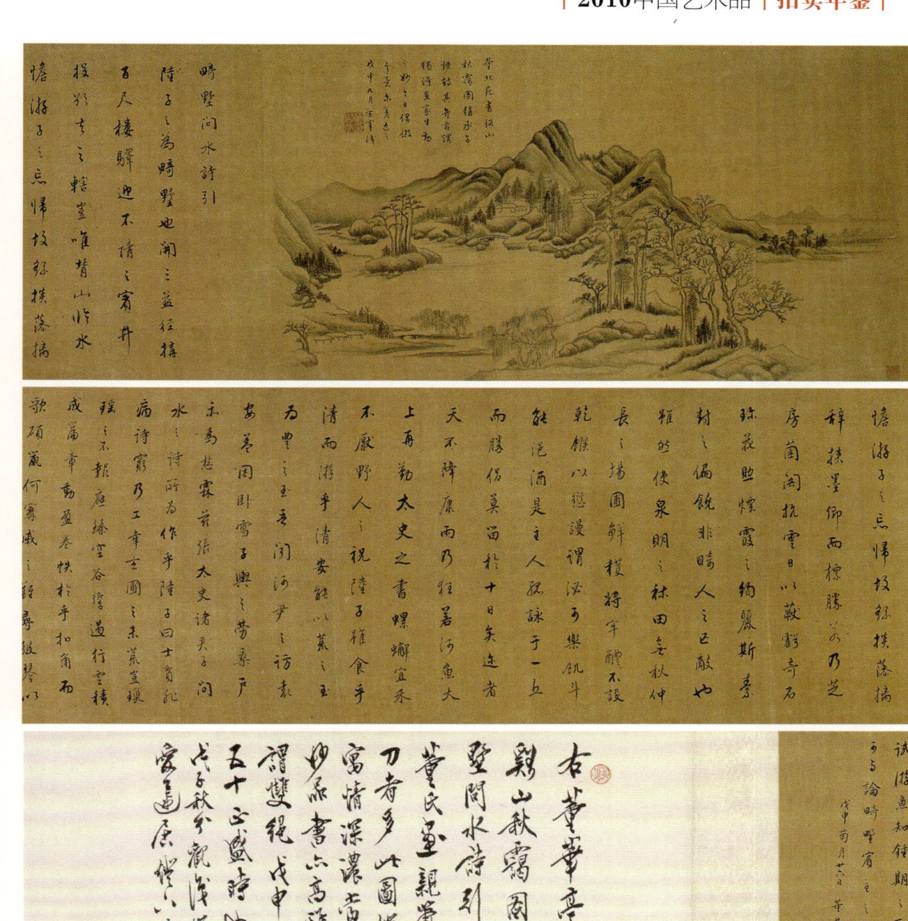

0402 董其昌 仿董北苑《溪山秋露图》

手卷 水墨绢本

钤印：董其昌印

尺寸：27 × 150cm

估价：RMB1,500,000－1,800,000

成交价：RMB1,680,000

2009－5－28 北京保利

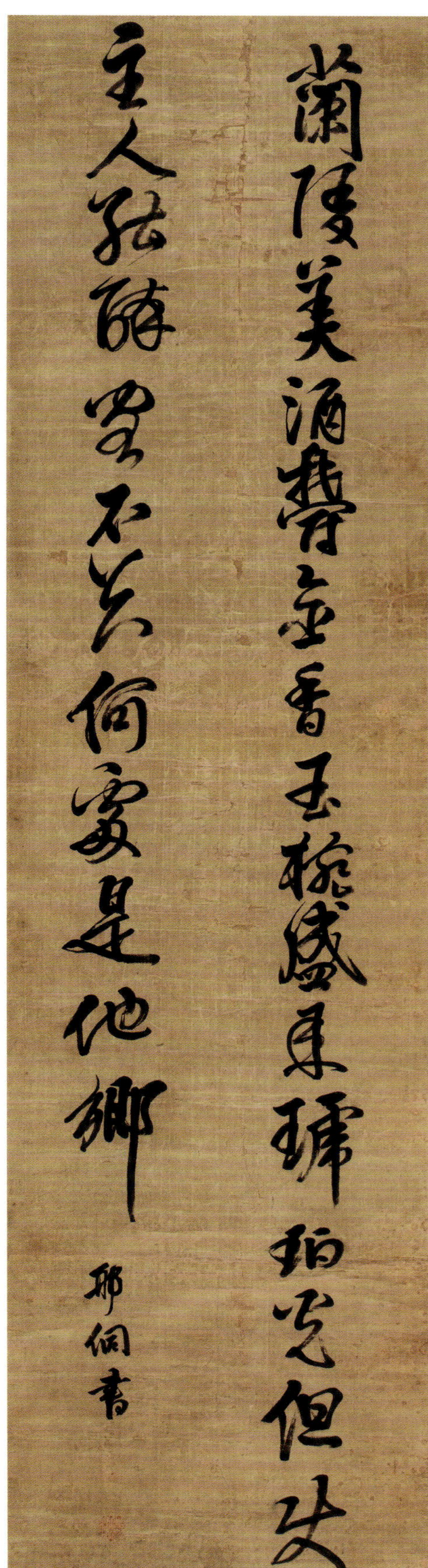

0727 邢侗 行书李白七言诗

立轴 绫本

尺寸：170 × 45.5cm

估价：RMB1,000,000－1,200,000

成交价：RMB2,240,000

2009－12－15 北京匡时

1335 董其昌 仿巨然山水卷
手卷 水墨纸本
钤印：昌、董玄宰
尺寸：画43.5×943cm；题跋43×258cm
估价：RMB3,000,000–4,000,000
成交价：RMB4,592,000
2009-5-29 北京保利

1260 董其昌 平原村图
手卷 水墨纸本
尺寸：30×120.5cm
估价：RMB1,100,000–1,600,000
成交价：RMB1,456,000
2009-10-18 中贸圣佳

1735 董其昌 仿黄公望笔意山水
卷 设色金笺
钤印：太史氏、董其昌印
尺寸：30×119cm
估价：RMB6,000,000–8,000,000
成交价：RMB6,720,000
2009-11-10 北京翰海

1032 董其昌 仿倪云林笔意
立轴 绢本立轴
钤印：太史氏、董其昌、画禅、抱瓮翁
尺寸：88.5×36.5cm
估价：RMB1,200,000–1,500,000
成交价：RMB2,576,000
2009-6-26 北京匡时

0258 董其昌 松山寒泉图
立轴 纸本
钤印：董其昌、画禅
尺寸：124×54cm
估价：RMB1,500,000–2,000,000
成交价：RMB2,240,000
2009-12-16 北京长风

1683 董其昌 山驿留憩

立轴 设色纸本

钤印：太史氏、董其昌

尺寸：129×51.8cm

估价：RMB2,000,000–3,000,000

成交价：RMB13,440,000

2009–11–23 中国嘉德

0961 董其昌 铜官山色图

立轴 水墨绢本

钤印：画禅、太史氏、董其昌

尺寸：119.4×49cm

估价：RMB800,000–1,000,000

成交价：RMB896,000

2009–6–20 杭州西泠

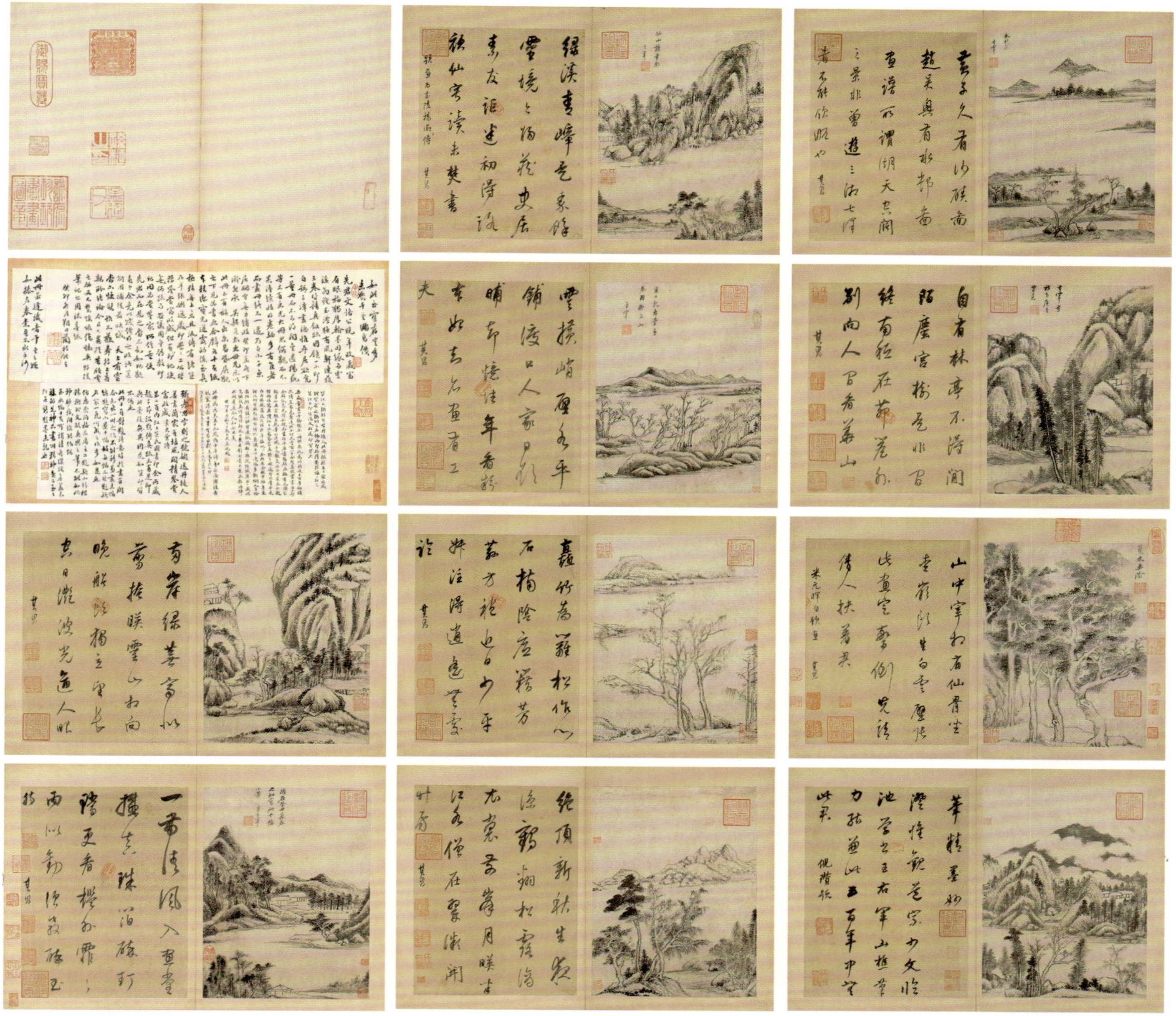

1886 董其昌 仿古山水（十开）

册 水墨纸本

钤印：知制诰日讲官（七次）、董其昌印（十次）、董其昌印（五次）

尺寸：29×22.5cm×10

估价：RMB8,000,000–12,000,000

成交价：RMB28,560,000

2009–11–10 北京翰海

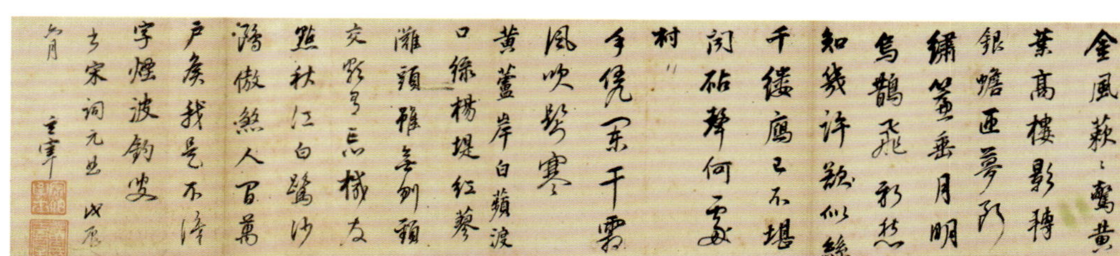

1783 董其昌 书札词翰临帖三种

纸本 册

钤印：宗伯学士、董氏玄宰

尺寸：尺寸不一

估价：RMB800,000–1,200,000

成交价：RMB896,000

2009–11–10 北京翰海

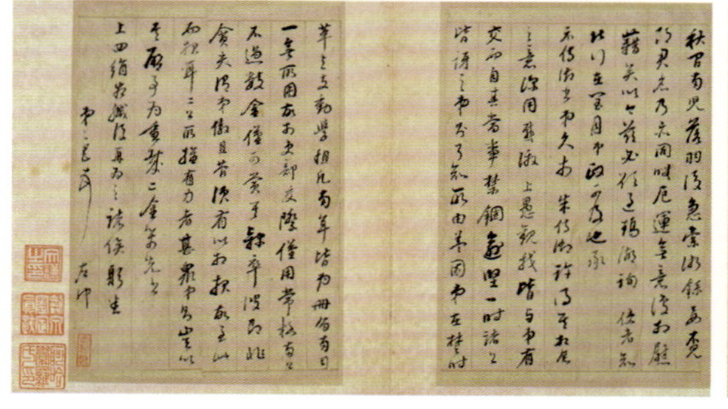

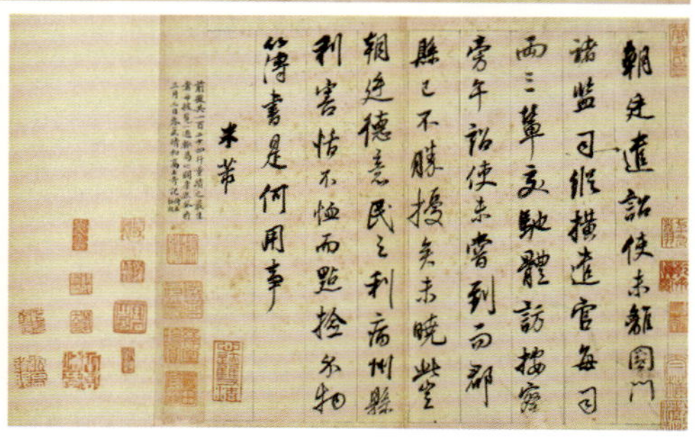

0775 董其昌 行书临王右军禊帖

手卷 绫本

钤印：玄赏斋、知制诰日讲官、董其昌印

尺寸：27×21cm×11

估价：RMB400,000-600,000

成交价：RMB1,030,400

2009-10-17 中贸圣佳

1044 董其昌 行书舞鹤赋（十屏）

绫本

钤印：大宗伯印、玄宰氏、玄赏斋

尺寸：187×54cm×10

估价：RMB1,200,000-2,600,000

成交价：RMB2,128,000

2009-10-18 中贸圣佳

0808 董其昌 行书隐泉李君行状

绫本 手卷

钤印：宗伯学士、董氏玄宰

尺寸：28 × 395cm

估价：RMB350,000–500,000

成交价：RMB1,120,000

2009–12–19 杭州西泠

0974 董其昌 草书临怀素自叙帖册（三十六开）

绢本 册页

钤印：玄宰、董玄宰

尺寸：26 × 13.5cm × 36

估价：RMB500,000–700,000

成交价：RMB3,584,000

2009–12–19 杭州西泠

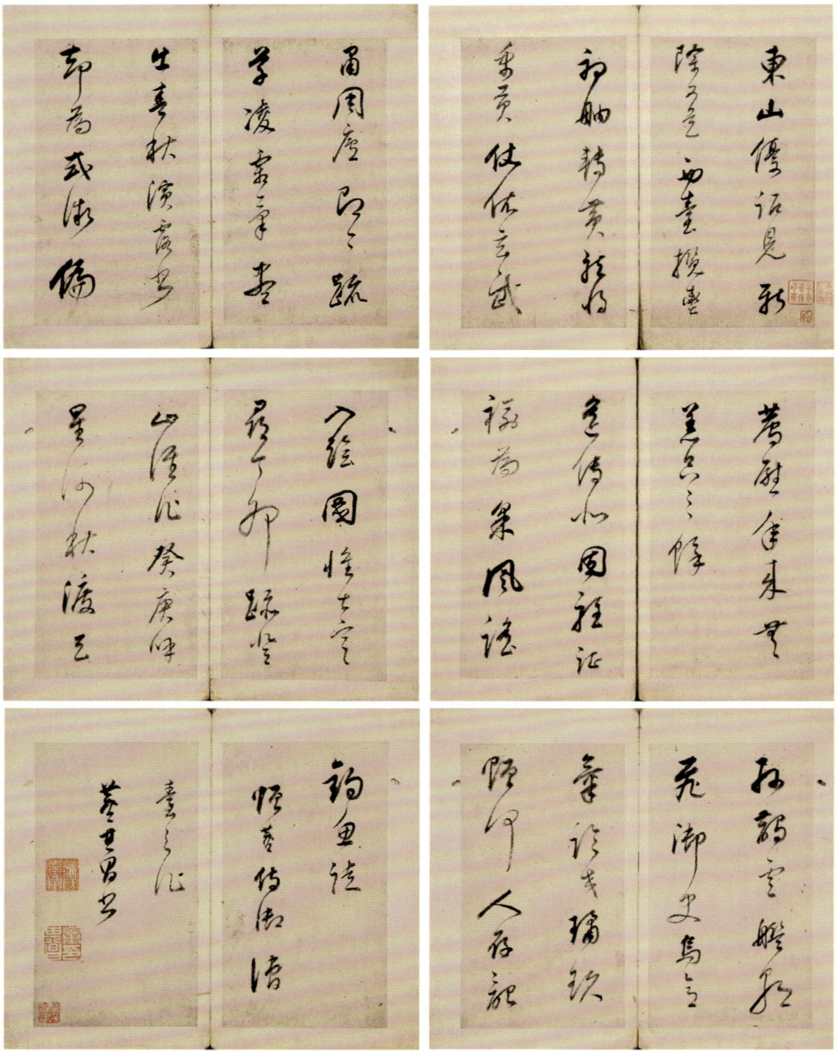

0661 董其昌 草书自作诗（十二开）

册页 纸本

钤印：董氏玄宰、董其昌印

尺寸：24×13cm×12

起拍价：RMB500,000

成交价：RMB896,000

2009-6-26 北京长风

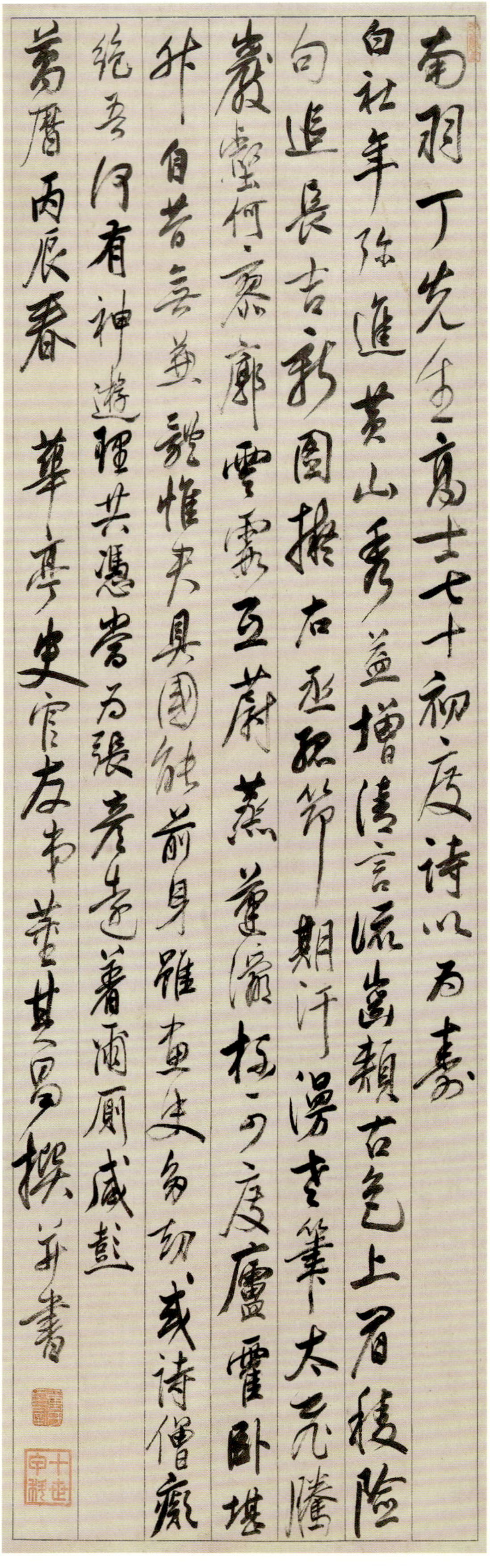

1452 董其昌 行书《为丁云鹏贺寿诗》

立轴 水墨纸本

钤印：董氏玄宰、十世甲科、玄赏斋

尺寸：197.5×73cm

估价：RMB1,300,000–2,300,000

成交价：RMB6,832,000

2009-11-23 中国嘉德

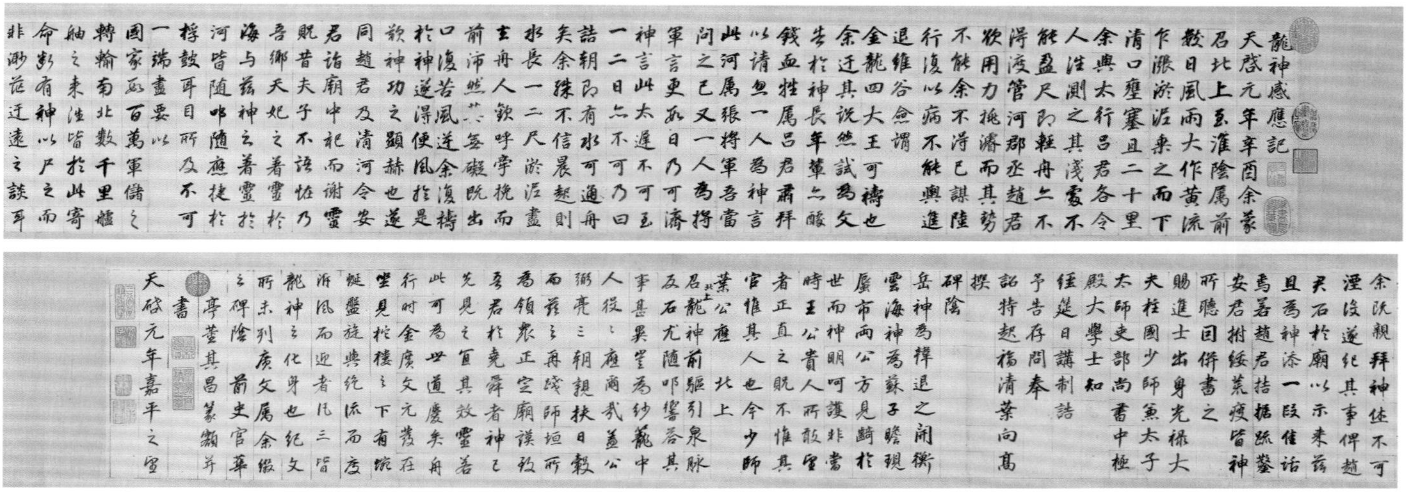

1453 董其昌 行书叶向高《龙神感应记》

手卷 水墨纸本

钤印：知制诰日讲官、董玄宰

尺寸：24×290cm

估价：RMB6,800,000–8,800,000

成交价：RMB44,800,000

2009–11–23 中国嘉德

139 董其昌 行书出师表卷

绫本 手卷

钤印：董其昌印、知制诰日讲官、玄赏斋

尺寸：25×248 cm

估价：RMB350,000–450,000

成交价：RMB1,120,000

2009–12–23 上海朵云轩

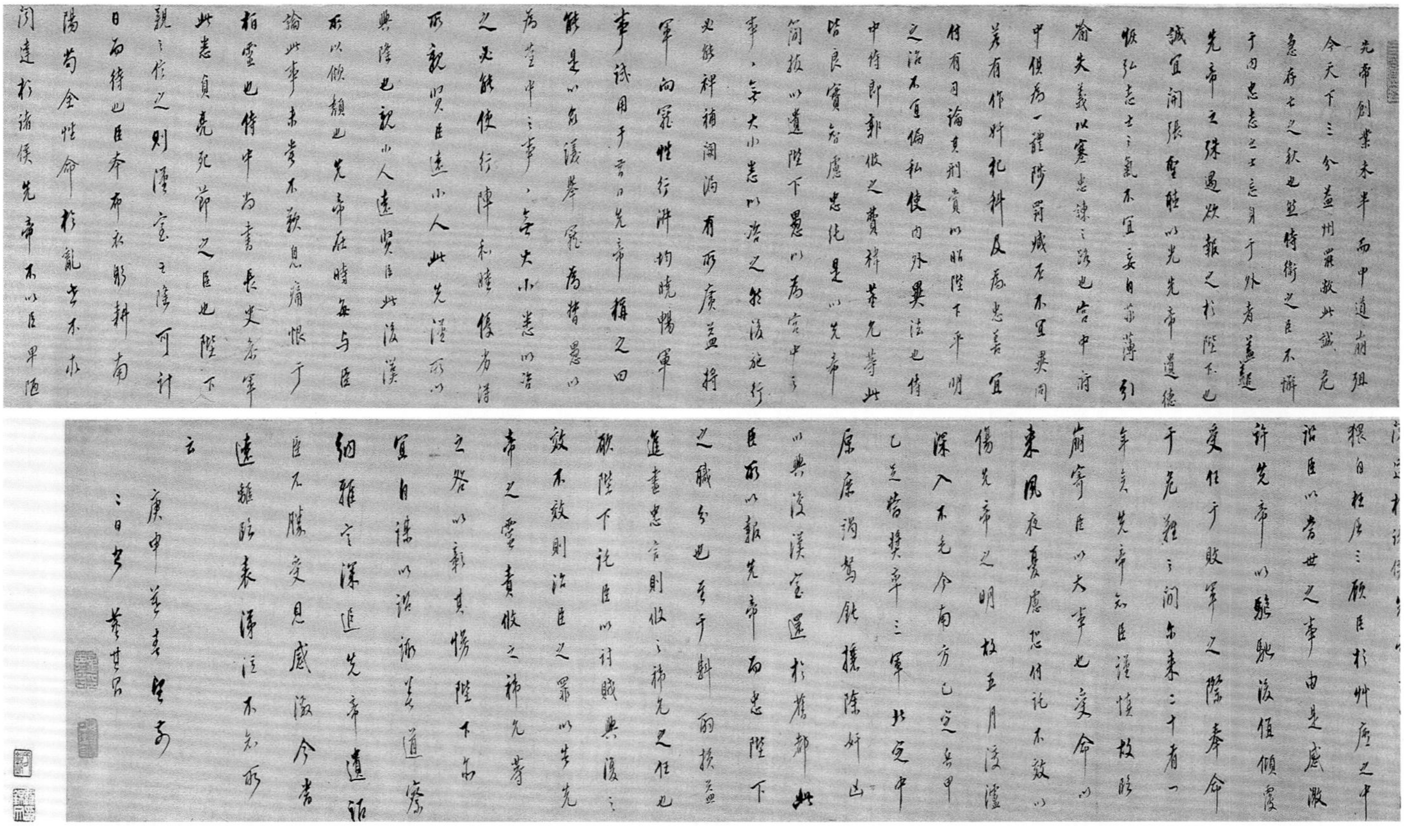

1680 曾鲸 严用晦像
手卷 设色纸本
钤印：曾鲸之印
尺寸：30×131.5cm
估价：RMB1,500,000-2,500,000
成交价：RMB6,272,000
2009-11-23 中国嘉德

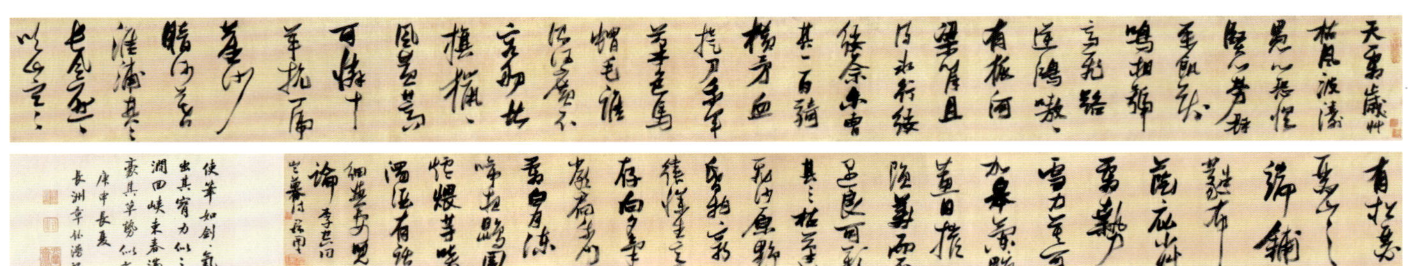

0885 张瑞图 草书李梦阳诗四首
手卷 绢本手卷
钤印：张瑞图印
尺寸：31×603cm
估价：RMB550,000-650,000
成交价：RMB884,800
2009-6-26 北京匡时

1047 张瑞图 草书唐诗四首
手卷 绫本
钤印：瑞图之印、瑞图之印、二水山人、张瑞图印、二水山人
尺寸：43.5×449cm
估价：RMB1,000,000-1,800,000
成交价：RMB1,232,000
2009-10-18 中贸圣佳

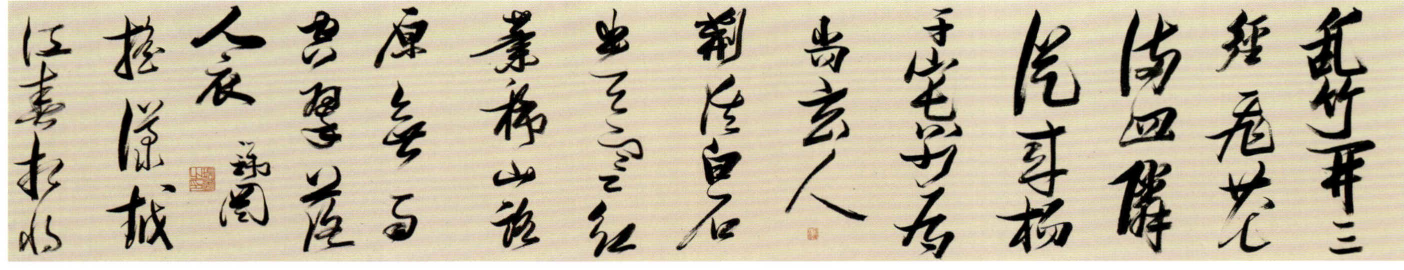

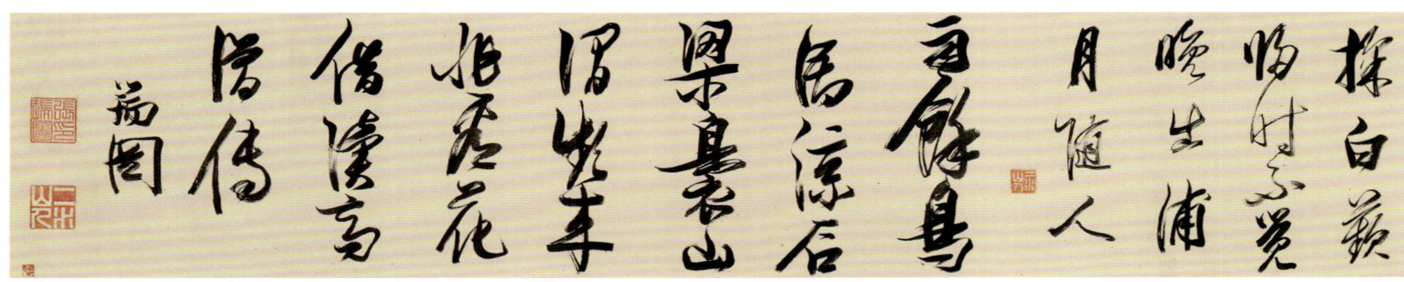

1438 张瑞图 草书五言诗

立轴 绢本

钤印：张瑞图印、大学士章

尺寸：191.5×44.5cm

估价：RMB400,000-600,000

成交价：RMB873,600

2009-10-18 中贸圣佳

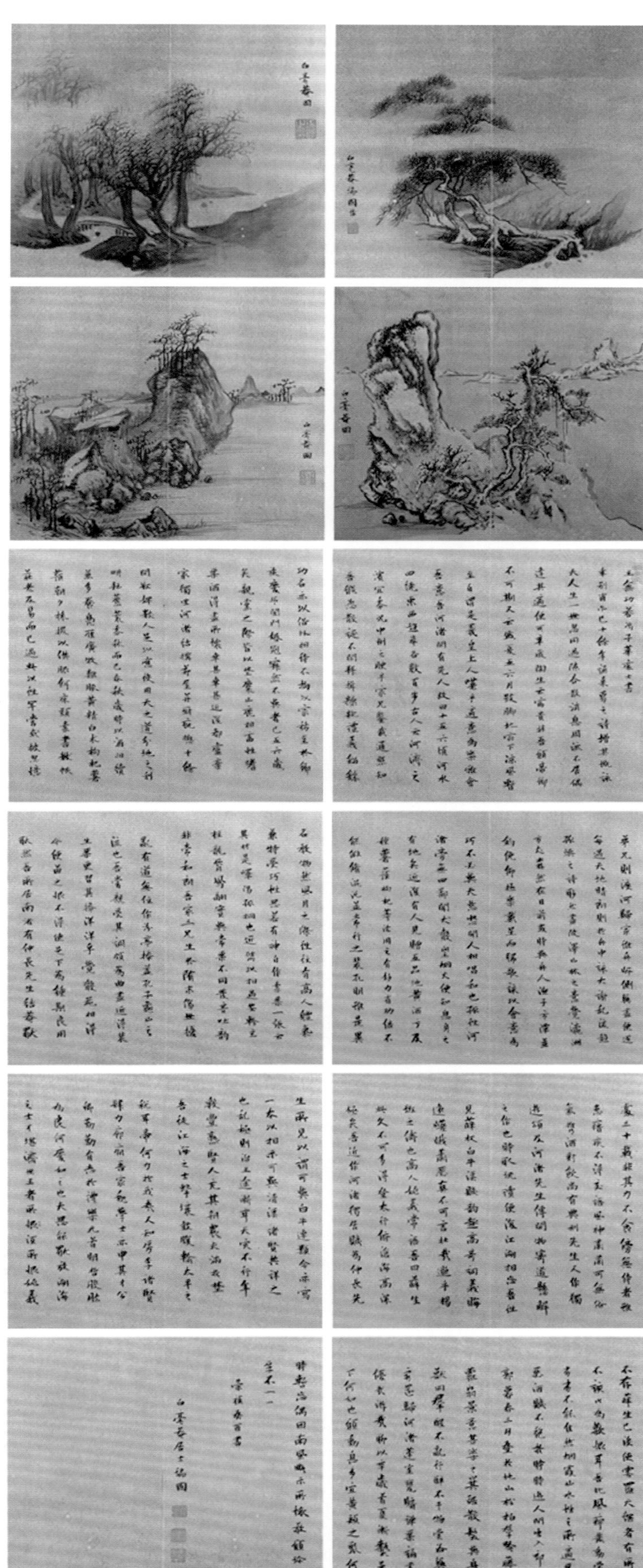

5178 张瑞图 书画合璧册（十二开）

册页 水墨纸本

钤印：无画氏；张瑞图印；瑞图；瑞图；蓬莱史、瑞图、书画禅、响山堂、清真堂

尺寸：23×29cm×12

估价：RMB1,200,000-2,200,000

成交价：RMB6,944,000

2009-11-22 北京保利

0884 张瑞图 草书乐志论

手卷 绢本手卷

钤印：张瑞图印

尺寸：26×265cm

估价：RMB1,000,000–1,200,000

成交价：RMB2,352,000

2009-6-26 北京匡时

0813 张瑞图 草书诗

绢本 手卷

钤印：瑞图、无画氏

尺寸：26.7×504.5cm

估价：RMB350,000–450,000

成交价：RMB1,680,000

2009-12-19 杭州西泠

0819 卞文瑜 秋亭晚岫图
设色绢本 立轴
钤印：文瑜私印、字润甫
尺寸：149.6×59.2cm
估价：RMB380,000-500,000
成交价：RMB784,000
2009-12-19 杭州西泠

1211 赵澄 仿古山水册（四十开）
册页 设色绢本
钤印：雪江(四十次)
鉴藏印：王之印、逸庵、一印不辨
尺寸：49×30.5cm×4
估价：HKD1,000,000-1,200,000
成交价：HKD1,100,000
2009-5-26 香港佳士得

0400 蓝瑛 云壑高秋

立轴 设色绢本

钤印：蓝瑛之印、田叔

尺寸：176×94cm

估价：RMB1,000,000-1,200,000

成交价：RMB1,120,000

2009-5-28 北京保利

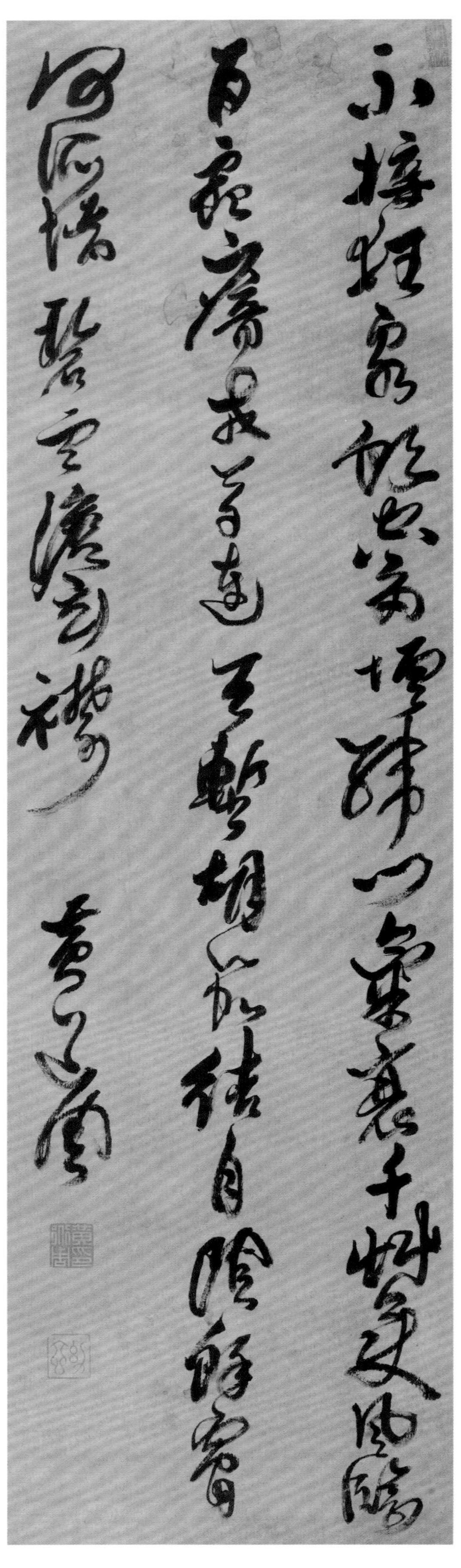

0860 黄道周 草书七言诗

立轴 绫本立轴

钤印：黄道周印、幼玄、十里梅花一草堂

尺寸：176×49.5cm

估价：RMB280,000-350,000

成交价：RMB313,600

2009-6-26 北京匡时

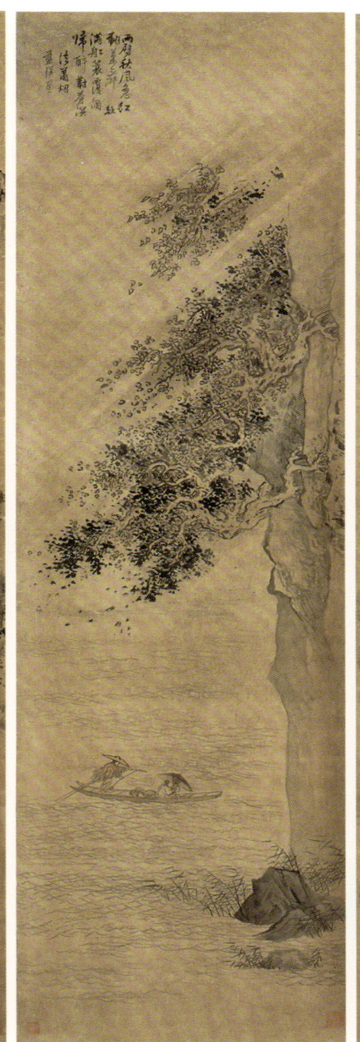

0971 蓝瑛 法各家山水四轴（四幅）
设色绢本 立轴
钤印：蓝瑛私印、田叔
尺寸：172.5×55.5cm×4
估价：RMB2,800,000-3,500,000
成交价：RMB5,376,000
2009-12-19 杭州西泠

1334 蓝瑛 仿大痴山水卷
手卷 设色纸本
钤印：蓝瑛、田叔
尺寸：画32×517cm；题跋33×204cm
估价：RMB2,000,000-3,000,000
成交价：RMB5,768,000
2009-5-29 北京保利

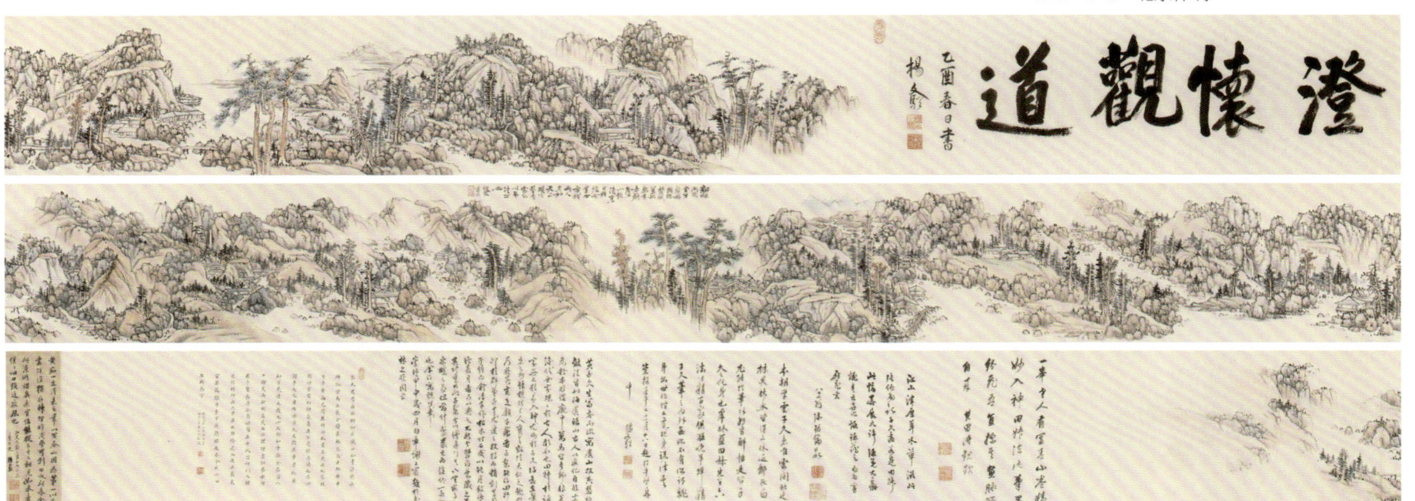

0266 蓝瑛 过雨溪山图

立轴 绢本

钤印：蓝瑛之印、田叔父

尺寸：216.5×93cm

估价：RMB500,000-600,000

成交价：RMB784,000

2009-12-16 北京长风

1451 蓝瑛 秋壑飞泉

立轴 设色绢本

钤印：田叔

尺寸：186×95cm

估价：RMB800,000-1,200,000

成交价：RMB840,000

2009-10-18 中贸圣佳

0953 蓝瑛 仙山楼阁

立轴 绫本

钤印：蓝瑛之印、田叔

尺寸：196.5×51cm

估价：RMB450,000-550,000

成交价：RMB504,000

2009-12-15 北京匡时

0830 蓝瑛 秋水归舟图

设色绢本 立轴

钤印：蓝瑛之印、田叔

尺寸：136×58cm

估价：RMB750,000-850,000

成交价：RMB4,872,000

2009-12-19 杭州西泠

0584 蓝瑛 华岳高秋图

立轴 绢本

钤印：蓝瑛之印、田赤

尺寸：235.5×71cm

估价：HKD800,000-1,000,000

成交价：HKD1,120,000

2009-11-30 香港长风

1012 蓝瑛　孙照　山水花卉册

册页 设色纸本 洒金纸本

钤印：蓝瑛之印、蓝瑛、田未、孙照、日明

尺寸：15×17.2cm×8；15×16.8cm×4；扉页24.2×39cm×2

估价：RMB800,000-1,200,000

成交价：RMB1,120,000

2009-6-20 杭州西泠

1545 蓝瑛 苍岩嘉树图

立轴 设色纸本

钤印：蓝瑛之印、田叔父

尺寸：350×106cm

估价：RMB1,800,000-2,800,000

成交价：RMB13,440,000

2009-11-23 中国嘉德

5176 蓝瑛 陈虞胤 讲帏桃李图

十二屏 设色绢本

钤印：蓝瑛之印、田叔

尺寸：187×50.8cm×12

估价：RMB8,000,000-12,000,000

成交价：RMB8,960,000

2009-11-22 北京保利

135 蓝瑛 兰竹卷

水墨纸本　手卷

钤印：蓝瑛之印、田叔父

尺寸：28×500.5 cm

估价：RMB500,000-800,000

成交价：RMB649,600

2009-12-23 上海朵云轩

0946 郑约　咫尺神游册（12开）

册页 纸本

钤印：淡公、郑约（11次）、淡公（11次）

尺寸：42×30cm×12

估价：RMB3,500,000–4,000,000

成交价：RMB10,976,000

2009–12–15 北京匡时

1514 邹之麟 拟黄公望山水

立轴 设色纸本

钤印：邹之麟印、臣虎氏、衣白

尺寸：117.5×57.5cm

估价：RMB500,000–800,000

成交价：RMB728,000

2009–10–18 中贸圣佳

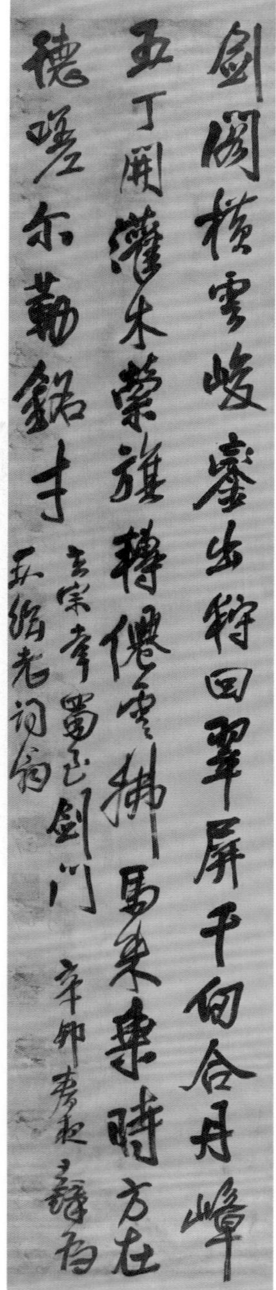

0731 王铎 行书唐玄宗五言诗

立轴 绫本

钤印：王铎之印、烟潭渔叟

尺寸：238.5×48cm

估价：RMB600,000-700,000

成交价：RMB761,600

2009-12-15 北京匡时

0914 王铎 仿关仝山水

立轴 绫本

钤印：王铎之印

尺寸：168.5×45cm

估价：RMB1,200,000-1,500,000

成交价：RMB1,568,000

2009-12-15 北京匡时

0820 王铎 松鹿图

水墨绢本 立轴

钤印：王铎之印

尺寸：114×40cm

估价：RMB600,000-800,000

成交价：RMB1,120,000

2009-12-19 杭州西泠

1022 王铎 草书五言诗

立轴 绫本
钤印：王铎之印
尺寸：236×49.5cm
估价：RMB900,000–1,600,000
成交价：RMB1,232,000
2009–10–18 中贸圣佳

0859 王铎 草书临王献之帖

立轴 绫本立轴
钤印：王铎之印
尺寸：212×50.5cm
估价：RMB500,000–600,000
成交价：RMB1,904,000
2009–6–26 北京匡时

1027 王铎 草书信札一通

钤印：王铎之印、经筵讲官
尺寸：258×53.5cm
估价：RMB700,000–1,000,000
成交价：RMB1,792,000
2009–10–18 中贸圣佳

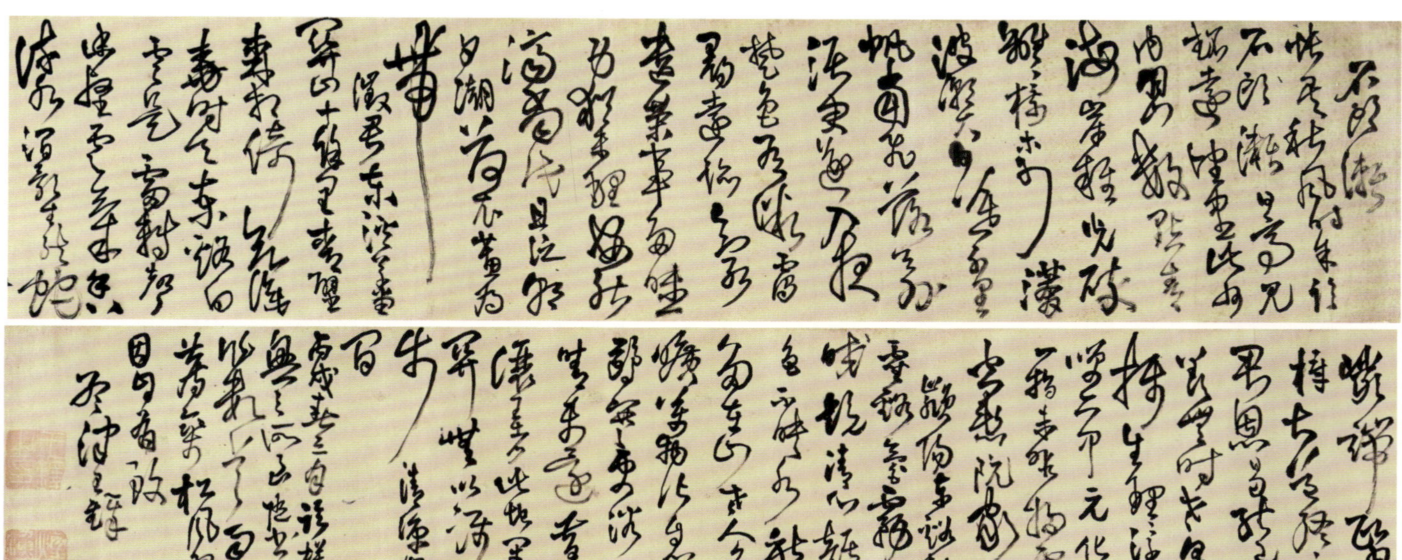

1038 王铎 草书 唐诗

手卷 绫本

钤印：王铎之印、烟潭渔叟

尺寸：25.5 × 231cm

估价：RMB500,000-700,000

成交价：RMB806,400

2009-6-20 杭州西泠

0991 王铎 行书 五言诗

立轴 绫本

钤印：王铎之印

尺寸：227.5 × 46.5cm

估价：RMB500,000-800,000

成交价：RMB952,000

2009-6-20 杭州西泠

168 王铎 行书诗

立轴 绫本

钤印：青宫太保

尺寸：184 × 52.5 cm

估价：RMB800,000-1,000,000

成交价：RMB828,800

2009-12-23 上海朵云轩

1325 王铎 草书

立轴 水墨绫本

钤印：王铎之印、烟潭渔叟

尺寸：227×47cm

估价：HKD300,000–400,000

成交价：HKD1,100,000

2009–5–26 香港佳士得

0825 王铎 草书杜甫祠南夕望

绫本 立轴

钤印：王铎之印、烟潭渔叟

尺寸：235×51cm

估价：RMB800,000–1,200,000

成交价：RMB2,016,000

2009–12–19 杭州西泠

0179 王铎 行草书天台山诗

立轴 水墨绫本

钤印：王铎之印、字觉斯

尺寸：253×53cm

估价：RMB1,800,000–2,000,000

成交价：RMB2,128,000

2009–5–31 北京永乐

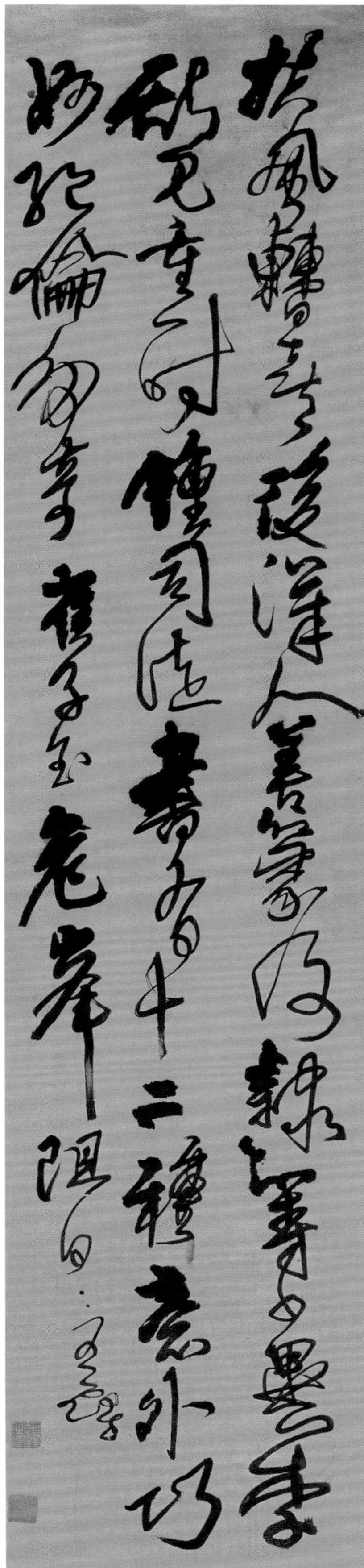

1027 倪元璐　秋江垂钓
立轴 纸本立轴
钤印：倪元璐印、鸿宝氏
尺寸：124×53cm
估价：RMB500,000–600,000
成交价：RMB560,000
2009-6-26 北京匡时

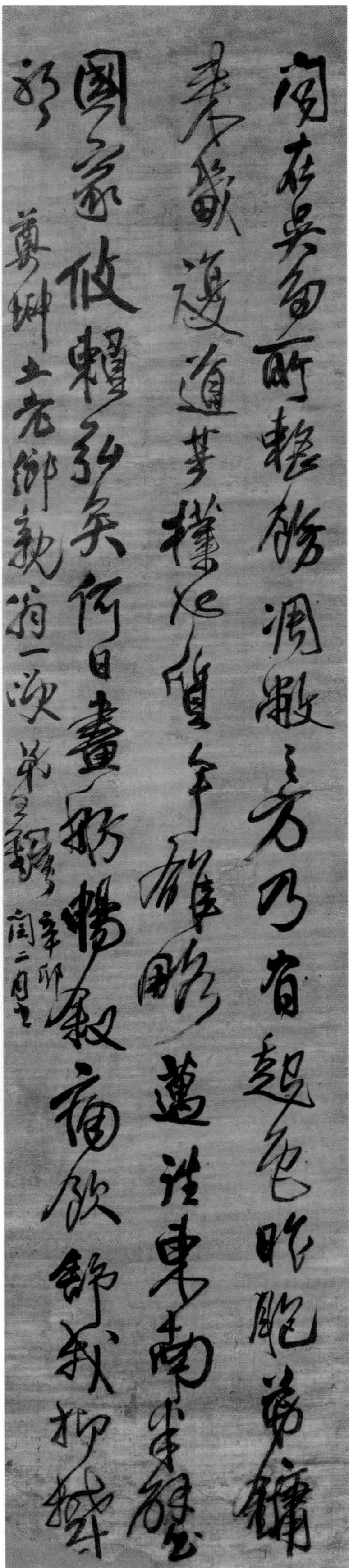

0270 王铎 草书
立轴 水墨绫本
钤印：王铎之印、海鹤天风
尺寸：283×53cm
估价：RMB800,000–800,000
成交价：RMB1,980,000
2009-11-14 天津文物

0732 王铎 草书叙怀帖
立轴 绫本
钤印：王铎之印、烟潭渔叟
尺寸：242×53cm
估价：RMB600,000–700,000
成交价：RMB1,142,400
2009-12-15 北京匡时

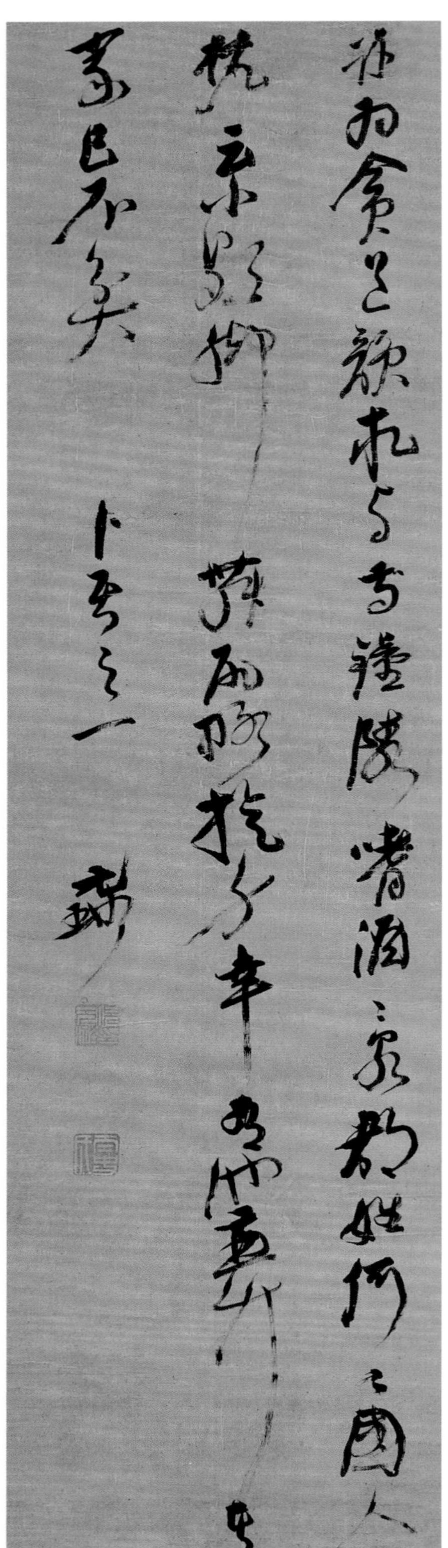

1016 倪元璐 行书五言诗

立轴 绫本
铃印：倪元璐印、太史氏
尺寸：181×49.5cm
估价：RMB120,000–180,000
成交价：RMB2,240,000
2009–10–18 中贸圣佳

0913 倪元路 秋江放棹

立轴 绢本
铃印：倪元璐印、鸿宝氏、别号园客
尺寸：132×50cm
估价：RMB1,500,000–2,000,000
成交价：RMB7,840,000
2009–12–15 北京匡时

1749 王时敏 溪山胜趣

卷 水墨纸本

钤印：逊之、王时敏印

尺寸：33×337.5cm

估价：RMB2,000,000-3,000,000

成交价：RMB2,240,000

2009-11-10 北京翰海

1447 王时敏 富春大岭图

立轴 水墨纸本

钤印：偶谐、王时敏印、烟客

尺寸：130.5×54cm

估价：RMB1,000,000-2,000,000

成交价：RMB1,456,000

2009-10-18 中贸圣佳

1301 陈洪绶 仕女

立轴 设色纸本

钤印：陈洪绶印

尺寸：109×44.5cm

估价：HKD1,000,000-1,200,000

成交价：HKD1,580,000

2009-5-26 香港佳士得

0965 陈洪绶 写寿图

立轴 绢本

钤印：陈洪绶印、章侯氏

尺寸：134×60cm

估价：RMB3,500,000–4,500,000

成交价：RMB4,592,000

2009–12–15 北京匡时

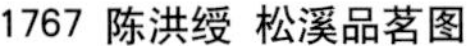

1767 陈洪绶 松溪品茗图

立轴 设色绢本

钤印：陈洪绶印

尺寸：151.5×76.5cm

估价：RMB8,000,000–12,000,000

成交价：RMB8,960,000

2009–11–10 北京翰海

0816 陈洪绶 竹林七贤图

手卷 设色绢本

钤印：洪、绶

尺寸：20×194cm

估价：HKD4,000,000–5,000,000

成交价：HKD19,700,000

2009–11–29 香港佳士得

115 陈洪绶 花鸟草虫写生图（十二开）

设色绢本 册页

钤印：洪绶

尺寸：21.5×16 cm

估价：咨询价

成交价：RM9,792,000

2009–12–23 上海朵云轩

0838 陈洪绶 红叶题诗图

设色绢本 立轴

钤印：陈洪绶印

尺寸：96×40cm

估价：RMB3,000,000-3,800,000

成交价：RMB7,056,000

2009-12-19 杭州西泠

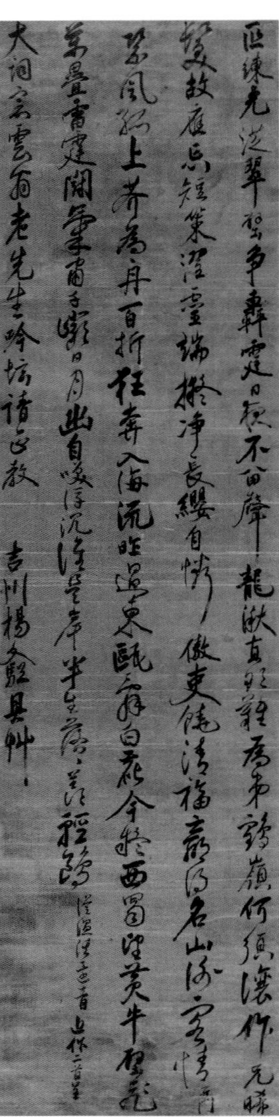

0734 杨文骢　行草自作诗二首

立轴 绫本

钤印：文骢之印、杨氏龙友、呼我以马、信美堂

尺寸：218×54cm

估价：RMB150,000-200,000

成交价：RMB1,097,600

2009-12-15 北京匡时

0606 萧云从　秋林叟杖

立轴 纸本

钤印：云从、锺山梅下僧、人淡如菊

尺寸：125.5×39.5cm

起拍价：RMB500,000

成交价：RMB761,600

2009-6-26 北京长风

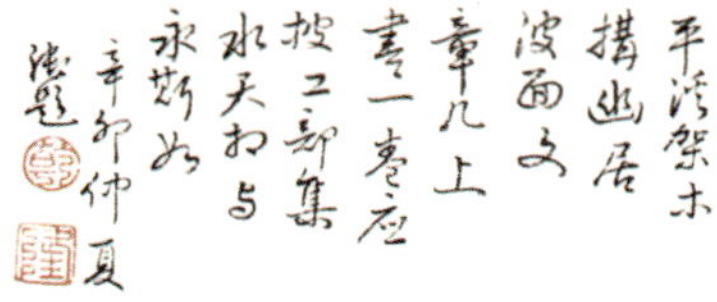

1738 杨文聪 山水

卷 设色绫本

钤印：龙友、杨山子

尺寸：30×288cm

估价：RMB400,000-600,000

成交价：RMB548,800

2009-11-10 北京翰海

1587 萧云从 青山高隐图

手卷 设色纸本

钤印：郭恕先后身、萧云从、读书秋树根、钟山梅下人诗画

尺寸：31.8×816cm

估价：RMB6,800,000-8,800,000

成交价：RMB67,200,000

2009-11-23 中国嘉德

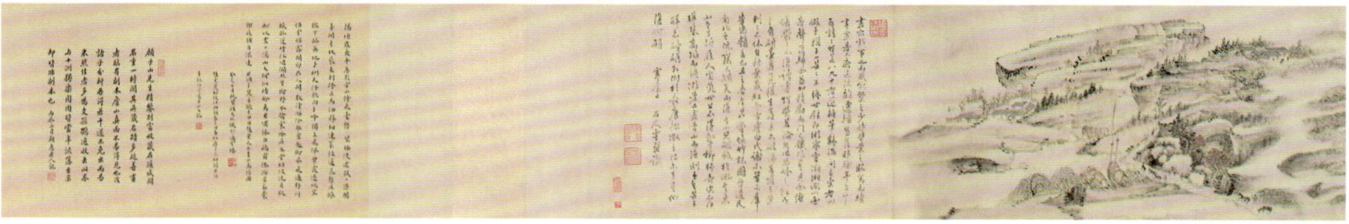

0903 项圣谟 松潭听泉图

立轴 水墨纸本

钤印：项、孔彰、项圣谟印、岳川之灵

尺寸：62.5×25cm

估价：RMB250,000-350,000

成交价：RMB336,000

2009-6-20 杭州西泠

1544 项圣谟 秋林禅悦图

立轴 设色纸本

钤印：神游林壑、易庵居士、项孔彰留真迹与人间垂千古

尺寸：100×44.8cm

估价：RMB500,000-800,000

成交价：RMB3,920,000

2009-11-23 中国嘉德

0988 王鉴 仿王蒙读书图
立轴 纸本立轴
钤印：王鉴之印、湘碧
尺寸：134×50cm
估价：RMB600,000-700,000
成交价：RMB728,000
2009-6-26 北京匡时

0404 王鉴 仿梅道人山水
手卷 设色纸本
钤印：鉴、染香庵主
尺寸：30×253cm
估价：RMB2,000,000-2,200,000
成交价：RMB2,240,000
2009-5-28 北京保利

1279 王鉴 听泉图
镜心 设色绢本
钤印：王鉴之印、员照
尺寸：108×28.5cm
估价：RMB600,000-900,000
成交价：RMB784,000
2009-10-18 中贸圣佳

1751 王鉴 江山雨后图

立轴 水墨纸本

钤印：王鉴之印、湘碧、琅琊

尺寸：106×53cm

估价：RMB2,200,000-3,000,000

成交价：RMB2,240,000

2009-11-10 北京翰海

1919 王鉴 仿北苑山水

立轴 水墨纸本

钤印：圆照

尺寸：170×71.5cm

估价：RMB3,200,000-4,000,000

成交价：RMB7,280,000

2009-11-24 北京保利

0601 王鉴 临溪山居图

立轴 纸本

钤印：王鑑之印、湘碧

尺寸：121×56.3cm

起拍价：RMB500,000

成交价：RMB1,680,000

2009-6-26 北京长风

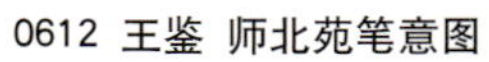

0612 王鉴 师北苑笔意图

立轴 纸本

钤印：王鉴之印

尺寸：104×49.5cm

起拍价：RMB500,000

成交价：RMB672,000

2009-6-26 北京长风

0264 王鉴 九峰烟雨图

立轴 纸本

钤印：王鉴

尺寸：121×55.5cm

估价：RMB600,000-800,000

成交价：RMB672,000

2009-12-16 北京长风

0602 王鉴 庐山秋爽图

手卷 纸本

钤印：鉴

尺寸：31×412cm

起拍价：RMB2,800,000

成交价：RMB3,360,000

2009-6-26 北京长风

0477 王鉴 仿曹云西笔意通景（四屏）

纸本

钤印：王鑑湘碧、玄照、员照

尺寸：137×72.5cm×4

起拍价：HKD3,000,000

成交价：HKD4,730,000

2009-5-26 香港长风

0476 王鉴 峰岚曲径图

立轴 纸本

钤印：王鑑之印

尺寸：145×61cm

起拍价：HKD950,000

成交价：HKD1,430,000

2009-5-26 香港长风

0430 王鉴 山水（十开）

册 水墨绢本

钤印：鉴

尺寸：30.5×24cm×10

估价：RMB1,500,000-2,000,000

成交价：RMB1,568,000

2009-5-8 北京翰海

0841 王鉴 仿范宽少陵诗意图
立轴 设色绢本
钤印：员照、染香庵主、湘碧
尺寸：81.3×64cm
估价：HKD600,000-800,000
成交价：HKD1,700,000
2009-11-29 香港佳士得

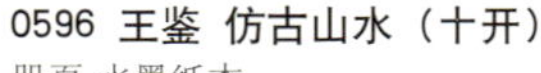

0596 王鉴 仿古山水（十开）
册页 水墨纸本
钤印：鉴
尺寸：30×24cm×10
估价：RMB600,000-800,000
成交价：RMB1,097,600
2009-8-30 山东天承

0803 王鉴 东坡诗意图
立轴 设色纸本
钤印：王鉴之印、宝觶楼
尺寸：156×74cm
估价：RMB1,300,000-1,500,000
成交价：RMB1,232,000
2009-11-20 北京华辰

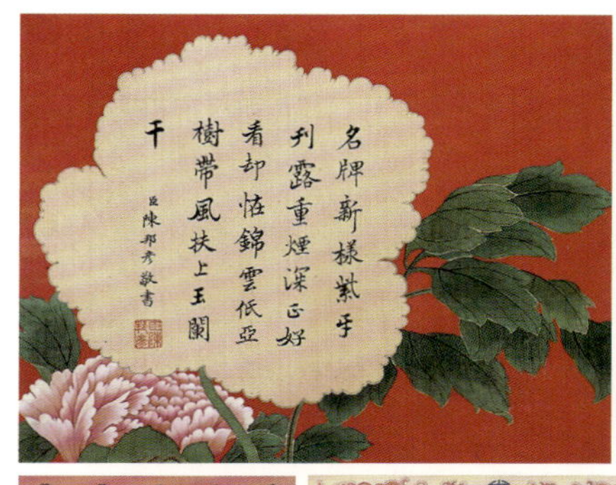
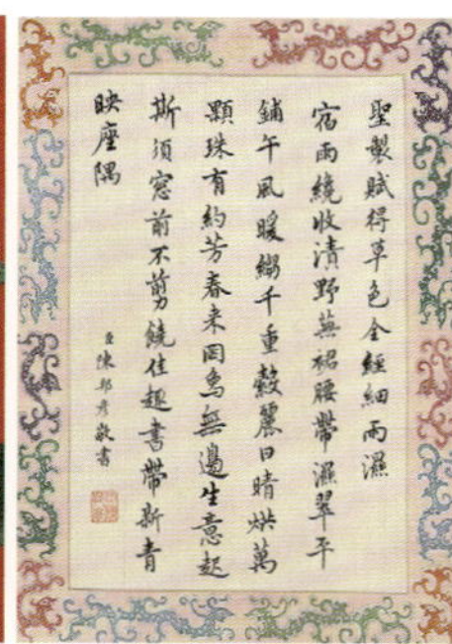
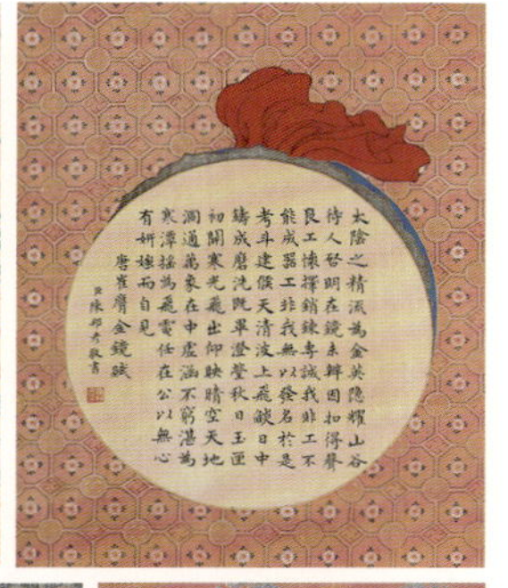

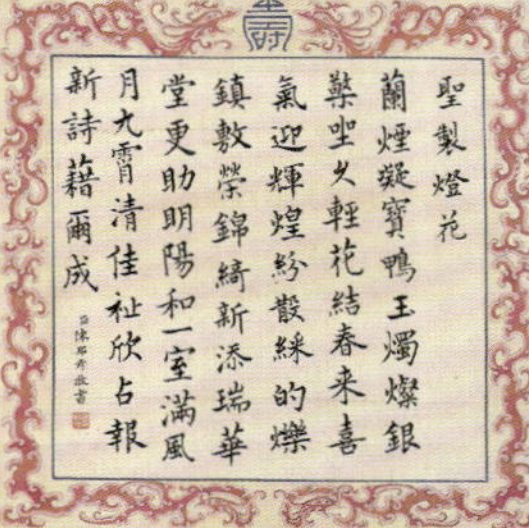
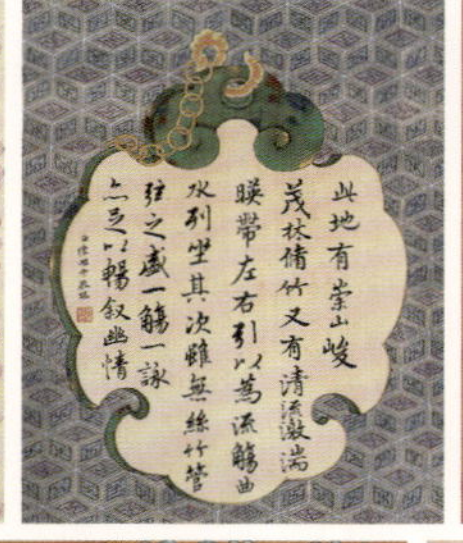
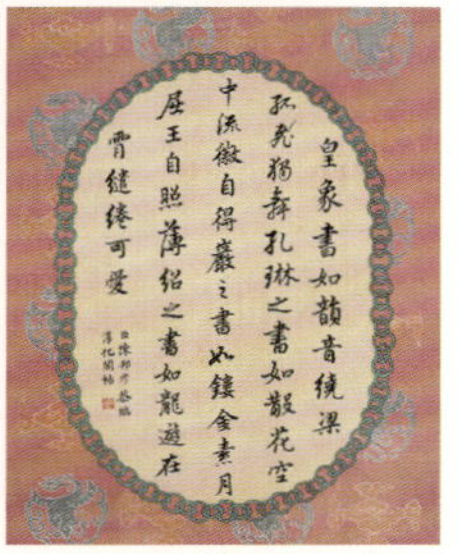
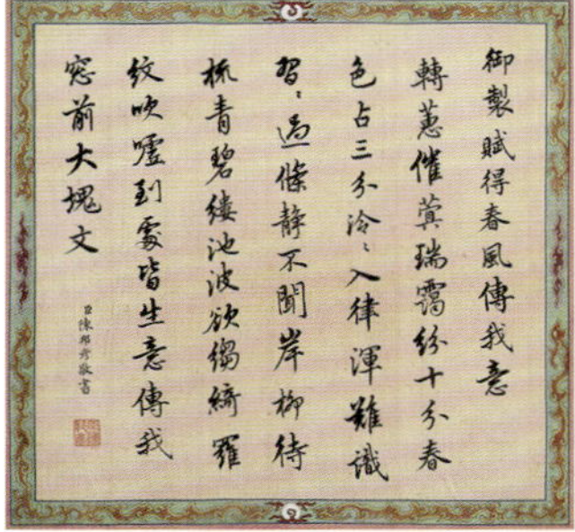
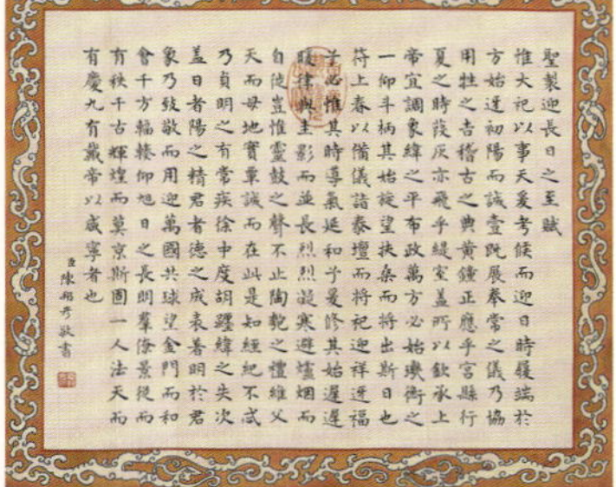

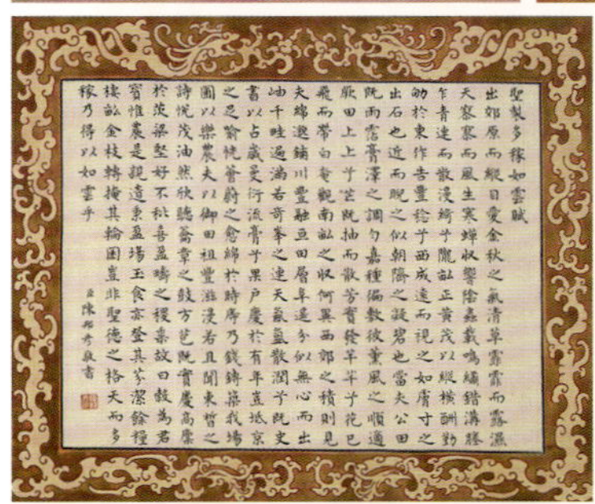

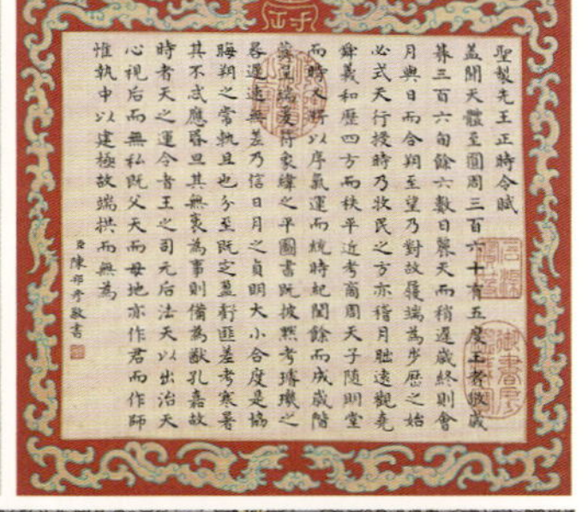
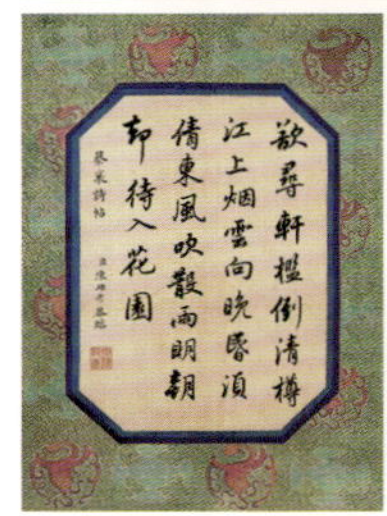
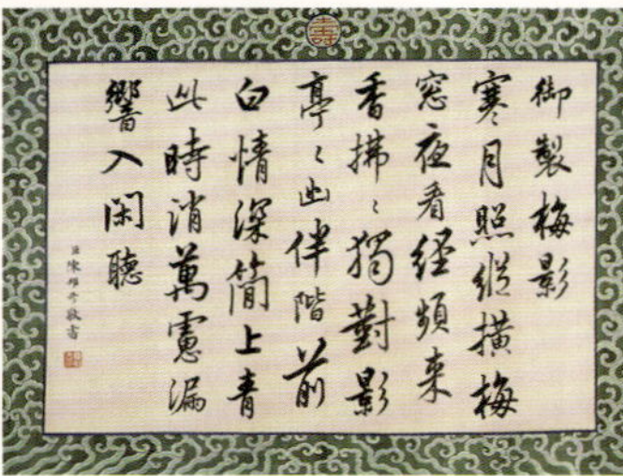
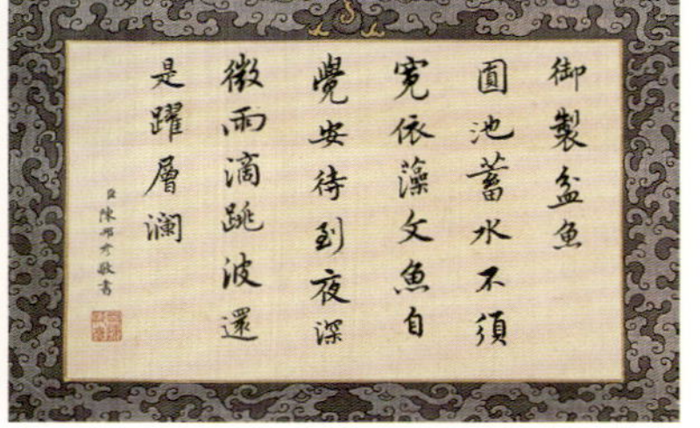

0287 陈邦彦　书法（十六开）

册页 水墨绢本

钤印：臣邦彦、臣陈邦彦、嘉庆御览之宝、乾隆御览之宝、御书房鉴藏宝、石渠宝笈

尺寸：尺寸不一

估价：RMB350,000-350,000

成交价：RMB3,685,000

2009-5-15 天津文物

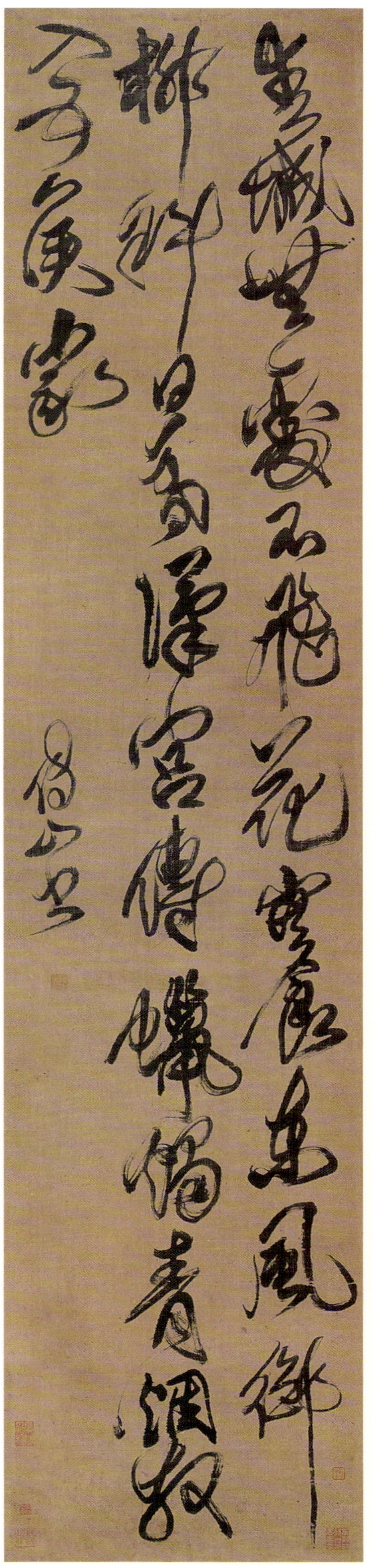

1437 傅山　草书七言诗

镜心 绢本

钤印：傅山之印

尺寸：195.5 × 43.5cm

估价：RMB900,000-1,600,000

成交价：RMB1,232,000

2009-10-18 中贸圣佳

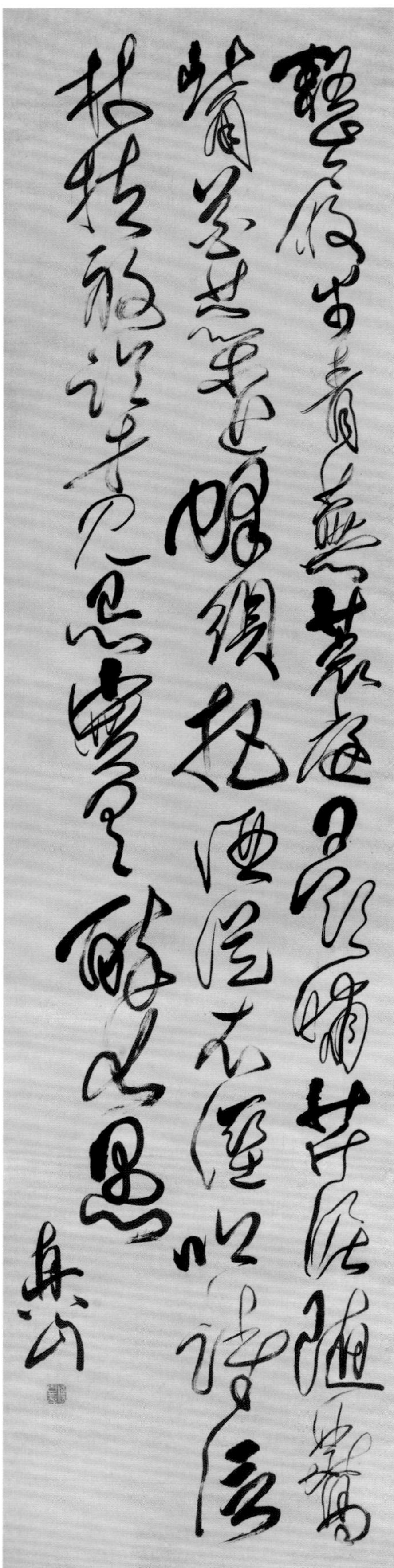

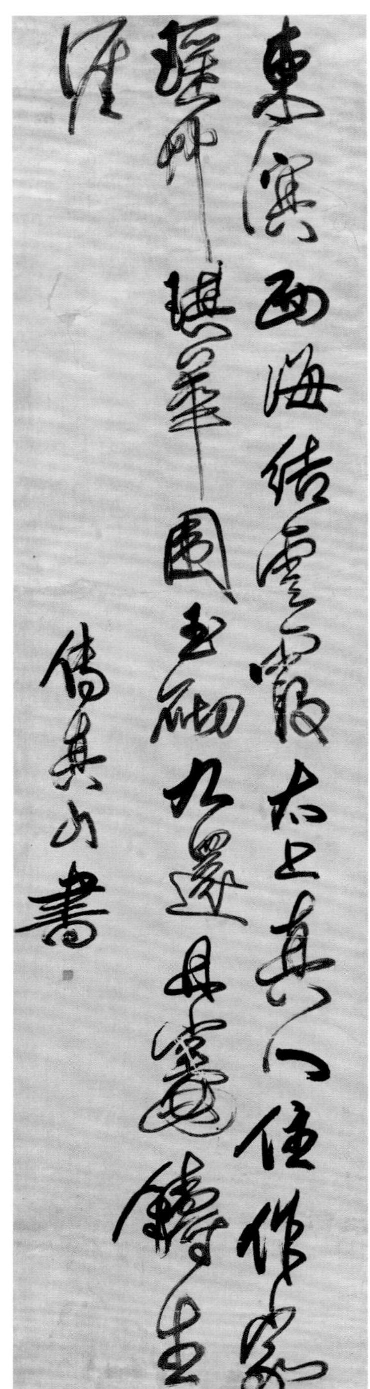

0862 傅山 草书七言诗

立轴 绫本立轴

尺寸：203×51cm

估价：RMB400,000-500,000

成交价：RMB537,600

2009-6-26 北京匡时

0861 傅山 草书杜甫五律一首

立轴 绫本立轴

钤印：傅山印

尺寸：205×51cm

估价：RMB800,000-1,000,000

成交价：RMB4,144,000

2009-6-26 北京匡时

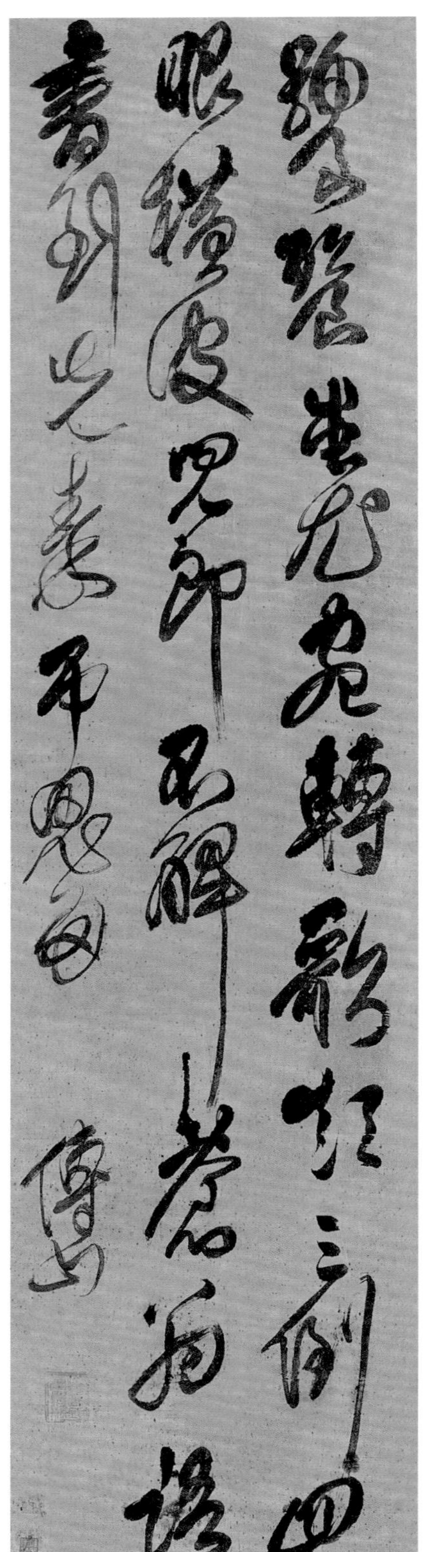

1011 傅山 草书七言诗

立轴 绫本

尺寸：191×49cm

估价：RMB480,000-680,000

成交价：RMB952,000

2009-10-18 中贸圣佳

0923 渐江 峭壁竹梅

立轴 纸本

钤印：弘仁、渐江僧、山水心、素心人

尺寸：111×55cm

估价：RMB7,000,000–9,000,000

成交价：RMB10,976,000

2009–12–15 北京匡时

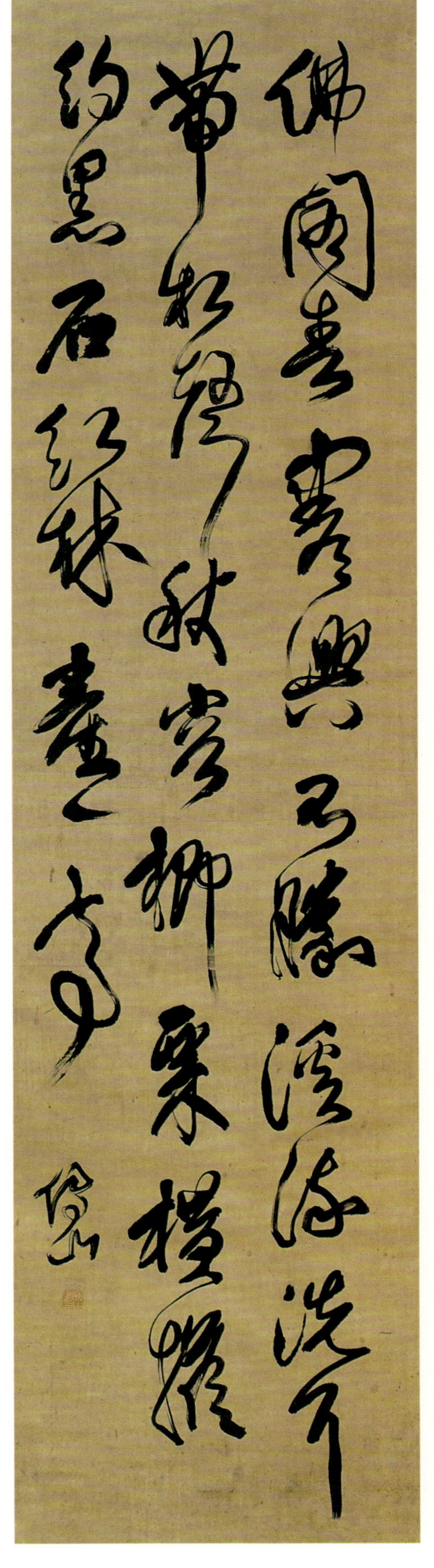

0824 傅山 草书乐平游山诗

绫本 立轴

钤印：傅山之印

尺寸：186.5×50cm

估价：RMB500,000–600,000

成交价：RMB1,064,000

2009–12–19 杭州西泠

1090 石溪 白云高隐图

立轴 设色纸本

钤印：电住道人、石溪、山水

尺寸：89×35cm

估价：RMB200,000-250,000

成交价：RMB1,680,000

2009-12-6 广州嘉德

0448 渐江 山水册页（十二开）

册页 设色纸本

钤印：1.重威鉴赏；2.弘仁（九次）、渐江僧（五次）

尺寸：22×16.8cm×12

估价：RMB500,000-600,000

成交价：RMB840,000

2010-1-9 北京万隆

1011 崇祯帝 行书七言联

立轴 绫本

钤印：崇祯御笔、广运之宝

尺寸：198×35.5cm×2

估价：RMB500,000-600,000

成交价：RMB952,000

2009-12-15 北京匡时

0833 法若真　秋景山水

立轴 设色绢本

钤印：法若真印、黄石、黄山僧真、借山楼

尺寸：137.5×69.5cm

估价：HKD1,000,000-1,500,000

成交价：HKD1,580,000

2009-11-29 香港佳士得

0915 查士标 仿江贯道山水图

立轴 绢本

钤印：士标私印、查二瞻

尺寸：176×46cm

估价：RMB600,000-800,000

成交价：RMB896,000

2009-12-15 北京匡时

1471 吴宏 秋斋谈易

镜心 设色绢本

钤印：竹史

尺寸：149×50.5cm

估价：RMB120,000-200,000

成交价：RMB1,064,000

2009-10-18 中贸圣佳

5120 樊圻　策驴归庄图

立轴 设色绢本

钤印：樊圻、会公

尺寸：222×95.5cm

估价：RMB2,000,000–2,800,000

成交价：RMB4,256,000

2009–11–22 北京保利

1007 陆远 岁朝喜庆图

立轴 纸本

钤印：陆远

尺寸：125×60cm

估价：RMB12,000,000–15,000,000

成交价：RMB32,480,000

2009–12–15 北京匡时

0410 龚贤 翠嶂中天图
立轴 水墨纸本
钤印：龚贤、中山野老
尺寸：167×89cm
估价：RMB2,200,000-3,000,000
成交价：RMB2,240,000
2009-5-8 北京翰海

1546 龚贤 山水
扇面 水墨纸本
钤印：半千
尺寸：16.5×49cm
估价：RMB600,000-800,000
成交价：RMB806,400
2009-10-18 中贸圣佳

0956 龚贤 疏林秋深
立轴 绫本
钤印：龚贤
尺寸：123×42cm
估价：RMB1,300,000-1,500,000
成交价：RMB2,688,000
2009-12-15 北京匡时

0472 龚贤 万壑千峰图
立轴 纸本
钤印：龚贤、钟山野老
尺寸：232.5×92.5cm
起拍价：HKD4,800,000
成交价：HKD6,600,000
2009-5-26 香港长风

0483 龚贤 疎林寒色图
立轴 纸本
钤印：半千
尺寸：75.5×30.5cm
起拍价：HKD1,200,000
成交价：HKD2,090,000
2009-5-26 香港长风

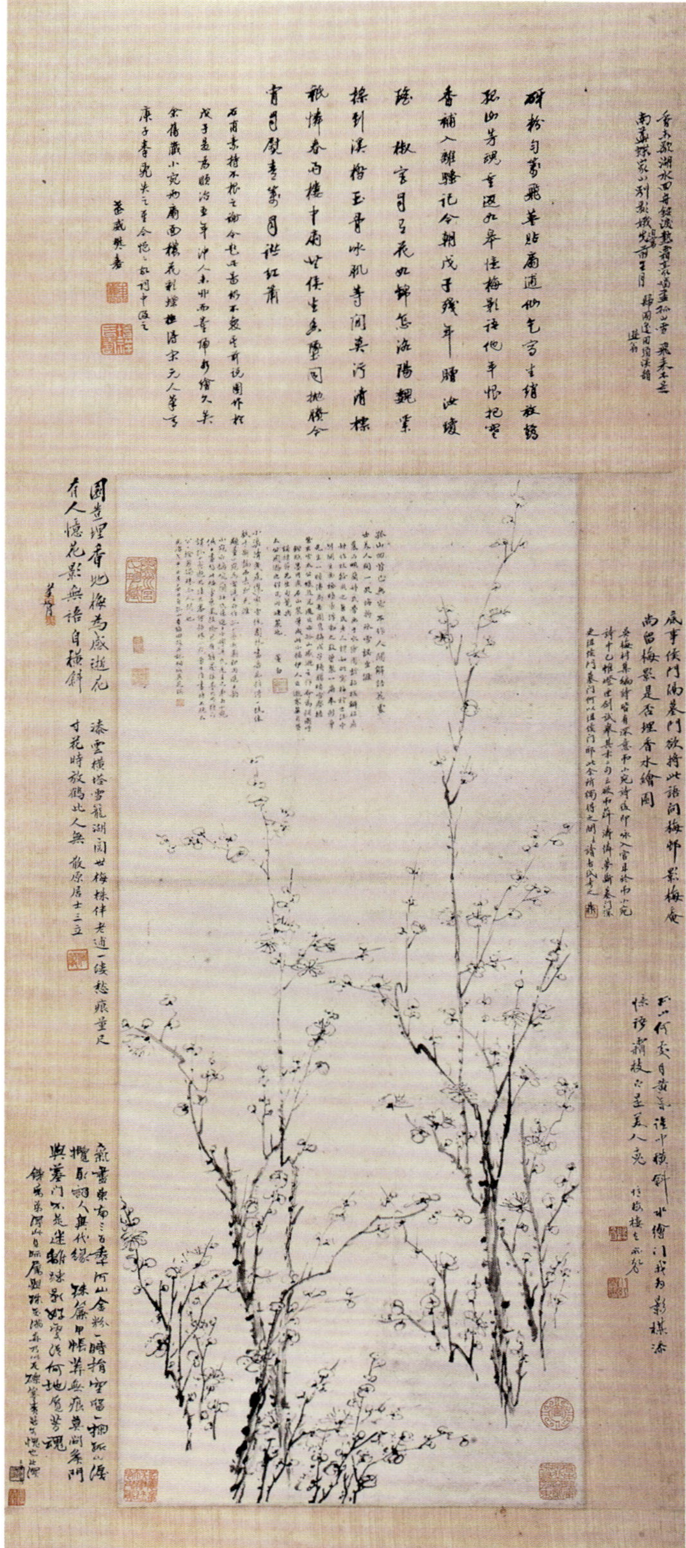

5179 董小宛 孤山感逝图

镜心 水墨纸本

钤印：小宛

尺寸：79×35cm

估价：RMB800,000-1,200,000

成交价：RMB3,136,000

2009-11-22 北京保利

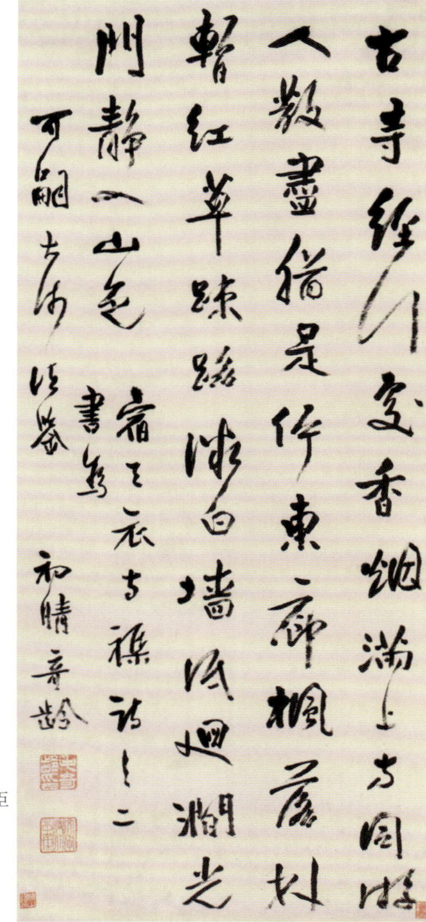

0738 毛奇龄 行书五言诗

立轴 纸本

钤印：毛奇龄印、文学侍从之臣

尺寸：127×55.5cm

估价：RMB100,000-120,000

成交价：RMB336,000

2009-12-15 北京匡时

0966 吕潜 碧虚秋树图

水墨纸本 立轴

钤印：吕潜之印、石山

尺寸：188×92cm

估价：RMB400,000-500,000

成交价：RMB582,400

2009-12-19 杭州西泠

0974 八大山人 双松顽石

立轴 纸本

钤印：可得神仙、遥属

尺寸：190.5×49cm

估价：RMB5,000,000-6,000,000

成交价：RMB8,064,000

2009-12-15 北京匡时

1033 八大山人 仿倪瓒山水

立轴 纸本立轴

钤印：八大山人、何园、驴屋人屋

尺寸：177×93cm

估价：RMB14,000,000-16,000,000

成交价：RMB84,000,000

2009-6-26 北京匡时

1473 八大山人 独立睥睨图

立轴 水墨纸本

钤印：八大山人、何园

尺寸：110×74.5cm

估价：RMB10,000,000-20,000,000

成交价：RMB12,320,000

2009-10-18 中贸圣佳

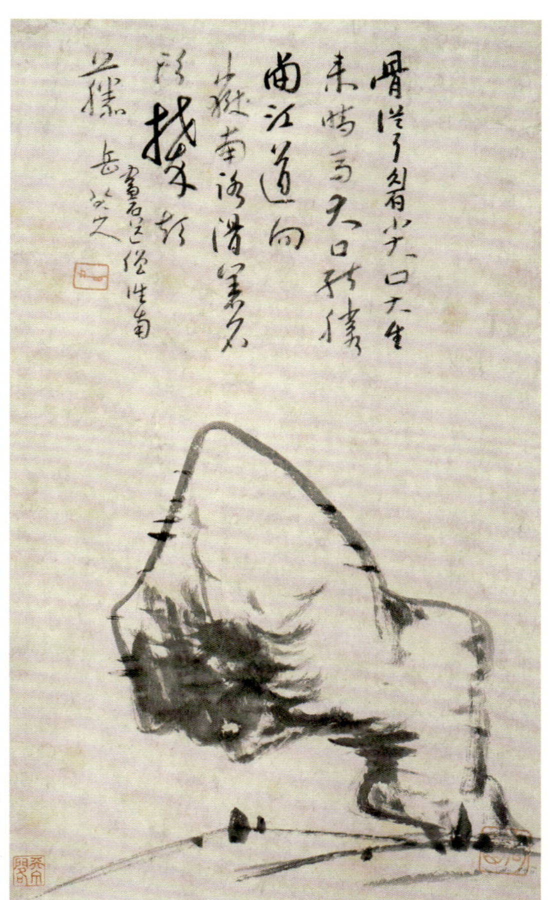

0257 八大山人 云在

立轴 纸本

钤印：八大山人、何园、天泉阁

尺寸：67×39cm

估价：RMB2,600,000-3,000,000

成交价：RMB3,920,000

2009-12-16 北京长风

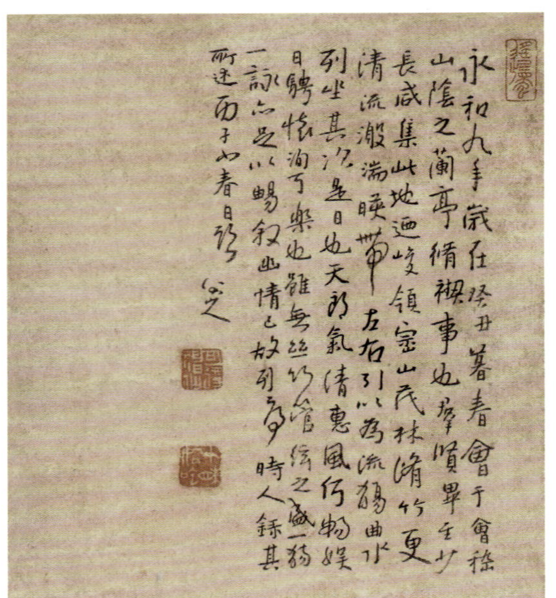

0863 朱耷 行书《临河序》

立轴 纸本立轴

钤印：可得神仙、个相如吃、遥属

尺寸：31×27.5cm

估价：RMB900,000-1,000,000

成交价：RMB1,120,000

2009-6-26 北京匡时

0976 八大山人 鱼

立轴 纸本

钤印：八大山人、何园、十得、驴屋人屋

尺寸：104×47.5cm

估价：RMB4,000,000-5,000,000

成交价：RMB5,824,000

2009-12-15 北京匡时

1329 朱耷 春水游鱼

立轴 水墨纸本

钤印：八大山山人、可得神仙、各园、遥属

尺寸：88×47.5cm

估价：RMB1,200,000-1,800,000

成交价：RMB1,232,000

2009-10-18 中贸圣佳

0821 佚名 柳阴三思图
设色绢本 立轴
尺寸：182×101cm
估价：RMB300,000–450,000
成交价：RMB2,912,000
2009-12-19 杭州西泠

0805 无款 货郎售雀图
镜心 设色绢本
尺寸：163.5×103.5cm
估价：HKD300,000–400,000
成交价：HKD1,460,000
2009-11-29 香港佳士得

0857 释常莹 秋山晚霭图
设色纸本 手卷
钤印：常莹之印、珂雪、一丘一壑
尺寸：画心：32.5×666cm，跋文：33×39.5cm
估价：RMB500,000–700,000
成交价：RMB5,712,000
2009-12-19 杭州西泠

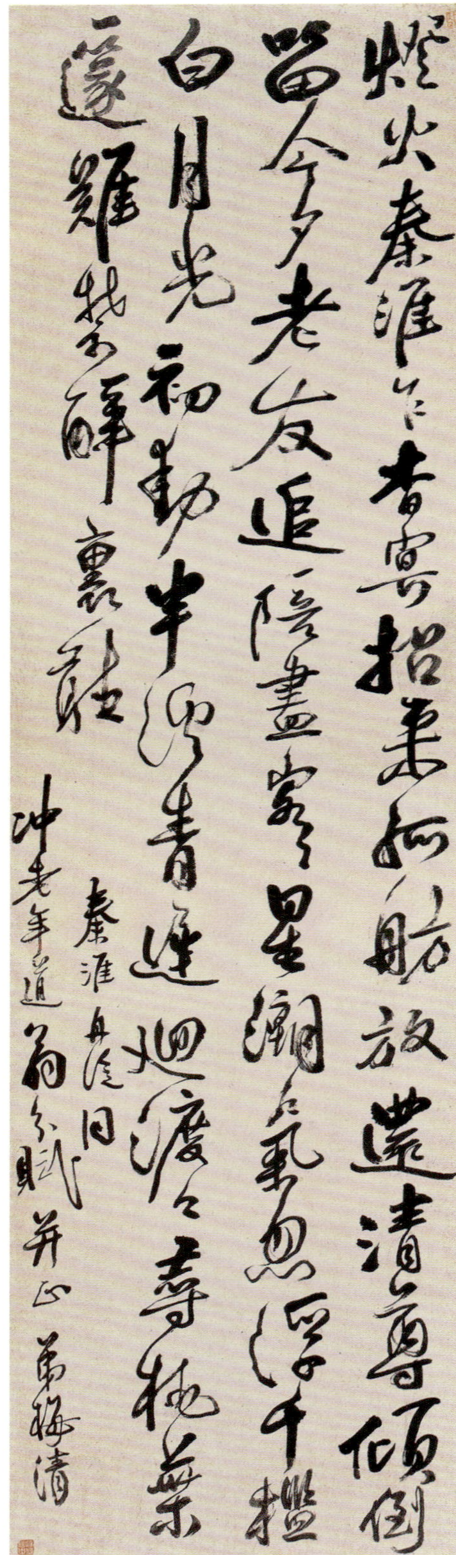

1436 梅清 行书七言诗

立轴 纸本

钤印：王、秋斋

尺寸：163.5×46cm

估价：RMB900,000-1,600,000

成交价：RMB2,352,000

2009-10-18 中贸圣佳

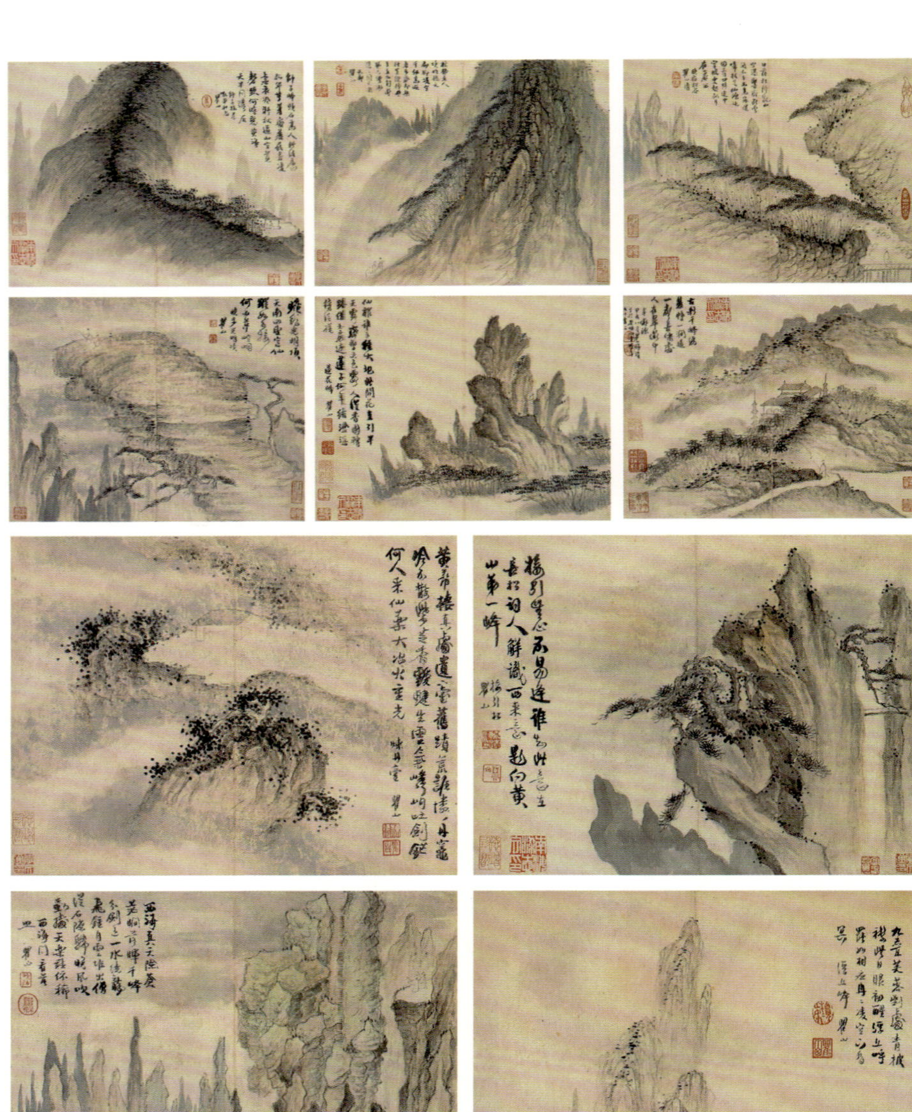

1713 梅清 黄山十景（十开）

册 水墨纸本

钤印：臣清、瞿山、直上云门一放歌、莲花峯顶三生梦、柏枧山中人、瞿山、我法、梅痴、梅清印、渊公、梅子、吉欢、瞿老人、游戏三味、吉狂、梅清、瞿山氏、梅、清、茶峡、黄山一片云

尺寸：26.5×34cm×10

估价：RMB6,000,000-8,000,000

成交价：RMB9,912,000

2009-11-10 北京翰海

0840 吕焕成　汉宫春晓图
立轴十二屏通景 设色绢本
钤印：吕焕成印、吉文氏
尺寸：231×648.6cm
估价：HKD5,500,000–6,500,000
成交价：HKD9,380,000
2009–11–29 香港佳士得

134 石涛 西岭归云
设色纸本　立轴
钤印：瞎尊者、清湘石涛，膏肓子济、赞之十世孙阿长、搜尽奇峰打草稿
尺寸：96.5×28 cm
估价：RMB600,000–800,000
成交价：RMB784,000
2009–12–23 上海朵云轩

0651 姜辰英　行书节录《五代史》
立轴 绢本
钤印：姜宸英印、老易斋
尺寸：99×48.5cm
起拍价：RMB500,000
成交价：RMB896,000
2009–6–26 北京长风

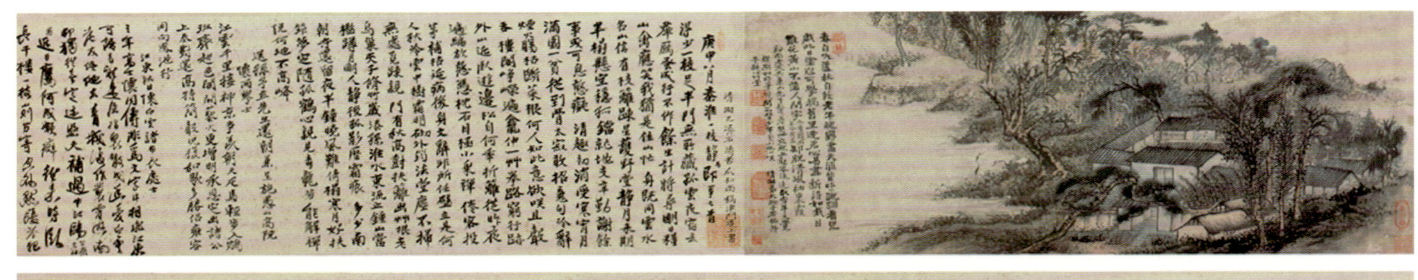

5162 石涛 诗书画联璧卷

手卷 设色纸本

钤印：善果月之子天童之孙原济之章、赞之十世孙阿长

尺寸：画28.5×75cm；书31×303.5cm

估价：RMB16,200,000-22,000,000

成交价：RMB26,880,000

2009-11-22 北京保利

1267 石涛 梅溪草堂

手卷 设色纸本

钤印：大涤、元济、苦瓜、膏盲子济、赞之十世孙阿长、法本法无法、前有龙眠济

尺寸：18.5×103cm

估价：RMB1,600,000-2,600,000

成交价：RMB1,680,000

2009-10-18 中贸圣佳

1453 石涛 明皇出游图

立轴 设色绢本

钤印：乡年苦瓜、靖江后人、东涂西抹、耕心草堂

尺寸：294×157cm

估价：RMB9,000,000-12,000,000

成交价：RMB9,408,000

2009-10-18 中贸圣佳

5161 石涛 松荫研读图

立轴 水墨纸本

钤印：石涛、隐笔法

尺寸：193×97cm

估价：RMB8,000,000-12,000,000

成交价：RMB19,040,000

2009-11-22 北京保利

0800 石涛 月下梅竹图
水墨绢本 立轴
钤印：清湘老人（朱）阿长
尺寸：100×37cm
估价：RMB900,000–1,200,000
成交价：RMB1,736,000
2009-12-19 杭州西泠

0475 石涛 江山帆影图
立轴 绢本
钤印：阿长、痴绝
尺寸：83.5×50cm
起拍价：HKD950,000
成交价：HKD1,320,000
2009-5-26 香港长风

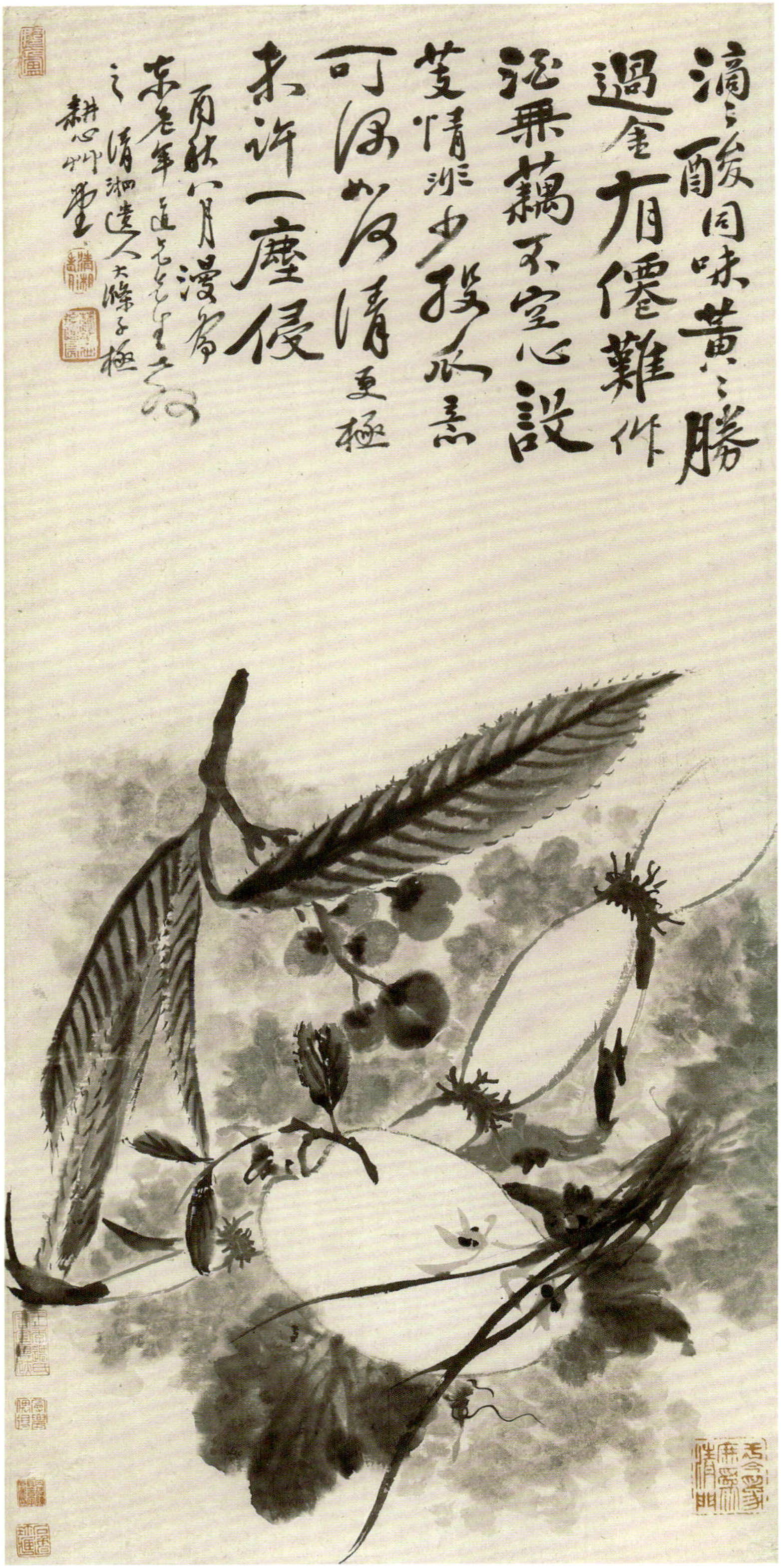

0465 石涛 瓜果图
立轴 纸本
钤印：清湘老人、赞之十世孙阿长、于今为庶为清门
尺寸：85.5×41cm
起拍价：HKD2,000,000
成交价：HKD2,860,000
2009-5-26 香港长风

5163 石涛 竹菊图

立轴 水墨纸本

钤印：头白依然不识字、小乘客、得一人知己无憾、清湘老人、冰雪悟前身、眼中之人吾老矣

尺寸：108.3×46.6cm

估价：RMB3,000,000–4,000,000

成交价：RMB7,504,000

2009-11-22 北京保利

0799 石涛 墨竹图

水墨绢本 立轴

钤印：清湘老人、阿长

尺寸：100×37cm

估价：RMB900,000–1,200,000

成交价：RMB1,736,000

2009-12-19 杭州西泠

1753 王翚 溪堂佳趣

立轴 设色绢本
钤印：王翚之印、吴山石谷、意在丹丘黄鹤白石青藤之间
尺寸：136×61cm
估价：RMB5,000,000-6,000,000
成交价：RMB5,152,000
2009-11-10 北京翰海

1875 王翚 乐志图

立轴 设色绢本
钤印：王翚之印、石谷子、清晖
尺寸：172×67cm
估价：RMB3,600,000-4,000,000
成交价：RMB4,032,000
2009-11-24 北京保利

1278 王翚 江山雨后图

立轴 水墨纸本

钤印：太原、王翚、耕烟外史时年七十有一

尺寸：119.5×56cm

估价：RMB800,000-1,200,000

成交价：RMB1,064,000

2009-10-18 中贸圣佳

1413 王翚 秋山行旅图

立轴 设色绢本

钤印：耕烟、太原、王翚之印

尺寸：76.5×33.5cm

估价：RMB600,000-900,000

成交价：RMB1,176,000

2009-10-18 中贸圣佳

1754 王翚 仿李成雪图

立轴 设色绢本

钤印：王翚之印、徵怀、耕烟散人时年七十又七

尺寸：159×79.5cm

估价：RMB800,000-1,200,000

成交价：RMB840,000

2009-11-10 北京翰海

1458 王翚 秣陵秋色

手卷 设色绢本

钤印：王翚之印

尺寸：65×462.5cm

估价：RMB2,600,000-3,800,000

成交价：RMB2,800,000

2009-10-18 中贸圣佳

0758 王翚 山庄秋霁图

手卷 设色纸本

钤印：王翚之印、石谷子

尺寸：30.5×395.5cm

估价：RMB1,600,000-2,800,000

成交价：RMB1,792,000

2009-10-17 中贸圣佳

1449 王翚 山川浑厚 林木华滋
立轴 设色纸本
钤印：王翚之印、意在丹丘黄鹤白石青藤之间、耕烟散人
尺寸：142.5×64.5cm
估价：RMB900,000-1,600,000
成交价：RMB1,120,000
2009-10-18 中贸圣佳

0604 王翚 仿唐寅竹溪高逸图
镜心 纸本
钤印：王翚之印
尺寸：66×40cm
起拍价：RMB700,000
成交价：RMB1,120,000
2009-6-26 北京长风

0957 王翚 松庭高隐图
立轴 设色绢本
钤印：王翚之印、石谷子、意在丹丘黄雀白石青藤之间
尺寸：诗堂39×53cm；画心128×53cm
估价：RMB800,000-1,000,000
成交价：RMB896,000
2009-6-20 杭州西泠

0855 王翚 溪山秋色图
水墨纸本 手卷
钤印：王翚印、石谷、意在丹丘黄雀白石青藤之间
尺寸：21.5×148cm
估价：RMB1,000,000-1,500,000
成交价：RMB1,232,000
2009-12-19 杭州西泠

0470 王翚 秋山行旅图
立轴 绢本
钤印：耕烟、王翚之印、太原
尺寸：77×34cm
起拍价：HKD880,000
成交价：HKD1,100,000
2009-5-26 香港长风

0369 王翚 霜林晚泊图
立轴 水墨绢本
钤印：石谷子
尺寸：45.5×40cm
估价：RMB1,200,000-1,800,000
成交价：RMB2,128,000
2009-12-23 上海道明

0613 王翚 竹溪高逸图

立轴 纸本

钤印：王翚之印、耕烟散人、澄怀馆印、上下千年

尺寸：124×47cm

起拍价：RMB2,000,000

成交价：RMB4,480,000

2009-6-26 北京长风

0263 王翚 仿范华原笔意

立轴 绢本

钤印：王翚之印、耕烟散人

尺寸：176.5×50cm

估价：RMB250,000-300,000

成交价：RMB1,456,000

2009-12-16 北京长风

0757 王翚 仿沈石田山水

立轴 设色纸本

钤印：西爽、耕烟、王翚之印、耕烟散人时年八十有四、天放闲人

尺寸：106.5×50.5cm

估价：RMB2,200,000–3,800,000

成交价：RMB4,032,000

2009–10–17 中贸圣佳

41 王翚 深崖积雪

设色绢本　立轴

钤印：王翚之印、石谷子

尺寸：171×65 cm

估价：RMB2,800,000–3,500,000

成交价：RMB5,712,000

2009–12–23 上海朵云轩

0861 吴历 秋林送别图

水墨纸本 手卷

钤印：延陵、墨井道人

尺寸：画心：23.5×83cm，跋文：24×83cm

估价：RMB600,000-800,000

成交价：RMB840,000

2009-12-19 杭州西泠

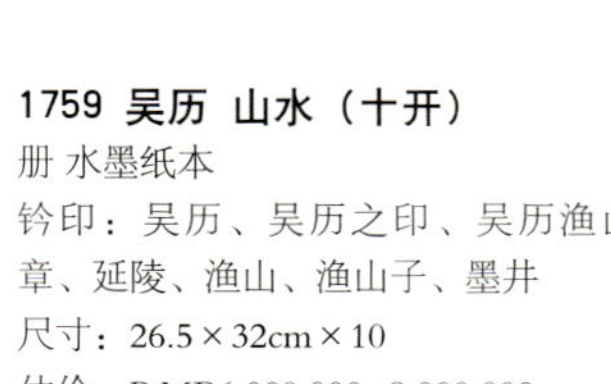

1759 吴历 山水（十开）

册 水墨纸本

钤印：吴历、吴历之印、吴历渔山之章、延陵、渔山、渔山子、墨井

尺寸：26.5×32cm×10

估价：RMB6,000,000-8,000,000

成交价：RMB7,280,000

2009-11-10 北京翰海

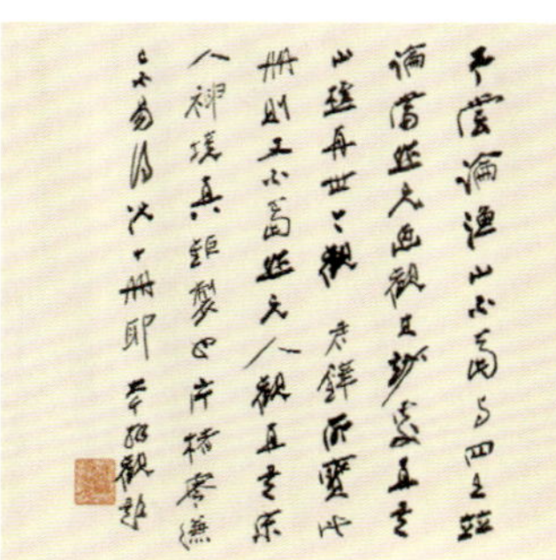
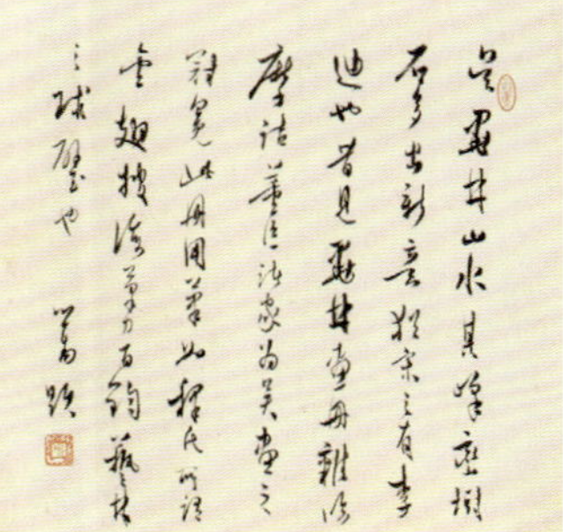

0958 吴历 山邨邨密图

立轴 设色纸本
钤印：渔山、吴历
尺寸：127.5×53cm
估价：RMB3,800,000–5,000,000
成交价：RMB7,840,000
2009-6-20 杭州西泠

0969 吴历 仿北苑秋山亭子图

水墨纸本 立轴
钤印：吴历、墨井道人
尺寸：67.5×46cm
估价：RMB1,000,000–1,500,000
成交价：RMB2,632,000
2009-12-19 杭州西泠

1459 恽寿平 仿大痴笔意

手卷 水墨纸本

钤印：寿、平、不远斋、茁室、一片江南

尺寸：24×317.5cm

估价：RMB1,500,000–2,800,000

成交价：RMB1,568,000

2009-10-18 中贸圣佳

0461 恽寿平　富春山居图

立轴 绢本

钤印：正叔、寿平、南田草衣

尺寸：161×63cm

起拍价：HKD650,000

成交价：HKD770,000

2009-5-26 香港长风

1448 恽寿平 策杖寻诗

立轴 水墨绢本

钤印：园客、寿平之印

尺寸：178.5×50cm

估价：RMB1,000,000–2,000,000

成交价：RMB1,232,000

2009-10-18 中贸圣佳

0099 王原祁 春岫涵云图
立轴 纸本
钤印：王原祁印、麓台、御书画图留与人看、西庐后人
尺寸：90.5×45.7cm
估价：RMB1,500,000-1,800,000
成交价：RMB2,184,000
2009-12-16 北京长风

0568 王原祁 仿黄鹤山樵山水
立轴 水墨纸本
钤印：王原祁印、麓台、御书画图留与人看、西庐后人
尺寸：94×41cm
估价：RMB2,600,000-3,500,000
成交价：RMB3,360,000
2009-5-8 北京翰海

1277 王原祁 仿云林笔意
立轴 设色纸本
钤印：御书画图留与人看、王原祁印、麓台、西庐后人
尺寸：85.5×46.5cm
估价：RMB900,000-1,800,000
成交价：RMB1,176,000
2009-10-18 中贸圣佳

0468 王原祁 春岫涵云图

立轴 纸本

钤印：王原祁印、麓台、御书画图留与人看、西庐后人

尺寸：101×56cm

起拍价：HKD2,600,000

成交价：HKD3,300,000

2009-5-26 香港长风

0940 王原祁 层峦耸秀

镜心 纸本

钤印：王原祁、麓台、西庐后人、御书画图留与人看

尺寸：101×52cm

估价：RMB1,500,000-1,800,000

成交价：RMB6,160,000

2009-12-15 北京匡时

1265 焦秉贞　康熙南巡图

手卷 设色绢本

钤印：臣焦秉贞、敬绘

尺寸：58×545cm

估价：HKD1,200,000-1,500,000

成交价：HKD5,420,000

2009-5-26 香港佳士得

0469 焦秉贞　御花园图卷

手卷 绢本

钤印：臣、秉贞

尺寸：25×315.5cm

起拍价：HKD550,000

成交价：HKD880,000

2009-5-26 香港长风

1041 杨晋　湖山佳趣图

手卷 设色绢本

钤印：西亭杨晋

尺寸：引首33.5×112.5cm；画心33.5×219.5cm；跋文33.5×157.5cm

估价：RMB380,000–500,000

成交价：RMB470,400

2009-6-20 杭州西泠

1015 黄鼎 仿古山水册（画心十二开、另跋文三开）

册页 水墨纸本

钤印：黄鼎之印、旷亭、自怡

尺寸：画心28.5×23.5cm×12；跋文25×32cm；28×35.5cm×2

估价：RMB800,000–1,200,000

成交价：RMB1,568,000

2009-6-20 杭州西泠

0936 王云 水殿风荷
立轴 绢本立轴
钤印：王云印、清痴老人
尺寸：211×117.5cm
估价：RMB1,200,000–1,500,000
成交价：RMB3,472,000
2009-6-26 北京匡时

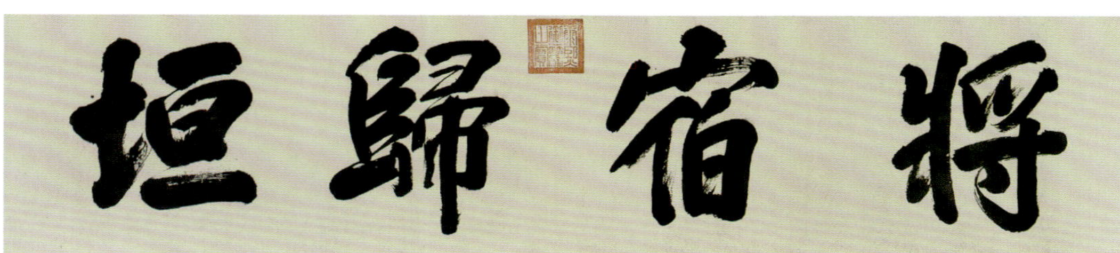

1136 康熙帝 行书“将宿归垣”
镜心 绫本
钤印：康熙御笔之宝
尺寸：36.5×167cm
估价：RMB300,000–500,000
成交价：RMB537,600
2009-10-18 中贸圣佳

1309 康熙帝 御笔《清慎勤》匾额
横幅 水墨绫本
钤印：康熙御笔之宝
尺寸：49×122cm
估价：RMB800,000–1,200,000
成交价：RMB6,552,000
2009-5-29 北京保利

御筆

中呂 滿庭芳 歸去来兮吾歸何處万里家在岷峨百年強半来日苦無多坐見黃州再閏兒童盡楚語吴歌山中友雞豚社飲相勸老東坡云何當

此際人生底事来往如梭待閑看秋風洛水清波好在堂前細柳應念我莫剪柔柯仍傳語江南父老時与曬漁蓑 元祐六年十月二日眉山蘇軾書

康熙丁巳對臨

0837 康熙帝 行书临苏轼满庭芳词
绫本手卷
钤印：乾坤体元主人、万几余暇、广运之宝
尺寸：47.5×642cm
估价：RMB5,000,000–8,000,000
成交价：RMB13,440,000
2009–12–19 杭州西泠

5123 袁江 雪景楼阁图
立轴 设色绢本
钤印：袁江之印，文涛
尺寸：117×143.5cm
估价：RMB800,000–1,000,000
成交价：RMB2,016,000
2009–11–22 北京保利

0979 上官周 苏东坡赏心十六事（十六开）

设色绢本 册页

钤印：官周之印、文佐、官周

尺寸：25.5×34cm×16

估价：RMB800,000-1,200,000

成交价：RMB1,120,000

2009-12-19 杭州西泠

0941 王玖 仿古山水册（12开）

册页 纸本

钤印：次峰王玖、海隅人、二痴（4次）、王玖二痴、耕烟曾孙（4次）、臣玖、臣玖之印、吾师家法、王玖（3次）、王玖之印（2次）、玖印、逸泉、湖桥钓徒、所宗家法、常熟山人、三多九如、王、王家墨沼（2次）、王玖印、次峰（2次）、游戏三昧

尺寸：22×16cm×12

估价：RMB700,000-800,000

成交价：RMB1,792,000

2009-12-15 北京匡时

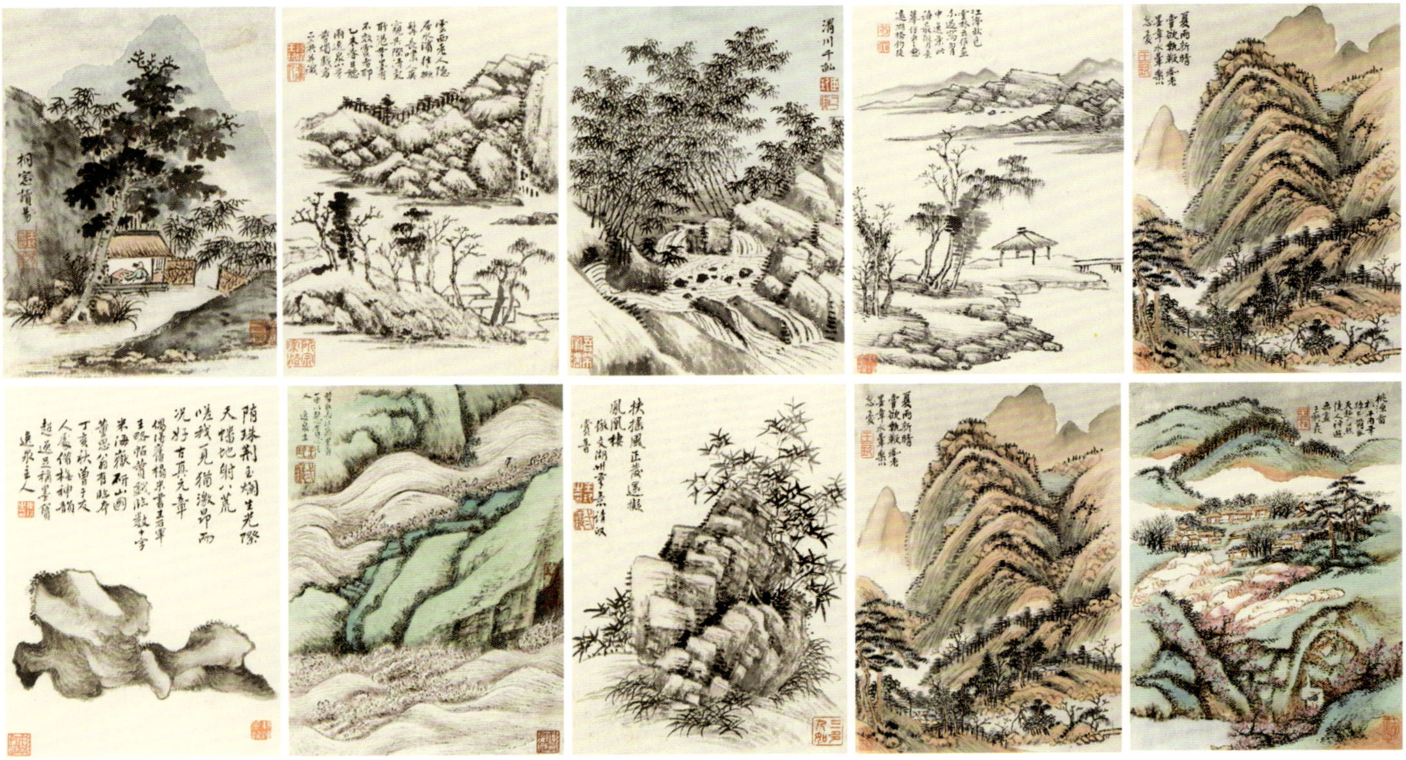

1264 唐岱、张若霭　山水书法小扇（十把）
成扇 水墨设色纸本、泥金
钤印：臣岱、臣霭
尺寸：6.7×18cm×10
估价：HKD500,000-700,000
成交价：HKD1,940,000
2009-5-26 香港佳士得

0935 雍正帝 楷书题额
镜心 绫本镜心
钤印：雍正御笔之宝
尺寸：69.5×256.5cm
估价：RMB1,200,000-1,500,000
成交价：RMB5,040,000
2009-6-26 北京匡时

1310 雍正帝 御笔《建牙伟略》匾额
横幅 水墨绫本
钤印：雍正御笔之宝
尺寸：71×247cm
估价：RMB800,000-1,200,000
成交价：RMB4,704,000
2009-5-29 北京保利

5170 雍正帝 御书赐怡贤亲王

手卷 水墨绢本

钤印：为君难、朝乾夕惕、雍正宸翰

尺寸：26×155cm

估价：RMB2,000,000–2,800,000

成交价：RMB4,256,000

2009–11–22 北京保利

1009 雍正帝 行楷《金刚经》（三十九开）

册页 绢本

钤印：越力破尘居士、和硕雍亲王宝

尺寸：28.5×38.5cm×39

估价：RMB10,000,000–12,000,000

成交价：RMB40,320,000

2009–12–15 北京匡时

1117 雍正帝 行书七言诗

立轴 绫本

钤印：雍正宸翰、朝乾夕惕

尺寸：130.5×50cm

估价：RMB120,000–180,000

成交价：RMB537,600

2009–10–18 中贸圣佳

0783 华嵒 高士观泉图

设色绢本 立轴

钤印：华嵒、布衣生

尺寸：108×53cm

估价：RMB600,000–800,000

成交价：RMB1,120,000

2009–12–19 杭州西泠

1019 年羹尧 行书五言诗

立轴 绫本

钤印：年羹尧印、双峰、积雪斋

尺寸：164.5×40cm

估价：RMB100,000–200,000

成交价：RMB2,184,000

2009–10–18 中贸圣佳

0956 华喦 归去来兮图

立轴 设色纸本

钤印：华喦、秋岳、眉州

尺寸：137×60.5cm

估价：RMB500,000-600,000

成交价：RMB1,288,000

2009-6-20 杭州西泠

0873 华喦 明妃出塞图

立轴 纸本

钤印：华喦、秋岳、空尘、诗画解弢馆

尺寸：125×58.5cm

估价：RMB7,000,000-9,000,000

成交价：RMB12,320,000

2009-12-15 北京匡时

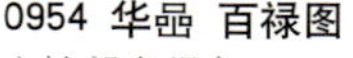

0954 华嵒 百禄图

立轴 设色绢本

钤印：华嵒、秌岳、离垢

尺寸：208.5×116cm

估价：RMB500,000-700,000

成交价：RMB571,200

2009-6-20 杭州西泠

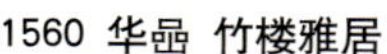

1560 华嵒 竹楼雅居

立轴 设色纸本

钤印：华嵒、秋岳、眉州、空尘诗画

尺寸：114.7×48.2cm

估价：RMB3,000,000-3,800,000

成交价：RMB5,040,000

2009-11-23 中国嘉德

0463 华嵒 枝花作伴图

立轴 纸本

钤印：新罗山人、枝隐、云阿煖翠之阁

尺寸：173×95cm

起拍价：HKD450,000

成交价：HKD715,000

2009-5-26 香港长风

1224 华嵒 花卉鱼虫册（十开）

册页 设色绢本

钤印：秋岳、砚北、野夫、新罗

尺寸：25.5×18cm×10

估价：RMB2,000,000–3,000,000

成交价：RMB2,800,000

2009–10–18 中贸圣佳

1228 华嵒 香岩三逸图

横幅 设色绢本

钤印：华嵒之印、秋岳、太素道人、奈何

尺寸：77×111cm

估价：RMB1,200,000–2,000,000

成交价：RMB1,680,000

2009–10–18 中贸圣佳

1217 沈铨 柏猴图

立轴 设色绢本

钤印：沈铨之印、南苹、衡斋、家住苕南余不溪

尺寸：191.5×103cm

估价：RMB800,000-1,600,000

成交价：RMB1,120,000

2009-10-18 中贸圣佳

0968 沈铨 松鹤延年

立轴 纸本

钤印：沈铨、衡斋

尺寸：234×114cm

估价：RMB350,000-400,000

成交价：RMB638,400

2009-12-15 北京匡时

0552 沈铨 九如图

立轴 设色纸本

钤印：沈铨之印、画禅

尺寸：265×131cm

估价：RMB400,000-600,000

成交价：RMB672,000

2009-8-30 山东天承

1427 高凤翰 蕉菊图

立轴 设色纸本

钤印：遯、石之农、南阜、后尚左生

尺寸：130.5×52cm

估价：RMB480,000-680,000

成交价：RMB616,000

2009-10-18 中贸圣佳

0781 高凤翰 山水花卉册（十开）

设色纸本 册页

钤印：西园、凤翰；南邨、凤翰；高、凤翰；翰墨；凤翰；凤翰；西园居士、髯高；凤翰；西园、凤翰；南邨

尺寸：27×57cm×10

估价：RMB1,200,000-1,500,000

成交价：RMB3,808,000

2009-12-19 杭州西泠

1223 边寿民 写生（十二开）
册页 设色纸本
钤印：烟云供养、苇间居士、颐公、苇间书屋、边颐公、颐公、边颐公、酒后常称老画师活泼、边维祺印、祺印
尺寸：24.5×58cm×12
估价：RMB900,000-1,600,000
成交价：RMB1,232,000
2009-10-18 中贸圣佳

131 张宗苍 春山图
设色纸本　镜片
钤印：宗苍
尺寸：129×230 cm
估价：RMB3,200,000-4,000,000
成交价：RMB4,480,000
2009-12-23 上海朵云轩

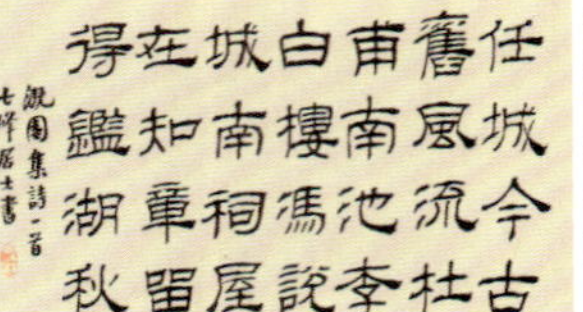
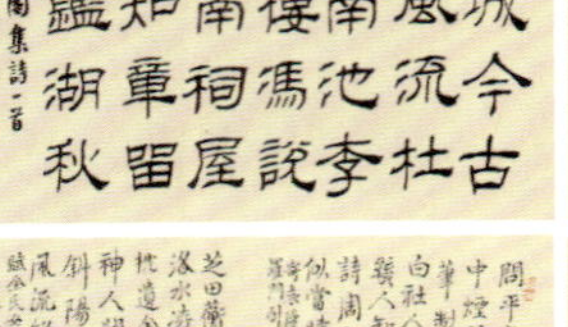

0870 汪士慎 墨笔花卉册（十二开）

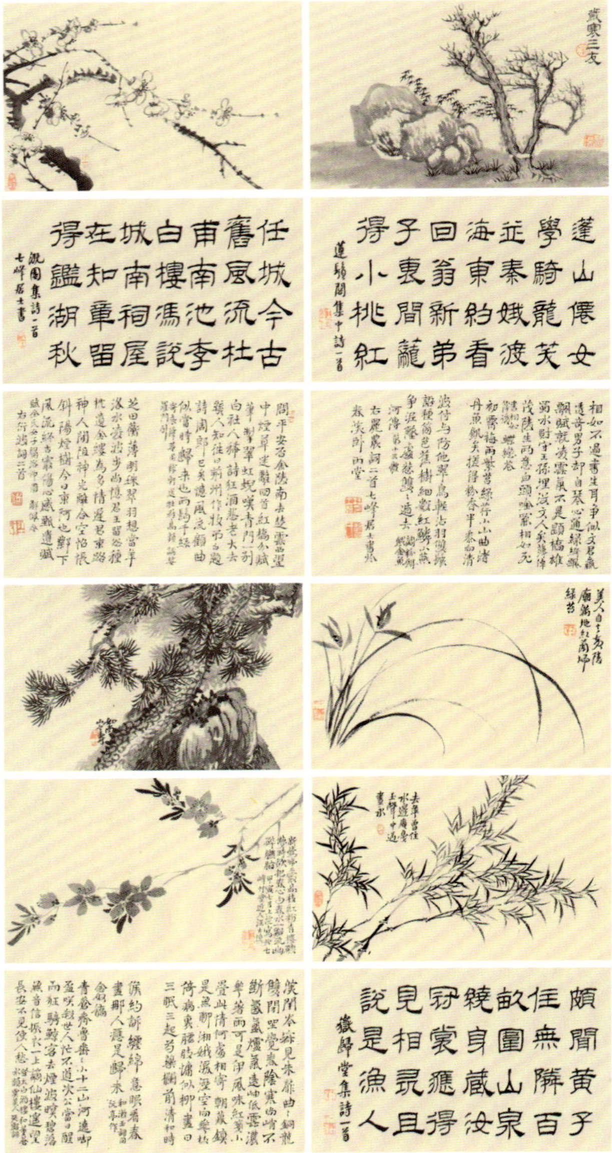

册页 纸本

钤印：近人（7次）、七峰草堂（2次）、近人七峰（4次）、汪士慎、近人汪士慎印、近人氏富溪

尺寸：15×24cm×12

估价：RMB2,000,000–2,500,000

成交价：RMB3,696,000

2009–12–15 北京匡时

0605 李鱓 富贵多寿

立轴 纸本

钤印：鳝印、宗杨、辞官卖画

尺寸：189×101.5cm

起拍价：RMB4,000,000

成交价：RMB5,600,000

2009–6–26 北京长风

1424 李鱓 五松图

立轴 水墨纸本
钤印：复堂、鱓印
尺寸：217.5×109cm
估价：RMB480,000-680,000
成交价：RMB616,000
2009-10-18 中贸圣佳

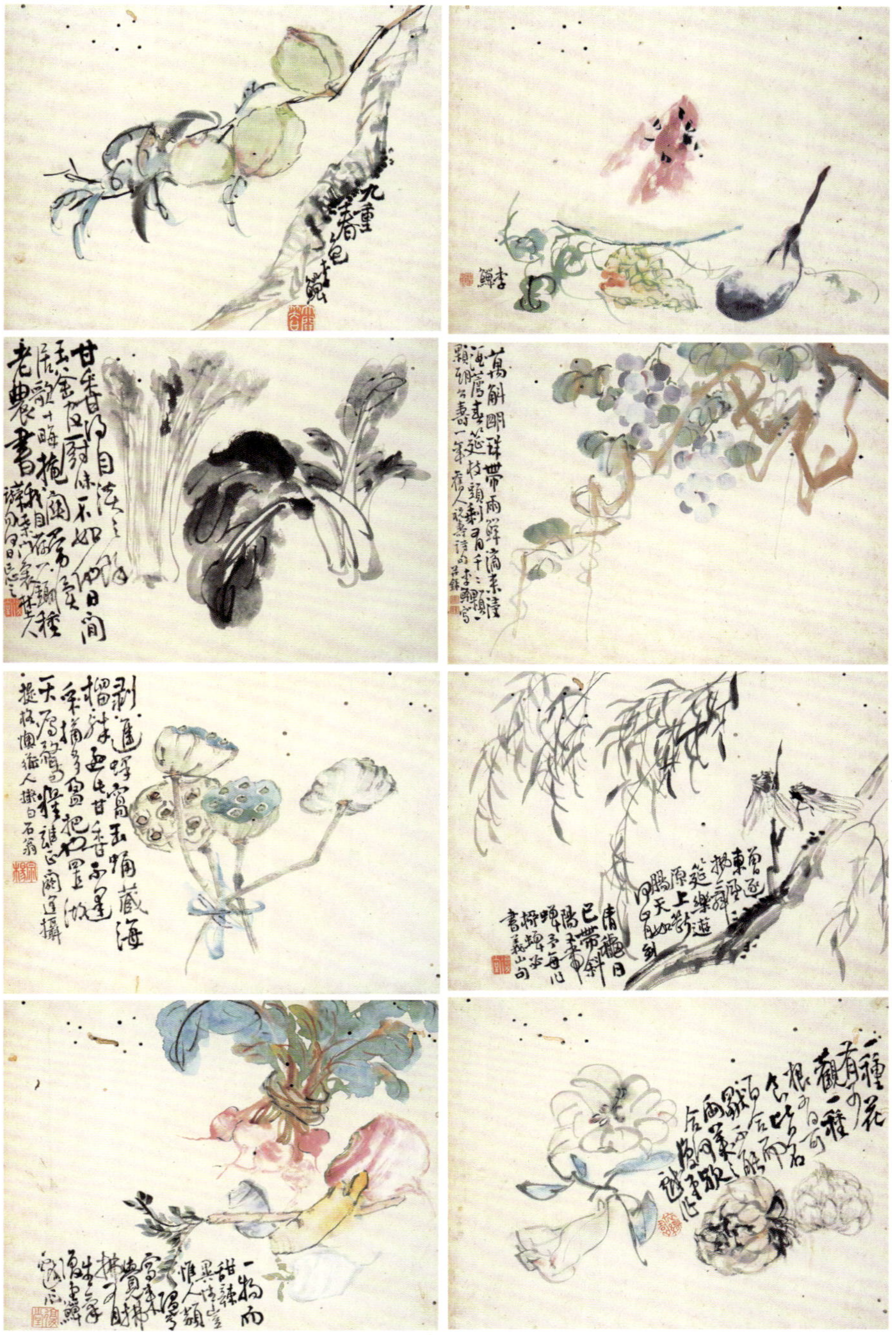

0780李鱓 果菜册（八开）

纸本 册页
钤印：宗杨、复堂、鱓、大开笑口、依绿园
尺寸：28×36cm×8
估价：RMB380,000-500,000
成交价：RMB1,344,000
2009-12-19 杭州西泠

0928 邹一桂 菊

镜心 纸本镜心

钤印：侍臣、邹一桂、掖花宫漏

尺寸：118×65cm

估价：RMB3,000,000–4,000,000

成交价：RMB10,192,000

2009-6-26 北京匡时

0181 蔡嘉 佳山图

立轴 设色绢本

钤印：蔡嘉、松原

尺寸：110×65cm

估价：RMB900,000–1,000,000

成交价：RMB1,355,200

2009-5-31 北京永乐

1426 金农 墨梅

立轴 水墨纸本

钤印：金吉金印、金氏寿门、生于丁卯

尺寸：94.5×47cm

估价：RMB1,000,000–2,000,000

成交价：RMB1,848,000

2009-10-18 中贸圣佳

1221 金农 横枝疏影

立轴 水墨纸本

钤印：金农印信

尺寸：124.5×42cm

估价：RMB600,000–1,200,000

成交价：RMB784,000

2009-10-18 中贸圣佳

1003 金农 墨梅图
立轴 纸本立轴
钤印：金氏寿门
尺寸：118×28.5cm
估价：RMB1,000,000–1,200,000
成交价：RMB4,480,000
2009-6-26 北京匡时

0854 金农 茅舍缫车
镜心 纸本
钤印：金氏寿门书画
尺寸：117×57cm
估价：RMB1,400,000–1,600,000
成交价：RMB4,592,000
2009-12-15 北京匡时

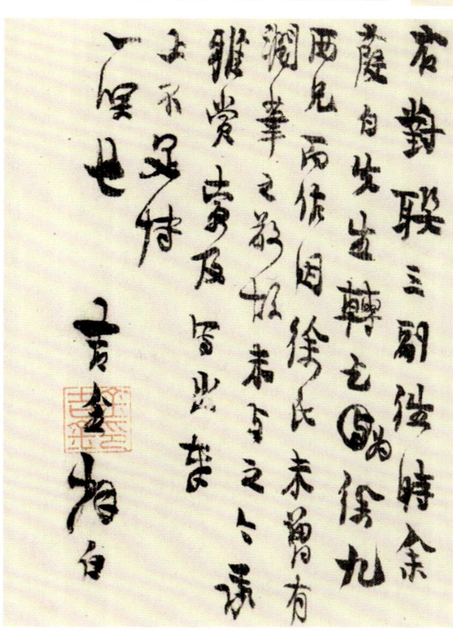

0802 金农 花果册（十二开）

水墨纸本 册页

钤印：金氏寿门书画、金吉金印、寿门、农、冬心先生、寿

尺寸：24×30cm×12

估价：RMB6,000,000-9,000,000

成交价：RMB39,760,000

2009-12-19 杭州西泠

0853 金农 书画合璧册（12开）

册页 纸本

钤印：生于丁卯、竹泉（2次）、金吉金印（2次）、金吉金印、寿门金农之印、农

尺寸：尺寸不一

估价：RMB1,800,000-2,000,000

成交价：RMB4,536,000

2009-12-15 北京匡时

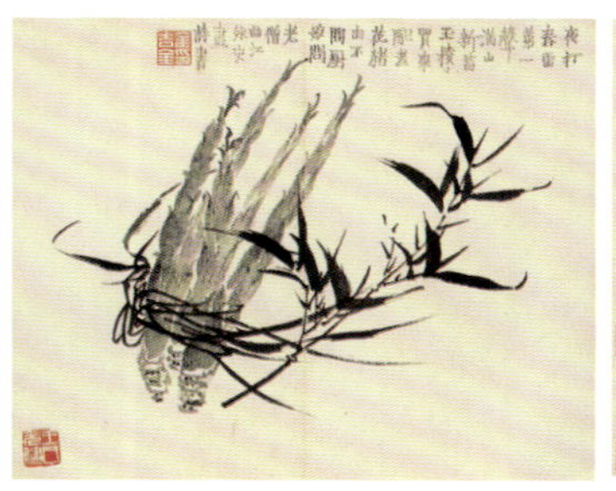

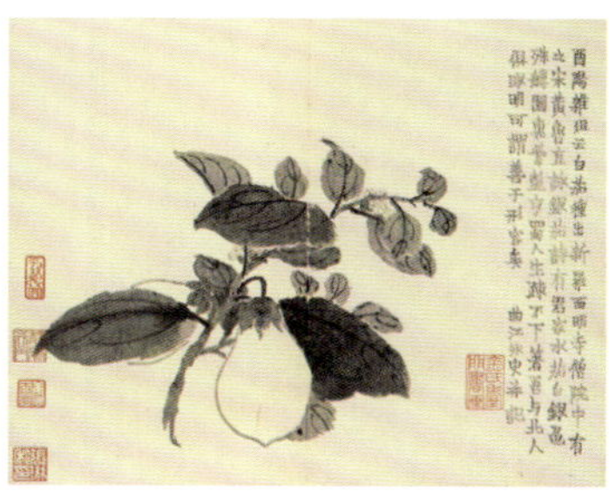

0851 金农 隶书五言联

镜心 纸本

钤印：金氏寿门、金吉金印、冬心先生

尺寸：104×23.5cm×2

估价：RMB400,000-600,000

成交价：RMB985,600

2009-10-18 中贸圣佳

0855 金农 风景人物册（十二开）

册页 设色纸本

钤印：金吉金印 (四次)、冬心先生、农、金农 (二次)、竹泉 (二次)、古泉、金老丁

尺寸：24.2×31cm×12

估价：HKD2,800,000-3,800,000

成交价：HKD13,540,000

2009-11-29 香港佳士得

0855 金农 隶书

四屏 纸本

钤印：金农印信、寿门、生于丁卯

尺寸：149.5×42.5cm×4

估价：RMB1,400,000-1,600,000

成交价：RMB2,240,000

2009-12-15 北京匡时

0852 金农 漆书杂论

立轴 纸本

钤印：金农印信、金氏寿门

尺寸：119.5×49.5cm

估价：RMB800,000-1,000,000

成交价：RMB2,800,000

2009-12-15 北京匡时

1723 黄慎 苏武归朝图
卷 设色纸本
钤印：黄慎、恭寿
尺寸：28.5×443cm
估价：RMB800,000-1,200,000
成交价：RMB840,000
2009-11-10 北京翰海

1034 金农 隶书竹颂
立轴 绫本
钤印：冬心先生、金司农印
尺寸：128.5×61.5cm
估价：RMB500,000-800,000
成交价：RMB649,600
2009-10-18 中贸圣佳

0866 黄慎 踏雪寻梅
立轴 纸本
钤印：黄慎、瘿瓢、东海布衣
尺寸：171×89cm
估价：RMB900,000-1,200,000
成交价：RMB1,008,000
2009-12-15 北京匡时

0466 黄慎 四季人物故事屏（四屏）

纸本

钤印：黄慎印

尺寸：196.5×51cm×4

起拍价：HKD2,800,000

成交价：HKD4,180,000

2009-5-26 香港长风

5175 方士庶　仿古人山水

四屏 水墨纸本

钤印：士庶、方士庶、士庶、方洵远印、士庶、环山

尺寸：209×58cm×4

估价：RMB1,800,000-2,200,000

成交价：RMB2,016,000

2009-11-22 北京保利

0573 马荃　荷花图

立轴 纸本

钤印：马氏荃字曰江香、名在楚辞中

尺寸：82×43cm

起拍价：RMB450,000

成交价：RMB728,000

2009-6-26 北京长风

1608 方士庶 山水

立轴 设色纸本

钤印：天慵书屋、方士庶印、珣远

尺寸：171×95.5cm

估价：RMB800,000-1,200,000

成交价：RMB1,176,000

2009-11-10 北京翰海

1248 方士庶 层山叠嶂

立轴 设色纸本

钤印：小师道人、洵远、志勇珍藏、偶然拾得

尺寸：159×76cm

估价：RMB900,000-1,600,000

成交价：RMB1,848,000

2009-10-18 中贸圣佳

0522 郑板桥 三友图

立轴 水墨纸本

钤印：丙辰进士、潍夷长、橄榄轩

尺寸：137×70cm

估价：RMB800,000-1,000,000

成交价：RMB840,000

2009-5-8 北京翰海

0784 郑板桥 兰竹图

水墨纸本 立轴

钤印：郑燮印、潍夷长、謌吹古扬州

尺寸：139×78cm

估价：RMB500,000-600,000

成交价：RMB672,000

2009-12-19 杭州西泠

1425 郑燮 竹石图

立轴 水墨纸本

钤印：郑燮、七品官耳、直心道场、郑为东道主

尺寸：244×119cm

估价：RMB3,600,000-6,000,000

成交价：RMB5,376,000

2009-10-18 中贸圣佳

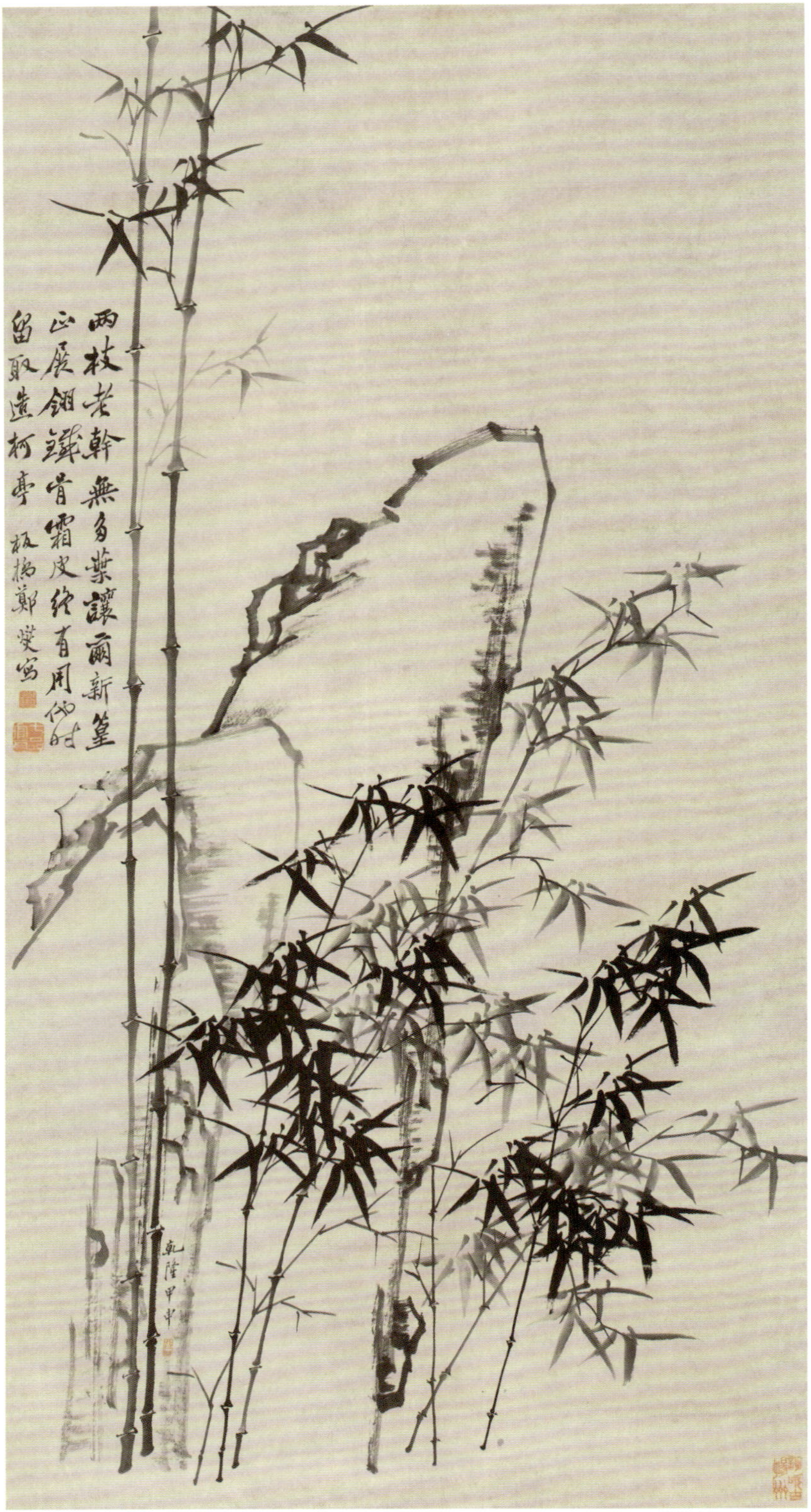

0859 郑燮 竹石图

立轴 纸本

钤印：郑燮之印、七品官耳、谷口、歌吹古扬州

尺寸：195×100cm

估价：RMB7,000,000–9,000,000

成交价：RMB15,120,000

2009–12–15 北京匡时

1227 郑燮 翠竹临风

立轴 水墨绢本

钤印：郑燮之印、二十年前旧板桥

尺寸：130×73cm

估价：RMB2,200,000–3,600,000

成交价：RMB2,800,000

2009–10–18 中贸圣佳

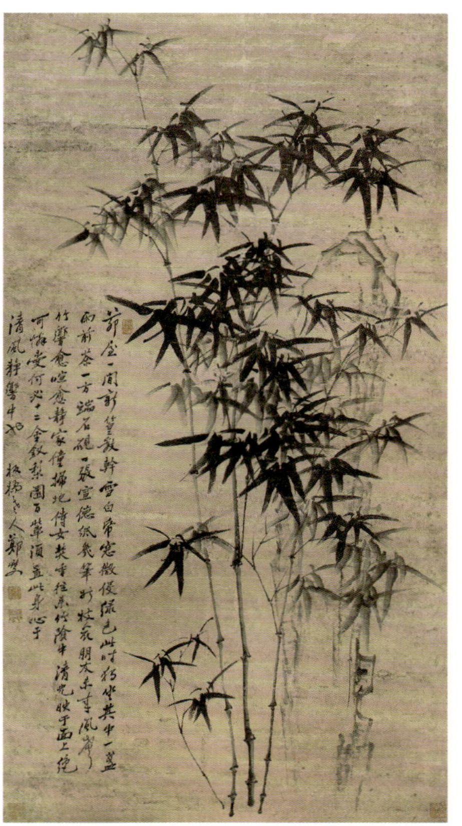

0615 郑燮 竹石图

立轴 纸本

钤印：郑燮、直心道场、兴化人、雪婆婆同日生

尺寸：175×93.5cm

起拍价：RMB600,000

成交价：RMB873,600

2009-6-26 北京长风

0800 郑板桥 竹石幽兰图

立轴 水墨纸本

钤印：郑燮、橄榄轩

尺寸：163×83cm

估价：RMB5,000,000-6,000,000

成交价：RMB7,392,000

2009-11-20 北京华辰

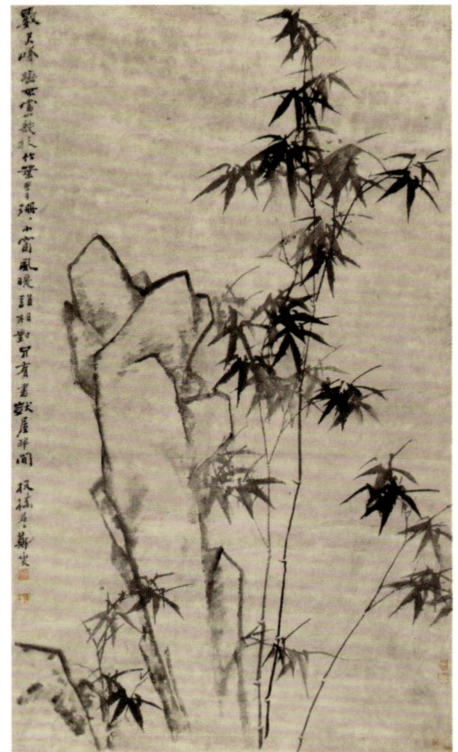

0860 郑燮 顽石墨竹图

立轴 纸本

钤印：郑燮、克柔、丙辰进士

尺寸：161×95cm

估价：RMB550,000-650,000

成交价：RMB616,000

2009-12-15 北京匡时

111 郑板桥 竹石图

水墨纸本 镜片

钤印：郑燮之印、郑板桥

尺寸：133×62 cm

估价：RMB700,000–1,000,000

成交价：RMB716,800

2009–12–23 上海朵云轩

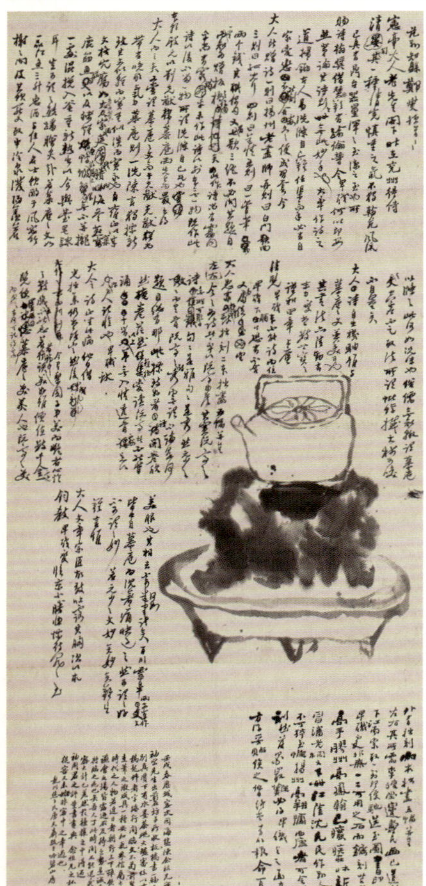

0862 郑燮 清供图

立轴 纸本

尺寸：118×53.5cm

估价：RMB550,000–650,000

成交价：RMB1,400,000

2009–12–15 北京匡时

1296 郑燮 竹石图

立轴 水墨纸本

钤印：郑燮之印、爽鸠氏之官、乾隆东封书画史

尺寸：224.3×106.8cm

估价：RMB2,000,000–3,000,000

成交价：RMB5,376,000

2009–5–30 中国嘉德

1050 郑燮 行书绝句二十首

手卷 绫本

钤印：郑燮印、二十年前旧板桥

尺寸：27×151cm

估价：RMB500,000-800,000

成交价：RMB896,000

2009-10-18 中贸圣佳

1435 郑燮 行书七言诗

立轴 纸本

钤印：七品官耳、丙辰进士

尺寸：138.5×77cm

估价：RMB600,000-900,000

成交价：RMB1,030,400

2009-10-18 中贸圣佳

0861 郑燮 行书《归去来辞》

镜心 绫本

钤印：郑燮之印、克柔、二十年前旧板桥

尺寸：101×47cm

估价：RMB900,000-1,200,000

成交价：RMB1,344,000

2009-12-15 北京匡时

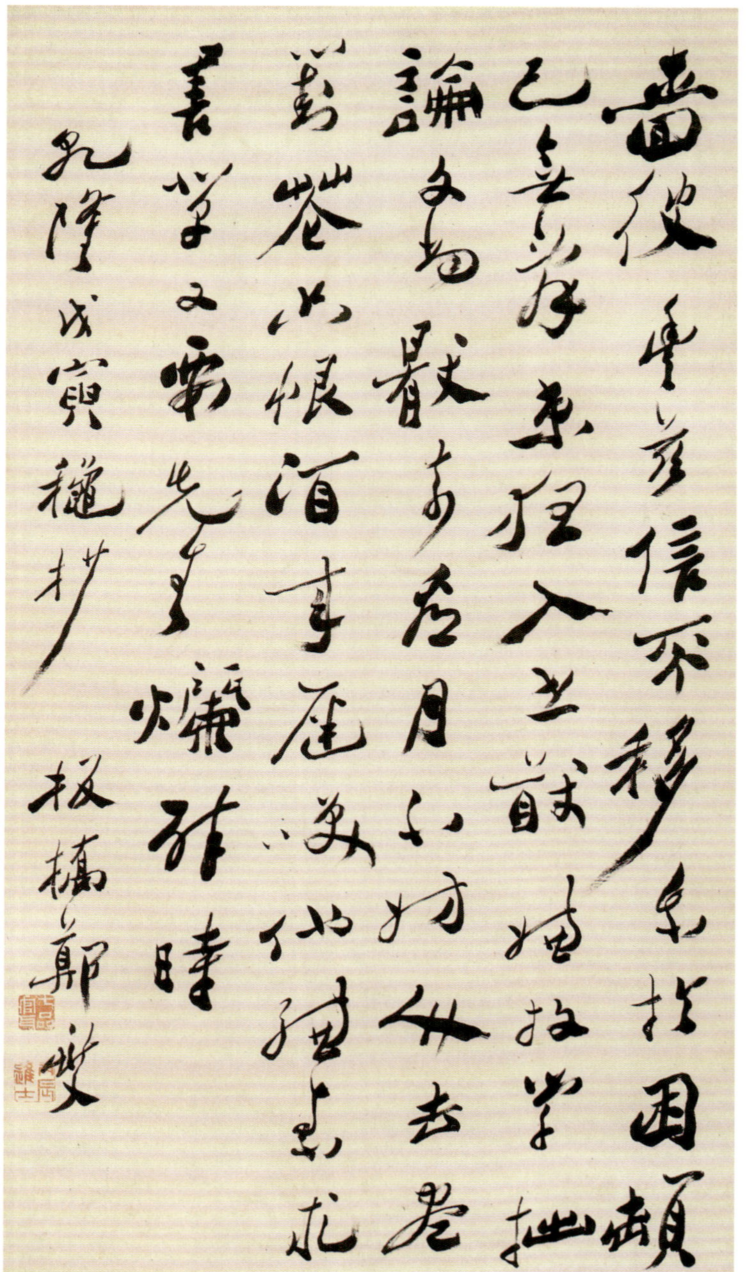

1254 董邦达 雪后悦心殿诗意图

立轴 水墨纸本

钤印：邦达

尺寸：91.6×45cm

估价：RMB4,500,000-6,500,000

成交价：RMB7,952,000

2009-5-30 中国嘉德

0869 李方膺 墨竹册（八开）

册页 纸本

鉴藏印：慈舟秘玩（8次）、慈舟所藏蜕园过眼澹清庐（8次）、墨禅精舍画圣庵谢刚国印、华阳谢况百炼庵收藏书画印记

尺寸：25×42cm×8

估价：RMB700,000-900,000

成交价：RMB952,000

2009-12-15 北京匡时

1607 董邦达 柳溪春霭

立轴 设色纸本

钤印：臣邦达印

尺寸：119×45cm

估价：RMB350,000–500,000

成交价：RMB1,545,600

2009-11-10 北京翰海

1865 金廷标 溪彴扶筇图

立轴 设色纸本

钤印：廷标

尺寸：130×65cm

估价：RMB10,000,000–15,000,000

成交价：RMB34,720,000

2009-11-10 北京翰海

1932 余省 仿林椿花鸟
手卷 设色绢本
钤印：臣余省、朝朝染翰
尺寸：31.5×214.3cm
估价：RMB800,000-1,200,000
成交价：RMB6,944,000
2009-11-24 北京保利

1328 乾隆帝 水仙图册（四开）
册页 设色纸本
钤印：会心不远、研露；几暇怡情、写生；丛云、垂露、石渠宝笈所藏；德充符
尺寸：14×27.5cm×4
估价：RMB1,000,000-2,000,000
成交价：RMB4,592,000
2009-5-29 北京保利

1122 乾隆帝 行书“蕉雨轩”

镜心 纸本

钤印：乾隆御笔

尺寸：30×65cm

估价：RMB260,000-400,000

成交价：RMB1,344,000

2009-10-18 中贸圣佳

1092 乾隆帝 双清图

镜心 设色纸本

钤印：写生、笔端造化、乾隆御赏之宝、乾隆宸翰、泼墨、几暇临池、会心不远、乾隆宸翰

尺寸：55×30cm

估价：RMB200,000-250,000

成交价：RMB3,360,000

2009-12-6 广州嘉德

0927 允禧 林泉高致图

立轴 绢本立轴

钤印：臣禧

尺寸：121.5×54.5cm

估价：RMB1,000,000-1,200,000

成交价：RMB1,624,000

2009-6-26 北京匡时

1135 乾隆帝 行书“府海宣猷”

横幅 纸本

钤印：乾隆御笔之宝

尺寸：83.5×248cm

估价：RMB800,000–1,200,000

成交价：RMB896,000

2009–10–18 中贸圣佳

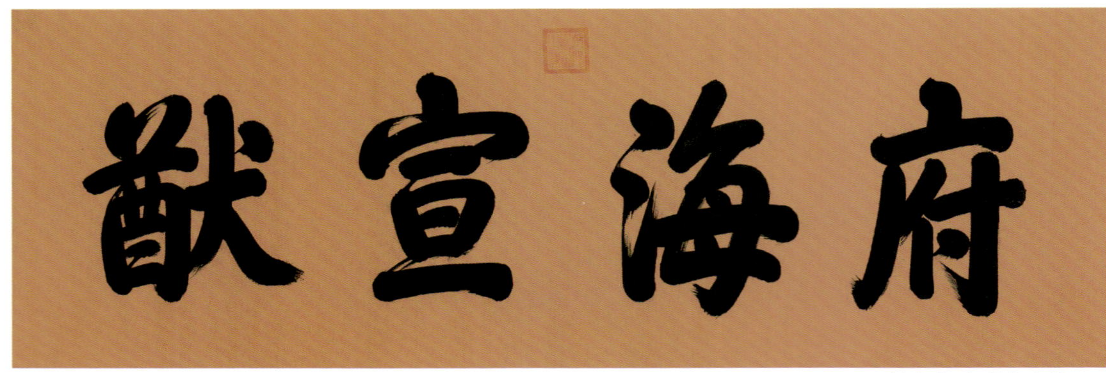

1118 乾隆帝 楷书“至圣先师孔子庙碑”

立轴 纸本

尺寸：330×161.5cm

估价：RMB1,200,000–2,600,000

成交价：RMB3,136,000

2009–10–18 中贸圣佳

至聖先師孔子廟碑
朕惟
至聖先師孔子天縱聖仁躬備至德修明六籍垂訓萬世自古聖帝明王繼天立極覺世牖民道法之精蘊至孔子而集其大成後之爲治
者有以知三綱之所由以立五典之所由以叙八政之所由以措九經之所由以舉五禮六樂之所由以昭宣布列於天地之間遵而循
之以仰溯乎古昔雖堯舜禹湯文武之盛弗可及已而治法賴以常存人道賴以不泯詎不由聖人之教哉往代表章尊禮隆重亦越我
朝備極其盛當
皇祖聖祖仁皇帝甲子之歲東巡闕里躬謁殿廷盛典喬皇垂於冊府
皇考世宗憲皇帝追晉王封鼎新廟貌崇敬誠切瑞應章顯實由心源孚契先後同揆惟
聖人能知
聖人所由躋海宇於蕩平仁壽之域也朕自養德書齋服膺聖教高山景行之慕寤寐弗釋於懷嗣統以來仰荷
天庥海宇乂安用舉時巡之典道畿甸歷齊魯登
夫子廟堂躬親盥獻瞻仰睟儀展敬林墓徘徊杏壇循撫古檜穆然想見盛德之形容愾乎若接夫聞聖人之風誦其詩讀其書皆足以觀
感興起況親陟降其庭觀車服禮器得見宗廟百官之美富有不益增其嚮慕俛焉而弗能自已者歟朕撫臨方夏惟日兢兢期與斯世
臣民率由至道敷教澤於無疆顧德弗類於衷歉焉恭繹
兩
朝碑刻之文益以知道德政治體用一源顯微無間慕聖人之德而不克見之躬行者非切慕也習聖人之教而不克施之實政者非善學
也法
祖尊
師固無二道用勒石中唐志鑽仰服習之有素思以繼述
前徽酬願學之初志云敬系以辭曰
皇矣
至聖代天覺民天何言哉聖人是申立人之極曰義與仁建治之統曰明與新聖謨洋洋祖述憲章配天廣運應地無疆四時遞嬗日月貞
明濯以江漢暴以秋陽泱泱東海巖巖岱宗於穆聖德疇與絜崇巍乎聖功疇與比隆循之則治彌暢皇風仰稽令辟展敬尊師過魯祀
宋炎祚開基宮牆翼翼魯壁金絲蒼檜鬱鬱殷楹昂彝
皇祖
皇考聖智達天探脈道要孚契心源豐碑虬護巨榜鸞騫上繼三五一中允傳顧惟寡昧仰紹先型時邁自東祇謁廟庭洋洋盈耳玉振金聲
若弗克見時殫予誠見聖匪艱由聖則難弗克由聖孰圖治安亦既莅止觀止是歎摛辭表志乾隆戊辰
乾隆十有三年春二月吉日御製并書

1120 乾隆帝 行书七言诗

镜心 绢本

钤印：乾隆宸翰、御笔之宝

尺寸：149.5×73cm

估价：RMB600,000–1,200,000

成交价：RMB1,512,000

2009–10–18 中贸圣佳

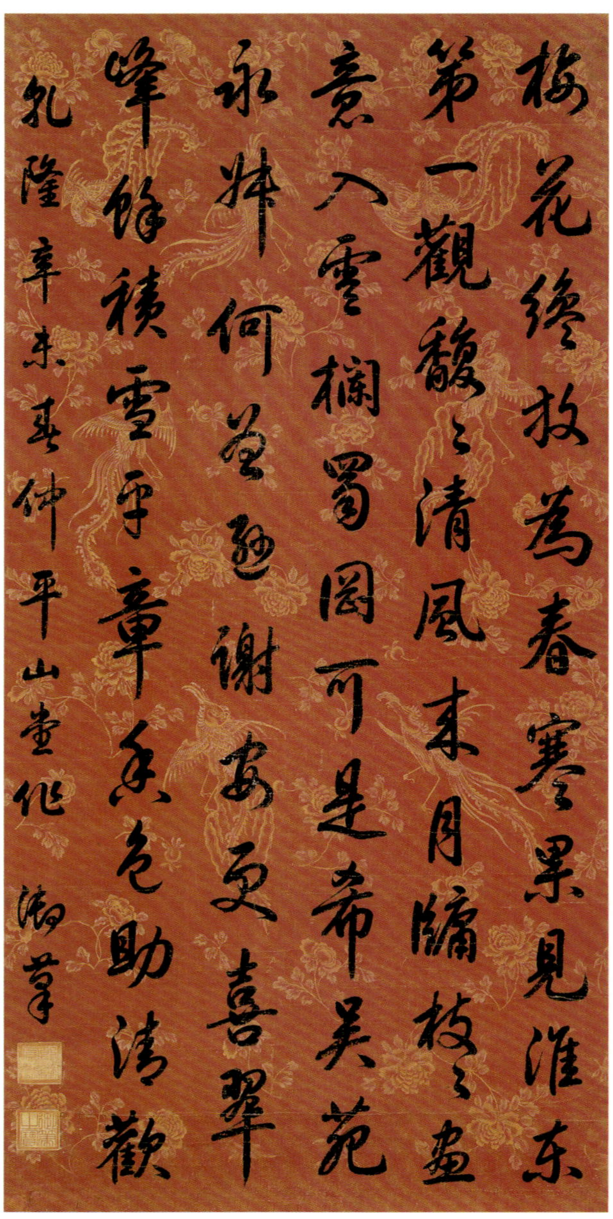

1486 钱维城 临古山水册（二十六开）

册页 水墨纸本

钤印：臣钱维城

尺寸：13×23cm×26

估价：RMB800,000–1,200,000

成交价：RMB1,064,000

2009-10-18 中贸圣佳

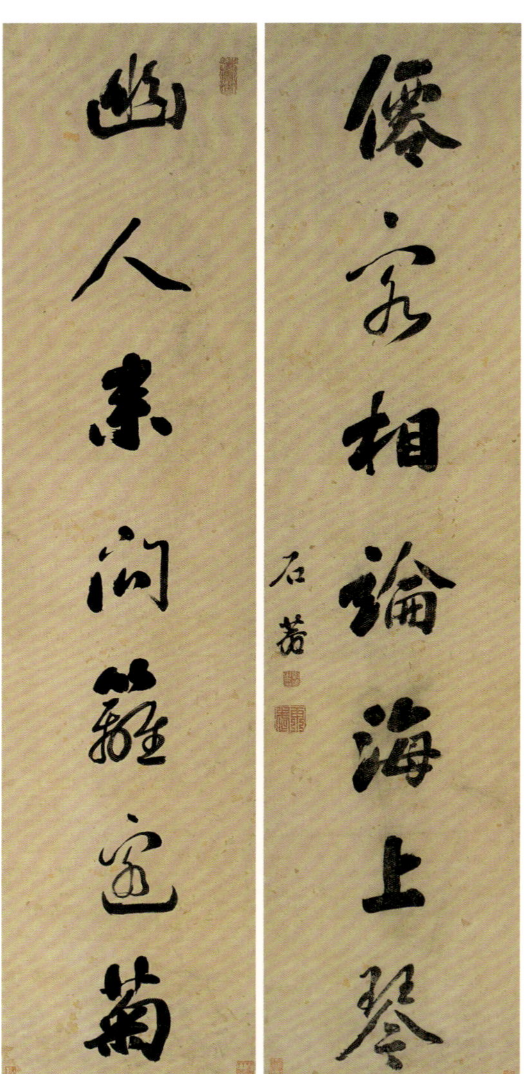

0748 刘墉 行书七言联

洒金纸本 对联

钤印：刘墉之印、东武、御赐海岱高门第

尺寸：124.5×29.5cm×2

估价：RMB80,000–120,000

成交价：RMB190,400

2009-12-19 杭州西泠

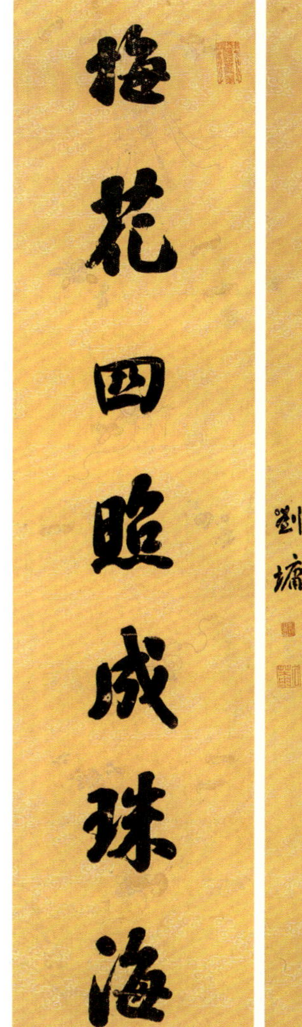

98 刘墉 行书七言

绢本 对联

钤印：刘墉之印、石庵、御赐海岱高门弟

尺寸：152.5×35 cm

估价：RMB80,000–150,000

成交价：RMB302,400

2009-12-23 上海朵云轩

5182 钱维城 乾隆帝 御题山水册（八十开）

册页 设色纸本

钤印：臣钱维城、敬事、臣城、秋醉楼、臣维城、臣、城

尺寸：12.5×18cm×80

估价：咨 询 价

成交价：RMB24,640,000

2009-11-22 北京保利

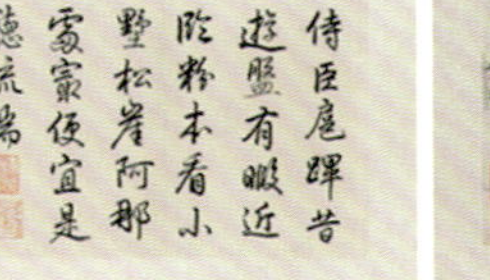

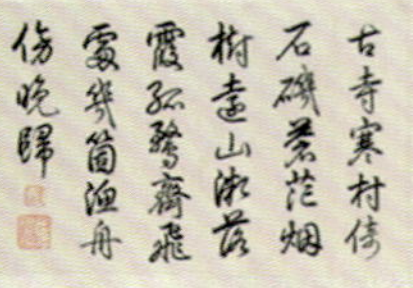

0456 钱维城 楷书（十开）

册 纸本

钤印：臣钱维城、染翰

尺寸：14×18.5cm×10

估价：RMB20,000-30,000

成交价：RMB795,200

2009-5-8 北京翰海

0401 周瓒　参禅图

立轴 水墨纸本

钤印：周、瓒

尺寸：133×65.5cm

估价：RMB100,000-150,000

成交价：RMB784,000

2009-5-8　北京翰海

0845 钱维城 九如图

立轴 设色纸本

钤印：臣钱维城

尺寸：117.5×48cm

估价：HKD22,000,000-28,000,000

成交价：HKD26,420,000

2009-11-29 香港佳士得

0938 袁瑛　平海还朝图

手卷 纸本手卷

钤印：臣瑛

尺寸：31×232cm

估价：RMB700,000-900,000

成交价：RMB2,576,000

2009-6-26 北京匡时

0856 罗聘 湖庄清夏图

镜心 纸本

钤印：两峰

尺寸：17×50cm

估价：RMB120,000-140,000

成交价：RMB672,000

2009-12-15 北京匡时

0547 华冠　幽篁独坐图

卷 设色纸本

钤印：华冠、绵信

尺寸：54×168.5cm

估价：RMB150,000-250,000

成交价：RMB1,736,000

2009-5-8 北京翰海

0850 邓石如 篆书六朝镜铭
纸本 立轴
钤印：邓石如、顽伯、完白山人
尺寸：90×54cm
估价：RMB100,000–120,000
成交价：RMB392,000
2009–12–19 杭州西泠

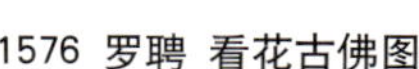

1576 罗聘 看花古佛图
立轴 设色纸本
钤印：两峰
尺寸：110.2×29.8cm
估价：RMB4,800,000–6,800,000
成交价：RMB5,824,000
2009–11–23 中国嘉德

0521 罗聘 兰石图
立轴 水墨纸本
钤印：罗、两峰道人
尺寸：149×33cm
估价：RMB500,000–700,000
成交价：RMB504,000
2009–5–8 北京翰海

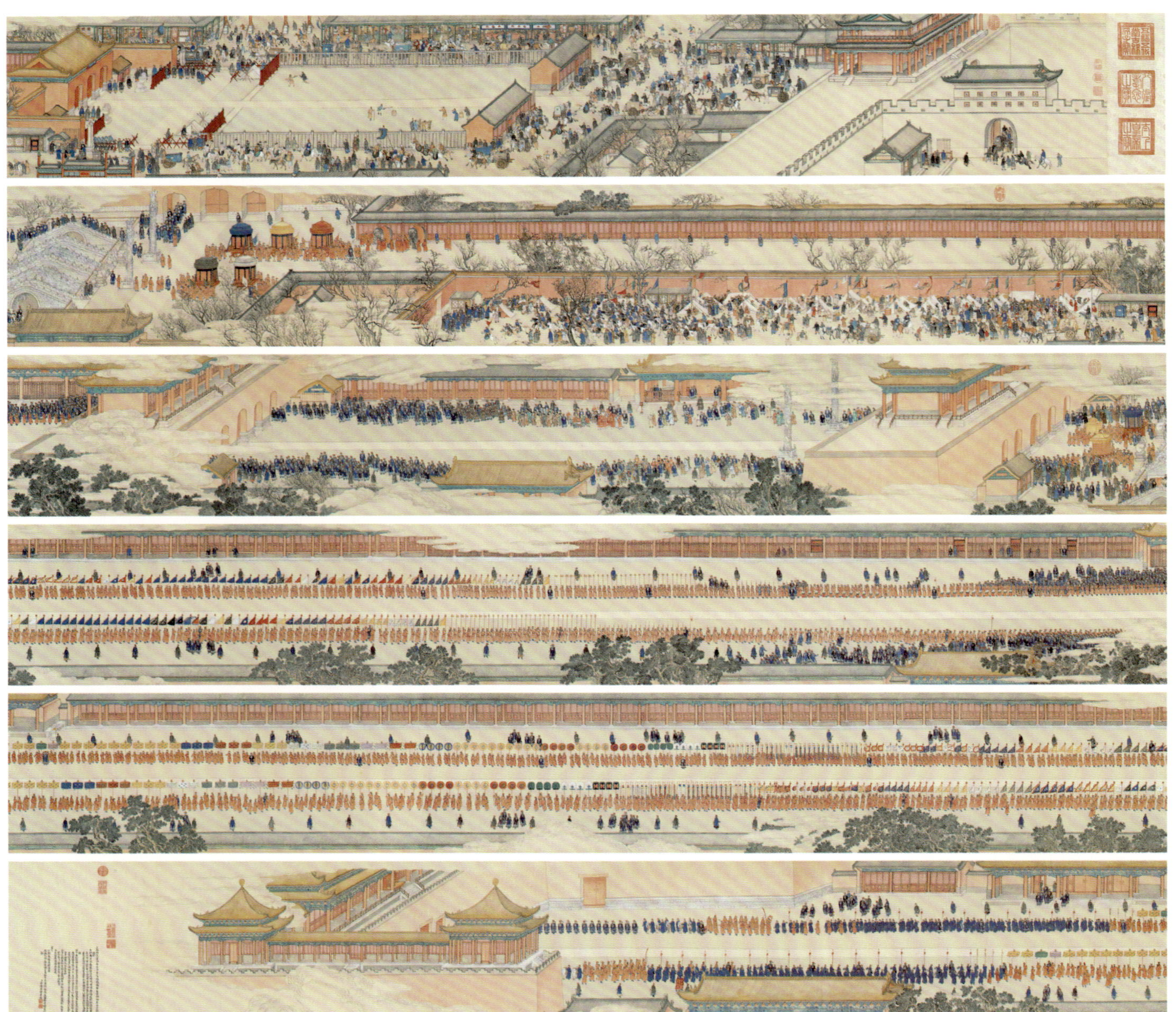

0001 徐扬 平定西域献俘礼图

手卷 设色纸本

钤印：臣徐扬、笔沾春雨

鉴藏印：乾清宫宝、五福五代堂古稀天子宝、八徽耄念之宝、太上皇帝之宝、石渠宝笈、石渠定鉴、宝笈重编、乾隆御览之宝、嘉庆御览之宝、宣统御览之宝、乾隆鉴赏、乾清宫鉴藏宝、三希堂精鉴玺、宜子孙

尺寸：43×1865cm

估价：咨 询 价

成交价：RMB134,400,000

2009-10-19 中贸圣佳

0977 钱杜 墨梅图

水墨纸本 手卷

钤印：叔美私印

尺寸：引首：23×101.5cm，画心：23.6×134cm，跋文一：23×71cm，跋文二：23×100cm

估价：RMB80,000-120,000

成交价：RMB347,200

2009-12-19 杭州西泠

1247 翟大坤 江南春

立轴 设色纸本

钤印：翟大坤印、子厚、书带草堂

尺寸：133×64cm

估价：RMB900,000-1,600,000

成交价：RMB1,904,000

2009-10-18 中贸圣佳

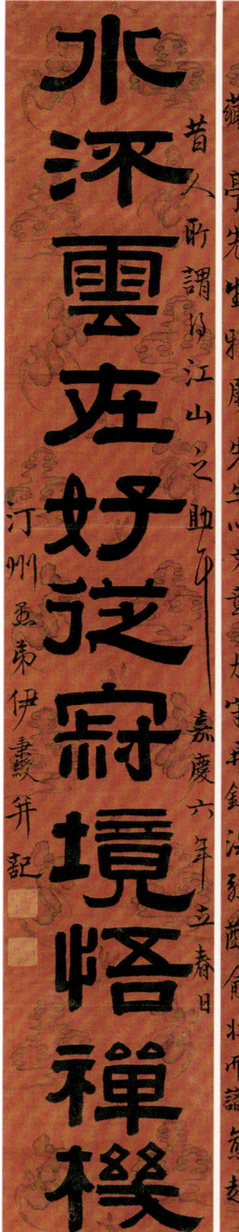

2151 伊秉绶 隶书十一言联

立轴 绢本

钤印：伊秉绶、默庵

尺寸：161×26cm×2

估价：RMB200,000-300,000

成交价：RMB201,600

2009-11-10 北京翰海

0831 伊秉绶 行书箴言
立轴 纸本立轴
钤印：墨卿、伊秉绶印、柘湖
尺寸：108×42cm
估价：RMB50,000-60,000
成交价：RMB336,000
2009-6-26 北京匡时

0832 伊秉绶 行书七言诗四首
立轴 纸本立轴
钤印：墨卿、西湖长、伊秉绶印
尺寸：181.5×47cm×4
估价：RMB250,000-300,000
成交价：RMB683,200
2009-6-26 北京匡时

0976 潘思牧、丁以诚 湖庄消夏图
设色纸本 手卷
钤印：樵侣氏
尺寸：引首：30×96cm，画心：30×223.5cm，跋文：30×199cm
估价：RMB400,000-550,000
成交价：RMB1,008,000
2009-12-19 杭州西泠

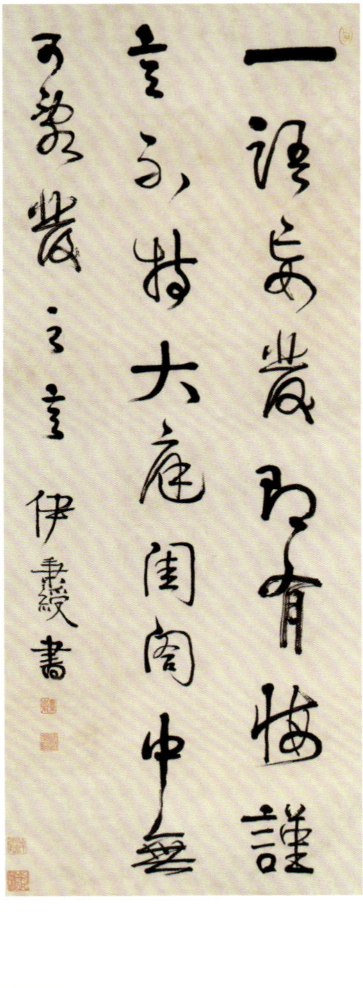

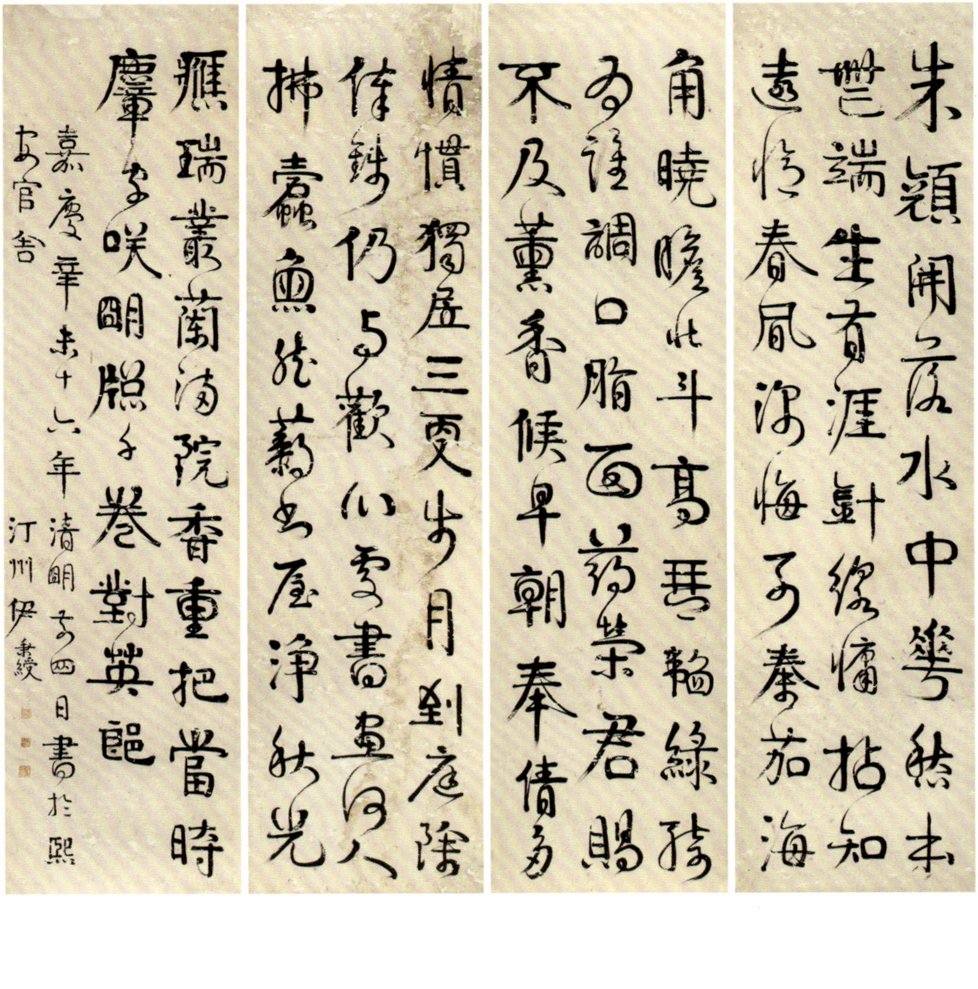

1008 佚名 道光绮春园射柳图卷

手卷 纸本

鉴藏印：道光之宝、日进无疆、养正书屋鉴赏之宝

尺寸：70×606cm

估价：RMB8,000,000–10,000,000

成交价：RMB16,800,000

2009–12–15 北京匡时

0246 奚冈 西山草堂

立轴 水墨纸本

钤印：奚冈之印、蒙泉外史

尺寸：145×39cm

估价：RMB30,000–30,000

成交价：RMB704,000

2009–5–15 天津文物

1010 张鋆 仿古山水册（十二开）

册页 设色纸本

钤印：张鋆之印宝、岩

尺寸：29.5×24.5cm×12

估价：RMB300,000–400,000

成交价：RMB750,400

2009–6–20 杭州西泠

1651 林则徐 行书

立轴 纸本

钤印：林则徐印、读书东观视草西台

尺寸：130×59.5cm

估价：RMB250,000-300,000

成交价：RMB257,600

2009-11-10 北京翰海

2150 林则徐 行书七言联

立轴 洒金笺本

钤印：林则徐印、少穆

尺寸：184×41cm×2

估价：RMB150,000-180,000

成交价：RMB201,600

2009-11-10 北京翰海

0815 林则徐 行书七言联

立轴 蜡笺

钤印：臣林则徐字少穆印、身行万里半天下

尺寸：140.5×32cm×2

估价：RMB160,000-260,000

成交价：RMB235,200

2009-10-18 中贸圣佳

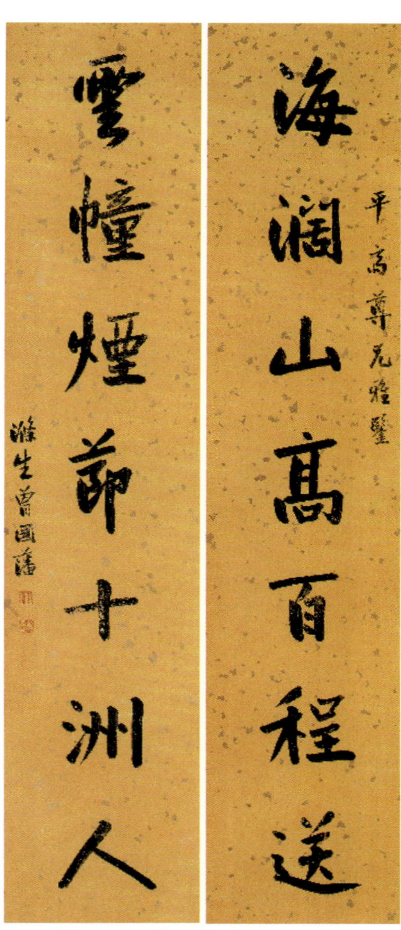

0829 曾国藩 行书七言联

立轴 洒金笺

钤印：涤生、国藩之印

尺寸：173×36cm×2

估价：RMB160,000–260,000

成交价：RMB201,600

2009–10–18 中贸圣佳

0726 何绍基 行书《文心雕龙》

四屏 纸本

钤印：何绍基印、子贞

尺寸：244.5×43cm×4

估价：RMB350,000–400,000

成交价：RMB873,600

2009–12–15 北京匡时

0835 何绍基 行书苏东坡诗（四幅）

纸本 立轴

钤印：何绍基印、子贞

尺寸：172×43cm×4

估价：RMB250,000–350,000

成交价：RMB582,400

2009–12–19 杭州西泠

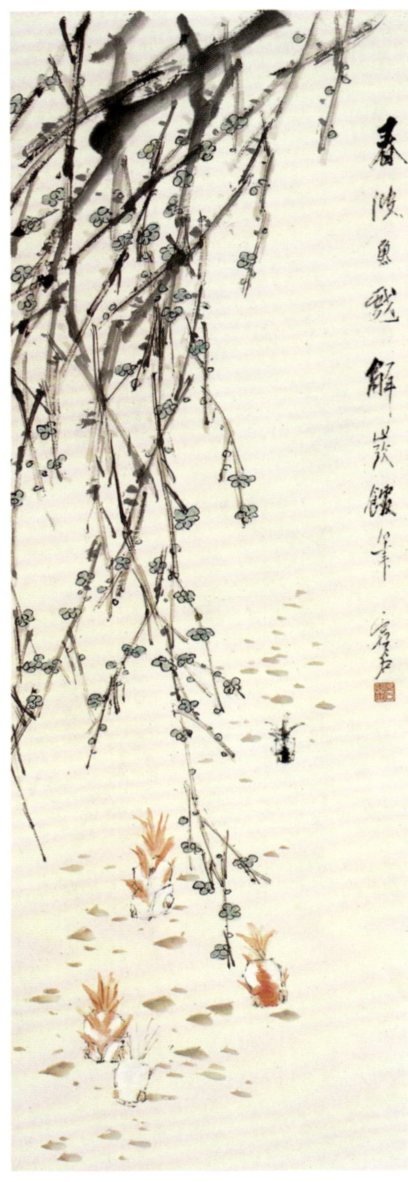

0326 虚 谷 春波鱼戏图
设色纸本 立轴
钤印：虚谷书画
尺寸：132×45cm
估价：RMB200,000-300,000
成交价：RMB470,400
2009-12-19 杭州西泠

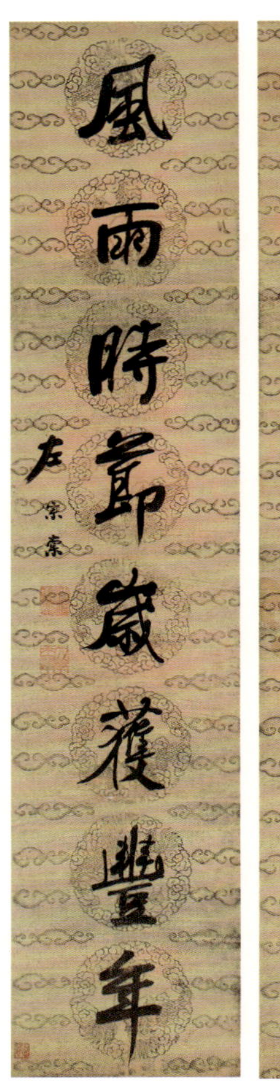

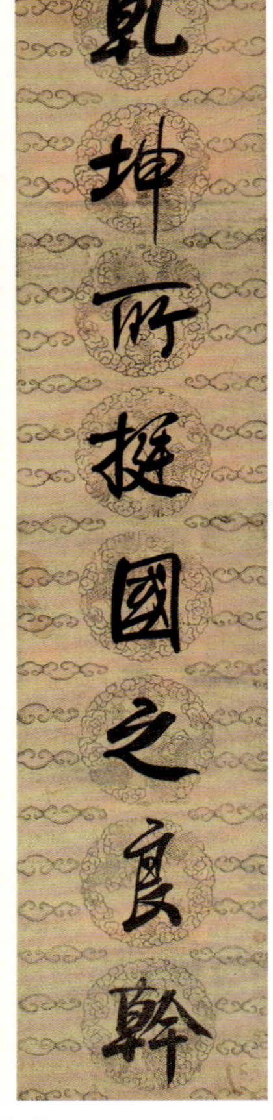

0912 左宗棠 行书八言联
镜心 纸本镜心
钤印：青宫太保恪靖侯、大学士章
尺寸：152×32cm×2
估价：RMB60,000-80,000
成交价：RMB285,600
2009-6-26 北京匡时

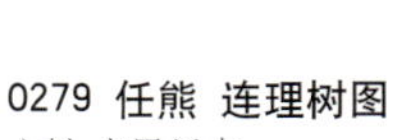

0279 任熊 连理树图
立轴 水墨纸本
钤印：渭长
尺寸：143×41cm
估价：HKD400,000-600,000
成交价：HKD500,000
2009-4-6 香港苏富比

1689 赵之谦 花卉

立轴 设色纸本

钤印：赵之谦

尺寸：151×31cm

估价：RMB500,000-800,000

成交价：RMB1,456,000

2009-11-10 北京翰海

0575 虚谷 松鼠

立轴 设色纸本

钤印：虚谷

尺寸：137.5×69cm

估价：RMB800,000-900,000

成交价：RMB896,000

2009-11-20 北京华辰

0321 赵之谦 桃实千秋图

设色纸本 立轴

钤印：赵之谦印

尺寸：175×45cm

估价：RMB600,000-800,000

成交价：RMB2,464,000

2009-12-19 杭州西泠

0133 赵之谦 冷香图
立轴 设色纸本
钤印：赵之谦印
尺寸：135×40cm
估价：RMB500,000-600,000
成交价：RMB560,000
2009-5-31 北京永乐

1328 赵之谦 太华峰头玉井莲
立轴 设色纸本
钤印：赵之谦印
尺寸：175×45cm
估价：RMB2,600,000-4,000,000
成交价：RMB3,024,000
2009-10-18 中贸圣佳

122 赵之谦 秋华秋实图
设色纸本　立轴
钤印：臣之谦
尺寸：97×34.5 cm
估价：RMB250,000-350,000
成交价：RMB1,288,000
2009-12-23 上海朵云轩

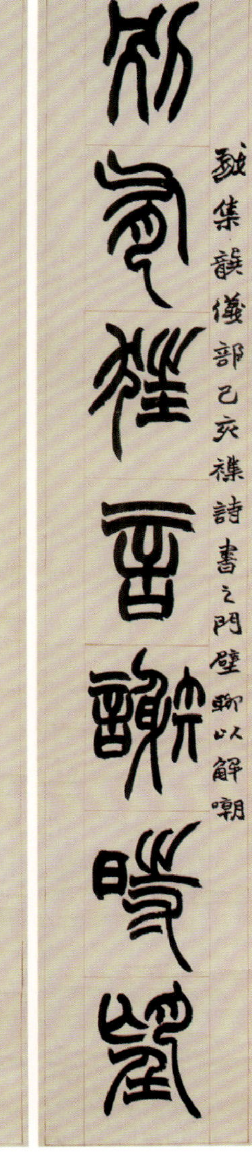

2175 赵之谦 篆书七言联

立轴 纸本

钤印：赵之谦

尺寸：138 × 25cm × 2

估价：RMB120,000-180,000

成交价：RMB1,064,000

2009-11-10 北京翰海

0834 赵之谦 行书节录惕庵石谱

纸本四屏

钤印：之谦请教、赵益父

尺寸：130 × 15.5cm × 4

估价：RMB300,000-500,000

成交价：RMB1,624,000

2009-12-19 杭州西泠

1531 赵之谦 千松奇境

成扇 设色纸本

钤印：赵之谦印

尺寸：20.5 × 55cm

估价：RMB800,000-1,200,000

成交价：RMB1,624,000

2009-11-10 北京翰海

0711 赵之谦 篆书有万憙

纸本 横披

钤印：赵之谦印、二金蝶堂

尺寸：28.5×127cm

估价：RMB300,000-500,000

成交价：RMB3,360,000

2009-12-19 杭州西泠

0759 翁同龢 行书七言联

云龙纹蜡笺 镜片

钤印：臣翁同龢、声甫

尺寸：172.5×40cm×2

估价：RMB20,000-30,000

成交价：RMB162,400

2009-12-19 杭州西泠

1102 慈禧太后 富贵

四屏 设色绢本

钤印：乐在人和、六幕同春、慈禧皇太后之宝、大雅斋、金照玉粹、养太和、翊祐传昌、福田无量、道随时泰、万物光辉、镜荣烛和

尺寸：135.5×57.5cm×4

估价：RMB200,000-360,000

成交价：RMB448,000

2009-10-18 中贸圣佳

0818 张之洞　行书“澄怀阁”

镜心 纸本

钤印：张之洞印、无竞居士、广雅堂

尺寸：51×140cm

估价：RMB30,000–40,000

成交价：RMB291,200

2009-12-15　北京匡时

124 任伯年　松下听琴

设色纸本　立轴

钤印：颐印、任伯年

尺寸：137×67 cm

估价：RMB600,000–800,000

成交价：RMB1,176,000

2009-12-23　上海朵云轩

0828 任伯年　南极仙翁图

立轴 设色纸本

钤印：任颐之印、伯年、任千秋

尺寸：161.5×89.2cm

估价：RMB1,500,000–2,500,000

成交价：RMB2,576,000

2009-11-22　北京保利

0270 蒲华 西湖小隐图
设色纸本 手卷
钤印：华、胥山野史、作英
尺寸：引首：32×81cm，画心：34×251.5cm，跋文：34.5×294cm
估价：RMB450,000-600,000
成交价：RMB1,904,000
2009-12-19 杭州西泠

0565 任伯年 松鹤延年
立轴 设色纸本
钤印：颐印、任颐私印
尺寸：170×92.5cm
估价：RMB800,000-1,200,000
成交价：RMB1,344,000
2009-8-30 山东天承

0236 任伯年 黄初平叱石成羊图
立轴 纸本
钤印：伯年、任颐之印
尺寸：148×60cm
估价：RMB1,000,000-1,200,000
成交价：RMB1,568,000
2009-12-16 北京长风

0137 吴昌硕 仙木桃实图
设色纸本 立轴
钤印：吴俊卿印、染于苍、湖州安吉县、禅甓轩、芜青亭长饭青芜室人、五湖印匄
尺寸：183×93cm
估价：RMB1,500,000-2,500,000
成交价：RMB4,592,000
2009-12-18 杭州西泠

0268 吴昌硕 春风贵寿
设色纸本 镜片
钤印：吴俊之印、吴昌石、雄甲辰
尺寸：155.5×42cm
估价：RMB350,000-500,000
成交价：RMB896,000
2009-12-19 杭州西泠

0025 吴昌硕 面壁图
立轴 纸本
钤印：仓硕、湖州安吉县
尺寸：180.5×96.5cm
估价：RMB800,000-1,000,000
成交价：RMB1,848,000
2009-6-25 北京匡时

33 吴昌硕 姹紫嫣红

设色纸本　立轴

钤印：俊卿之印、仓硕、雄甲辰

尺寸：147 × 79 cm

估价：RMB600,000–1,000,000

成交价：RMB1,120,000

2009-12-23 上海朵云轩

0427 吴昌硕 富贵神仙图

镜心 设色纸本

钤印：仓石、吴俊卿印、听有音之音者聋

尺寸：180 × 95cm

估价：RMB2,600,000–3,200,000

成交价：RMB4,032,000

2009-8-29 山东天承

0324 吴昌硕 荷塘清韵

立轴 设色纸本

钤印：一月安东令、聋

尺寸：172 × 93.5cm

估价：RMB1,000,000–1,500,000

成交价：RMB1,030,400

2009-11-9 北京翰海

0721 吴昌硕 芙蓉

立轴 设色纸本

钤印：俊卿大利、昌硕、雄甲辰

尺寸：152×83cm

估价：RMB800,000-1,200,000

成交价：RMB1,142,400

2009-11-9 北京翰海

0334 吴昌硕 清秋老菊

立轴 纸本

钤印：昌硕

尺寸：153×41cm

起拍价：HKD700,000

成交价：HKD990,000

2009-5-26 香港长风

0026 吴昌硕 荷香十里

立轴 纸本

钤印：仓硕、湖州安吉县

尺寸：180.5×96.5cm

估价：RMB800,000-1,000,000

成交价：RMB1,848,000

2009-6-25 北京匡时

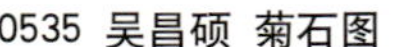

0535 吴昌硕 菊石图

立轴 纸本

钤印：昌硕、半日邨、吴押、美意延年

尺寸：224×52cm

估价：HKD500,000-800,000

成交价：HKD1,035,000

2009-11-30 香港长风

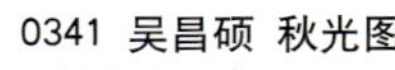

0610 吴昌硕 紫藤

立轴 设色绢本

钤印：昌硕

尺寸：141×43.5cm

估价：RMB800,000-1,200,000

成交价：RMB1,209,600

2009-11-9 北京翰海

0341 吴昌硕 秋光图

立轴 设色纸本

钤印：吴昌石、雄甲辰、吴俊之印

尺寸：134.6×66.6cm

估价：HKD800,000-1,200,000

成交价：HKD3,140,000

2009-4-6 香港苏富比

0086 吴昌硕 篆书《白也无敌》
镜心 纸本
钤印：俊卿之印、仓硕
尺寸：33×132cm
估价：RMB80,000-120,000
成交价：RMB593,600
2009-12-16 北京长风

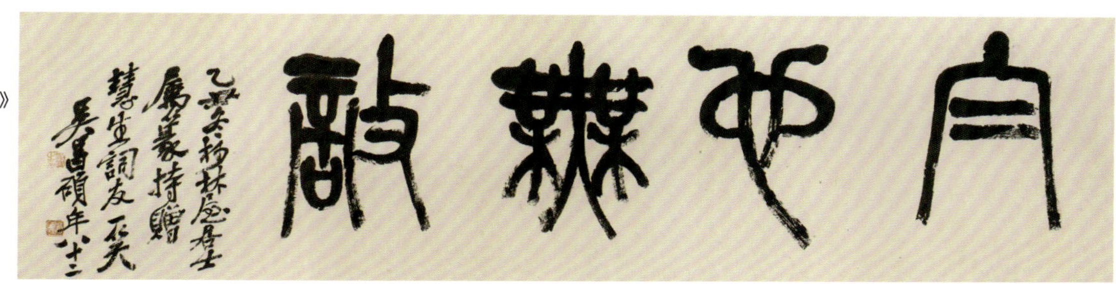

0033 吴昌硕 红梅图
立轴 设色纸本
钤印：仓硕、俊卿之印、昌硕、归仁里民
尺寸：143×71cm
估价：RMB1,800,000-2,800,000
成交价：RMB3,248,000
2009-12-26 山东天承

0335 吴昌硕 岁寒同心图
镜心 纸本
钤印：苍石、廖天一
尺寸：125×53.2cm
起拍价：HKD880,000
成交价：HKD3,080,000
2009-5-26 香港长风

0974 吴昌硕 清供图

立轴 设色纸本

钤印：俊卿之印、仓硕、雄甲辰

尺寸：178×90cm

估价：RMB1,400,000–1,800,000

成交价：RMB4,144,000

2009–11–22 北京保利

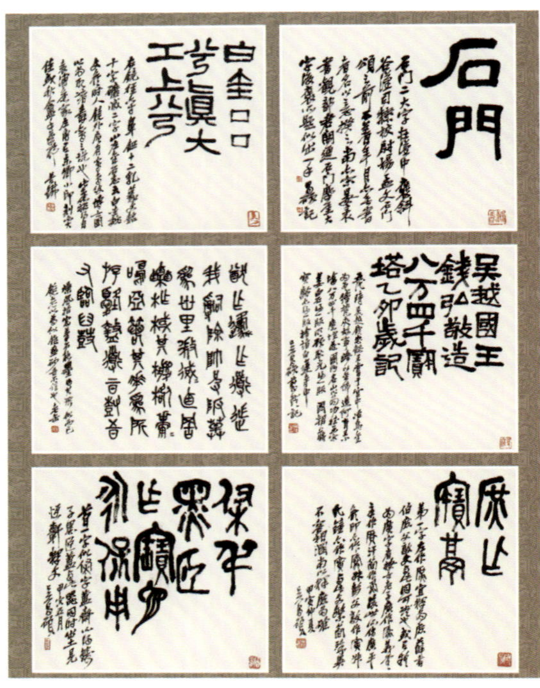

0232 吴昌硕 篆隶（六屏）

纸本

钤印：1.吴俊卿印、缶、鹤寿；2.吴俊长寿、吴；3.吴俊之印、甓禅；4.苦铁；5.吴俊之印、破荷；.缶、古鄣

尺寸：31×34cm×6

起拍价：RMB600,000

成交价：RMB1,064,000

2009–6–26 北京长风

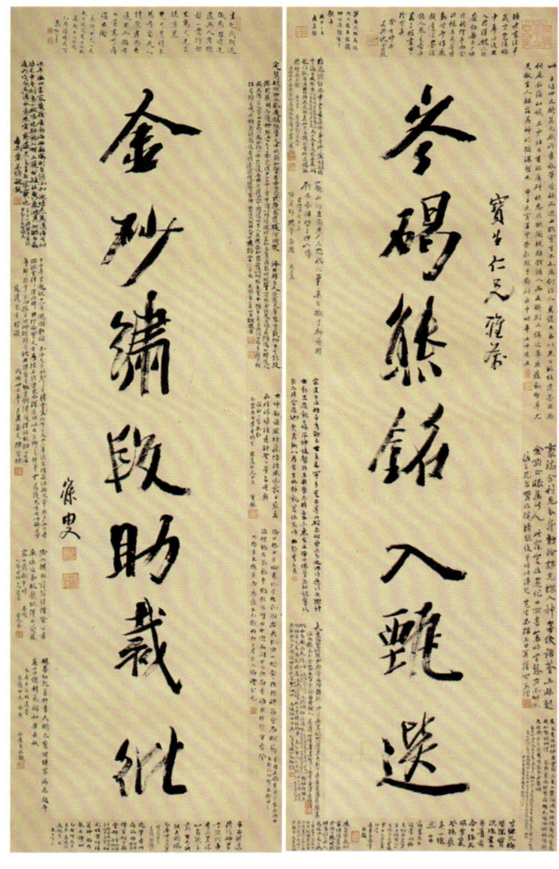

0712 沈曾植 行书七言联

纸本 对联

钤印：沈曾植印、海日楼

尺寸：147×36.5cm×2

估价：RMB150,000–180,000

成交价：RMB2,688,000

2009–12–19 杭州西泠

0594 严复 行书七言诗卷
横幅 绫本
钤印：几道父、遵从学者、喻墅堂
尺寸：27×135.5cm
估价：RMB50,000-60,000
成交价：RMB364,000
2009-12-15 北京匡时

0544 康有为 行书六十自述诗册（四十七开）
册页 纸本
钤印：更生
尺寸：21×26cm×47
估价：RMB800,000-1,000,000
成交价：RMB1,792,000
2009-12-15 北京匡时

0097 康有为 书法手卷
手卷 纸本
钤印：康有为印
尺寸：52×1438cm
估价：RMB1,500,000-200,000
成交价：RMB2,016,000
2009-8-29 山东天承

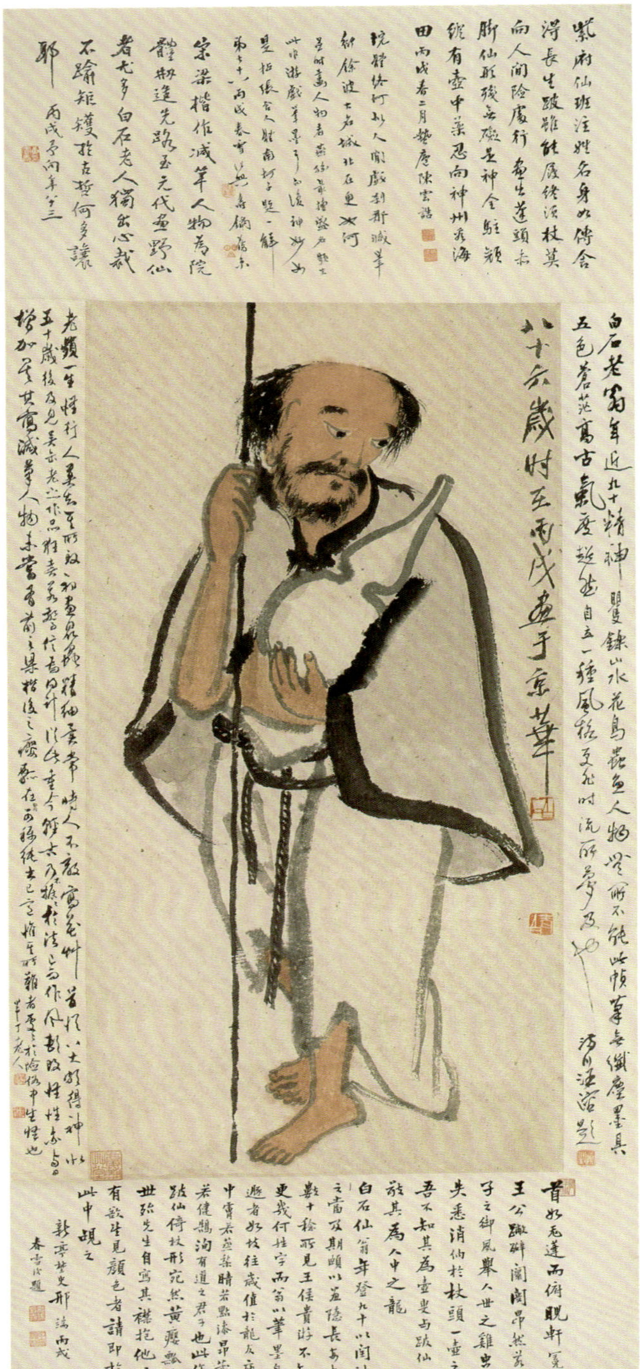

1322 齐白石 李铁拐像

立轴 设色纸本

钤印：白石、老白、庆辅草堂

尺寸：139 × 60.5cm

估价：RMB1,200,000-2,000,000

成交价：RMB3,920,000

2009-5-29 北京保利

0124 齐白石 搔痒图

立轴 设色纸本

钤印：齐大

尺寸：67 × 35cm

估价：RMB600,000-800,000

成交价：RMB873,600

2009-5-8 北京翰海

0366 齐白石 拈花微笑

立轴 设色纸本

钤印：木人、白石翁、木居士、阿芝

尺寸：127.5 × 37cm

估价：RMB600,000-900,000

成交价：RMB1,288,000

2009-10-17 中贸圣佳

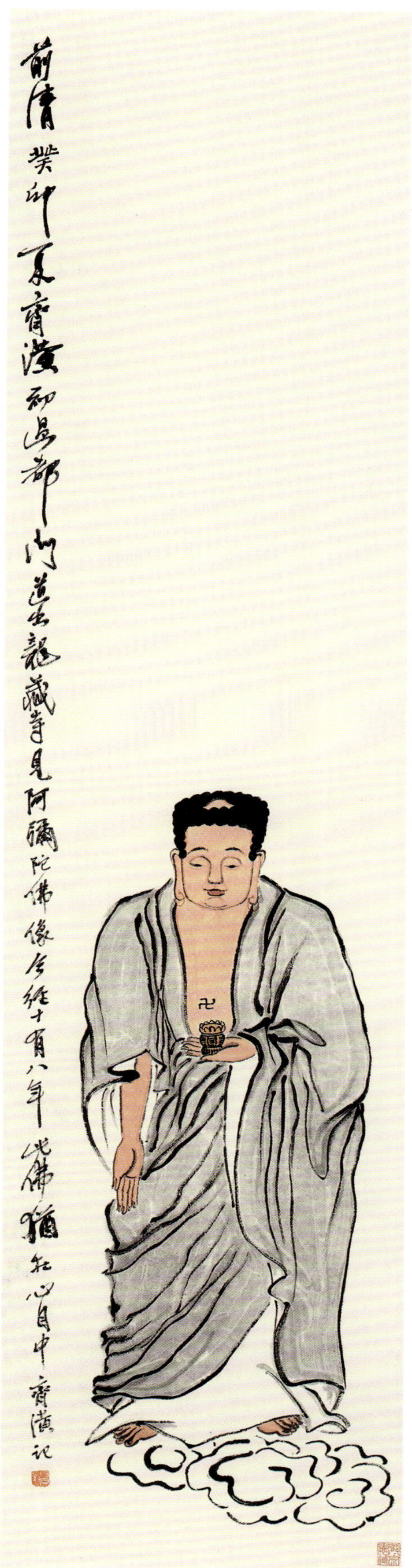

0540 齐白石 佛在心中
立轴 设色纸本
钤印：白石翁
尺寸：130×32.5cm
估价：RMB1,800,000-2,200,000
成交价：RMB1,848,000
2009-11-20 北京华辰

0253 齐白石 无量寿佛
镜心 纸本
钤印：白石、借山翁
尺寸：67.5×34.5cm
估价：RMB1,200,000-1,500,000
成交价：RMB2,464,000
2009-12-14 北京匡时

0628 启功　齐白石　佛像 书法对联（三幅）

镜心 设色纸本

钤印：老白、流俗之所轻也；启功、元白、辛未

尺寸：94×43.8cm；94×23cm

估价：HKD4,000,000–5,000,000

成交价：HKD4,580,000

2009–5–25 香港佳士得

0637 齐白石 铁拐李

立轴 设色纸本

钤印：阿芝、老白

尺寸：132.6×38cm

估价：HKD1,500,000–2,000,000

成交价：HKD5,060,000

2009–11–29 香港佳士得

0635 齐白石 山水

立轴 水墨纸本

钤印：借山馆、阿芝、五十岁后、小称意小怪之

尺寸：131×51cm

估价：RMB1,500,000–1,800,000

成交价：RMB2,016,000

2009–11–9 北京翰海

0238 齐白石 钟馗搔背图

镜框 设色纸本

钤印：白石

尺寸：94×43.7cm

估价：HKD2,500,000–3,500,000

成交价：HKD5,900,000

2009–10–5 香港苏富比

0716 齐白石 山村林荫

立轴 设色纸本

钤印：老白

尺寸：142.5×45.5cm

估价：RMB1,200,000-1,800,000

成交价：RMB1,232,000

2009-10-17 中贸圣佳

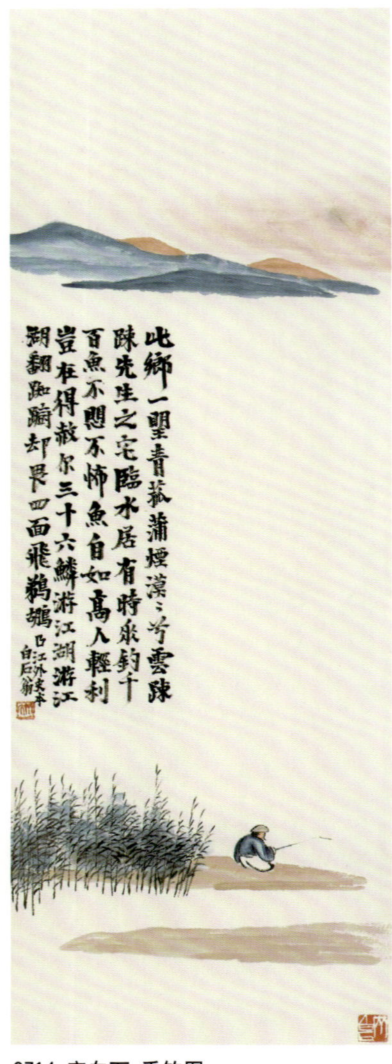

0714 齐白石 垂钓图

立轴 设色纸本

钤印：齐大、齐白石

尺寸：92×33cm

估价：RMB600,000-900,000

成交价：RMB1,120,000

2009-10-17 中贸圣佳

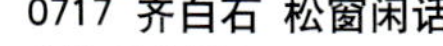

0717 齐白石 松窗闲话

立轴 设色纸本

钤印：阿芝、老白、三百石印斋

尺寸：176.5×47.5cm

估价：RMB2,600,000-3,800,000

成交价：RMB3,360,000

2009-10-17 中贸圣佳

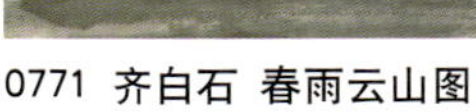

0771 齐白石 春雨云山图

立轴 设色纸本

钤印：白石翁

尺寸：106.2×33.5cm

估价：HKD1,500,000–2,000,000

成交价：HKD2,420,000

2009-5-25 香港佳士得

0715 齐白石 柳岸鸬鹚

立轴 水墨纸本

钤印：白石翁

尺寸：99×46.5cm

估价：RMB600,000–900,000

成交价：RMB1,232,000

2009-10-17 中贸圣佳

0369 齐白石 山村野色

立轴 纸本

钤印：木居士、白石翁

尺寸：148.5×46cm

估价：RMB2,000,000–2,200,000

成交价：RMB2,968,000

2009-6-25 北京匡时

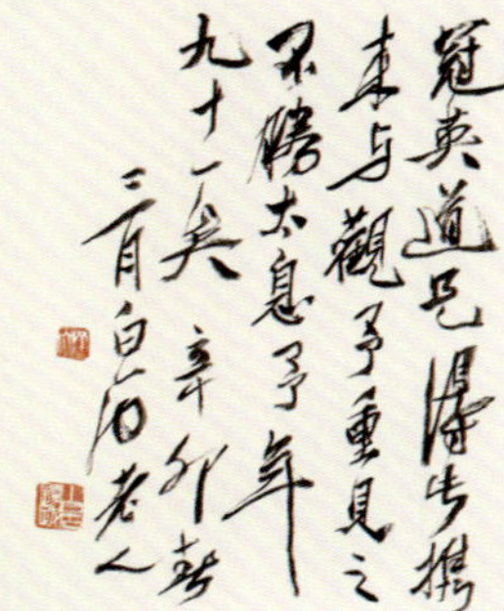

0628 齐白石 山水册页（八开）

册页 设色纸本

钤印：木居士、木人、甑屋、阿芝、老白、白石翁、一切画会无能加入、齐大、白石题跋

尺寸：33.5×27cm×8

估价：RMB10,000,000–18,000,000

成交价：RMB11,200,000

2009–10–17 中贸圣佳

0401 齐白石 四季山水

镜心 纸本

钤印：齐苹生、苹翁、借山馆、小名阿芝

尺寸：73×38.5cm×4

估价：RMB1,500,000–1,700,000

成交价：RMB1,680,000

2009–12–14 北京匡时

0718 齐白石 山间人家童戏图

立轴 设色纸本

钤印：白石翁

尺寸：140.5×40cm

估价：RMB4,000,000-6,000,000

成交价：RMB5,376,000

2009-10-17 中贸圣佳

0555 齐白石 审音鉴古图

镜心 设色纸本

钤印：老白

尺寸：96.5×37.5cm

估价：HKD2,000,000-3,000,000

成交价：HKD5,420,000

2009-11-29 香港佳士得

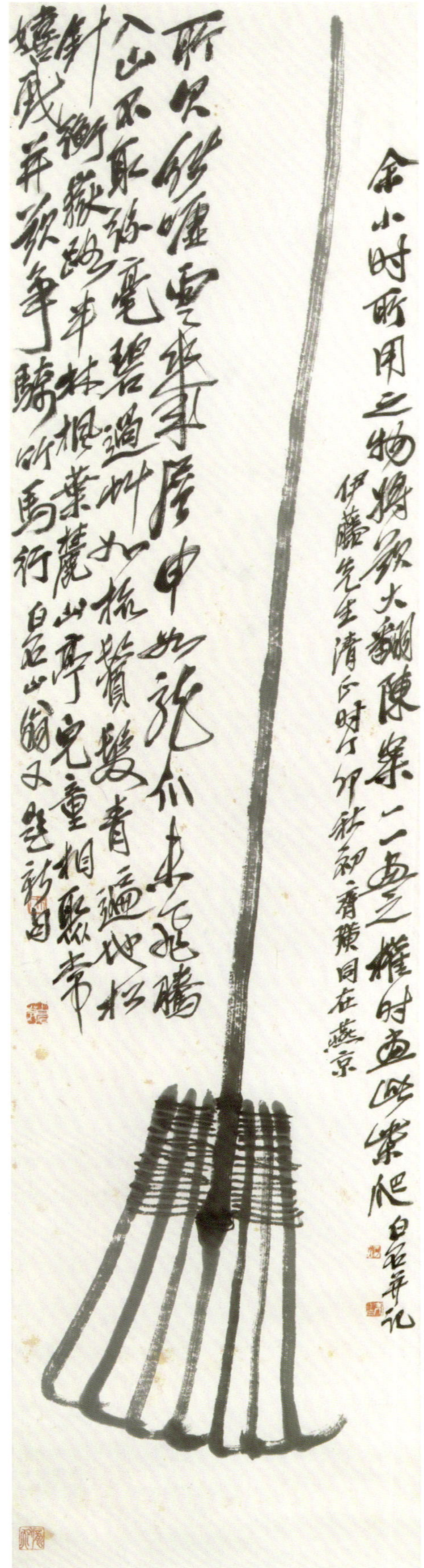

701 齐白石 菊酒图
立轴 设色纸本
钤印：白石、年八十五矣、年高身健不肯作神仙
尺寸：136 × 34 cm
估价：RMB600,000−800,000
成交价：RMB963,200
2009-12-23 上海朵云轩

0425 齐白石 柴耙
立轴 水墨纸本
钤印：阿芝、老白、齐大、白石翁
尺寸：124 × 34.5cm
估价：HKD1,500,000−2,000,000
成交价：HKD3,020,000
2009-4-6 香港苏富比

0412 齐白石 富贵相照
立轴 设色纸本
钤印：白石
尺寸：96.5 × 32cm
估价：RMB500,000−800,000
成交价：RMB1,456,000
2009-5-30 北京华辰

703 齐白石 春柳奔马

立轴 水墨纸本

钤印：白石、年高身健不肯作神仙

尺寸：138×62.5 cm

估价：RMB800,000－1,000,000

成交价：RMB1,064,000

2009－12－23 上海朵云轩

0638 齐白石 乘云注雨

立轴 设色纸本

钤印：木人、白石相赠、门人半知己、一息尚存书要读

尺寸：180.3×49cm

估价：HKD1,200,000－1,500,000

成交价：HKD5,060,000

2009－11－29 香港佳士得

0998 齐白石 松鹰图

立轴 设色纸本

钤印：白石翁、白石山翁、木人、老齐

尺寸：292×35.6cm

估价：RMB8,000,000-10,000,000

成交价：RMB14,560,000

2009-11-22 北京保利

0095 齐白石 松鹰

镜心 水墨纸本

钤印：老白

尺寸：135×33cm

估价：RMB800,000-1,200,000

成交价：RMB1,131,200

2009-5-8 北京翰海

1023 齐白石 松鹰图

立轴 纸本

钤印：齐大

尺寸：174×48cm

估价：RMB600,000-850,000

成交价：RMB1,456,000

2009-5-28 北京歌德

0956 齐白石 教子图

立轴 设色纸本

钤印：白石

尺寸：110×62.5cm

估价：RMB3,200,000-4,500,000

成交价：RMB4,144,000

2009-11-22 北京保利

0239 齐白石 加官图

立轴 纸本

钤印：木人、白石、借山老人

尺寸：129×33.5cm

估价：RMB600,000-800,000

成交价：RMB1,120,000

2009-12-16 北京长风

0034 齐白石 双雉图

立轴 纸本

钤印：白石翁

尺寸：138×33cm

估价：RMB1,500,000-2,000,000

成交价：RMB5,040,000

2009-12-14 北京匡时

388 齐白石 徐悲鸿 公鸡芋叶

立轴 设色纸本
钤印：悲鸿之印、齐白石
尺寸：96 × 45 cm
估价：RMB600,000–800,000
成交价：RMB2,240,000
2009–12–23 上海朵云轩

0883 齐白石 和平鸽

镜心（框）设色纸本
钤印：白石、木人
尺寸：30 × 56cm
估价：RMB600,000–800,000
成交价：RMB1,792,000
2009–11–22 北京保利

0725 齐白石 五子图

立轴 设色纸本
钤印：白石翁、吾画遍天下蒙人伪造居多
尺寸：136 × 47.5cm
估价：RMB1,000,000–2,000,000
成交价：RMB1,512,000
2009–10–17 中贸圣佳

0055 齐白石 和平鸽图

设色纸本 镜片

钤印：齐白石、借山翁、三百石印富翁

尺寸：99 × 46cm

估价：RMB1,500,000–2,000,000

成交价：RMB2,352,000

2009–12–18 杭州西泠

0892 齐白石 红荷鸳鸯

立轴 设色纸本

钤印：白石、大匠之门

尺寸：135 × 35cm

估价：RMB1,500,000–1,800,000

成交价：RMB4,032,000

2009–11–22 北京保利

0599 齐白石 荷花鸳鸯

立轴 设色纸本

钤印：木居士、白石翁

尺寸：180 × 71cm

估价：RMB2,800,000–3,800,000

成交价：RMB4,032,000

2009–11–9 北京翰海

0541 齐白石 红荷白鹭图

立轴 设色纸本

钤印：白石

尺寸：138×35cm

估价：RMB1,200,000–1,500,000

成交价：RMB2,352,000

2009-11-20 北京华辰

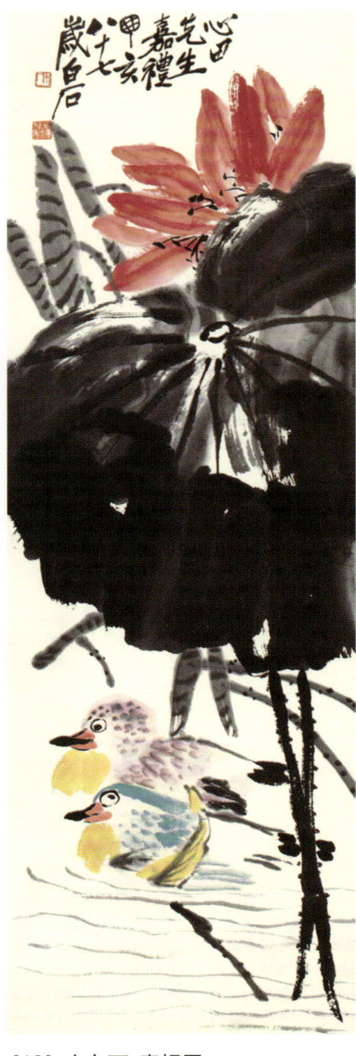

0130 齐白石 嘉耦图

立轴 纸本

钤印：木人、吾年八十七矣

尺寸：101×33cm

估价：RMB800,000–1,000,000

成交价：RMB940,800

2009-6-25 北京匡时

0721 齐白石 荷花鸭子

立轴 设色纸本

钤印：齐白石

尺寸：105×52cm

估价：RMB4,800,000–6,800,000

成交价：RMB8,064,000

2009-10-17 中贸圣佳

0417 齐白石 八哥

立轴 设色纸本

钤印：白石

尺寸：145×40cm

估价：RMB800,000-1,200,000

成交价：RMB2,016,000

2009-8-29 山东天承

0011 齐白石 八百长寿

镜心 设色纸本

钤印：借山翁

尺寸：100×35cm

估价：RMB600,000-800,000

成交价：RMB1,120,000

2009-12-26 山东天承

0137 齐白石 惜秋

立轴 设色纸本

钤印：木人

尺寸：136×34.2cm

估价：RMB700,000-900,000

成交价：RMB1,041,600

2009-5-31 北京永乐

0134 齐白石 秋菊鹌鹑
立轴 设色纸本
钤印：齐白石、借山翁、大匠之门
尺寸：134×33cm
估价：RMB1,800,000-2,200,000
成交价：RMB2,240,000
2009-11-15 北京荣宝

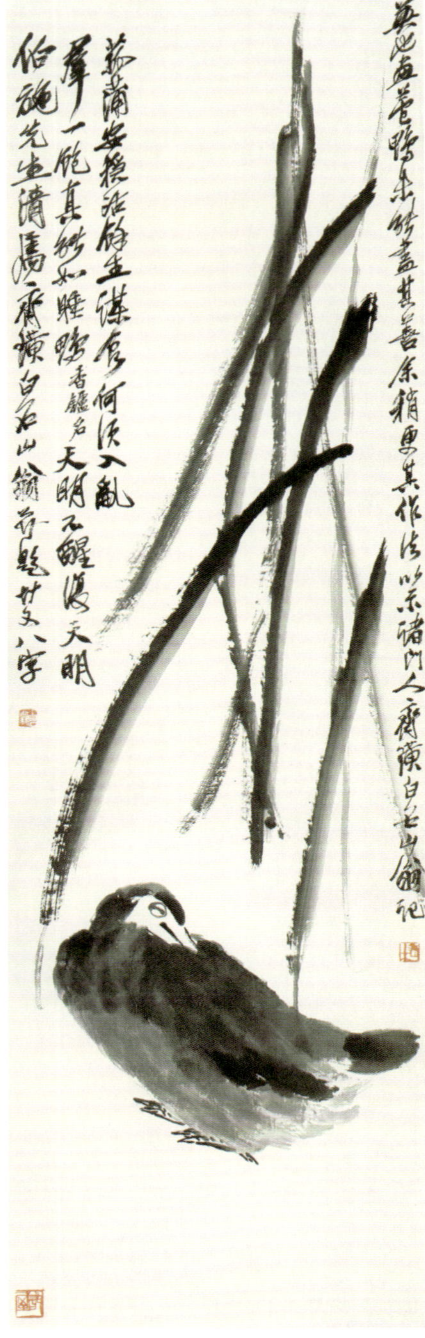

0724 齐白石 芦鸭
镜心 水墨纸本
钤印：老木、白石翁、甑屋
尺寸：139×42cm
估价：RMB500,000-800,000
成交价：RMB1,288,000
2009-10-17 中贸圣佳

0072 齐白石 喜上眉梢
设色纸本 立轴
钤印：木人、白石、鬼神使之非人工、吾草之众人也
尺寸：132×48 cm
估价：RMB700,000-800,000
成交价：RMB3,976,000
2009-7-19 上海朵云轩

0408 齐白石 灵猿献寿

镜心 设色纸本

钤印：白石、人长寿

尺寸：84.5×37.5cm

估价：RMB1,600,000–2,800,000

成交价：RMB2,296,000

2009–10–17 中贸圣佳

0333 齐白石 蟠桃献寿

设色纸本 立轴

钤印：齐大

尺寸：73.5×33 cm

估价：RMB800,000–1,000,000

成交价：RMB1,064,000

2009–7–19 上海朵云轩

0407 齐白石 桂花双兔

立轴 设色纸本

钤印：木人、齐大

尺寸：136.5×35cm

估价：RMB800,000–1,200,000

成交价：RMB1,232,000

2009–10–17 中贸圣佳

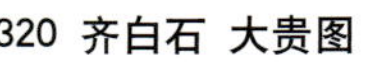

320 齐白石 大贵图

立轴 水墨纸本

钤印：老白、君子之量容人、吾年八十八

尺寸：97×35.5 cm

估价：RMB250,000–300,000

成交价：RMB1,792,000

2009–12–23 上海朵云轩

0711 齐白石 卧猫水仙

立轴 设色纸本

钤印：齐大

尺寸：103×33.5cm

估价：RMB600,000–900,000

成交价：RMB1,120,000

2009–10–17 中贸圣佳

0707 齐白石 他去尔来

立轴 设色纸本

钤印：年八十四矣、借山翁、倦也欲暝君且去

尺寸：136.5×34cm

估价：RMB500,000–800,000

成交价：RMB1,400,000

2009–10–17 中贸圣佳

0133 齐白石 九如图•虾蟹图对屏

水墨纸本 镜片

钤印：齐大（二次）

尺寸：100×34.5cm102.5×34.5cm

估价：RMB800,000-1,000,000

成交价：RMB2,016,000

2009-12-18 杭州西泠

0503 齐白石 水族家禽

四屏 水墨纸本

钤印：白石、齐白石、木人

尺寸：54×21cm×4

估价：RMB1,200,000-1,800,000

成交价：RMB1,456,000

2009-10-17 中贸圣佳

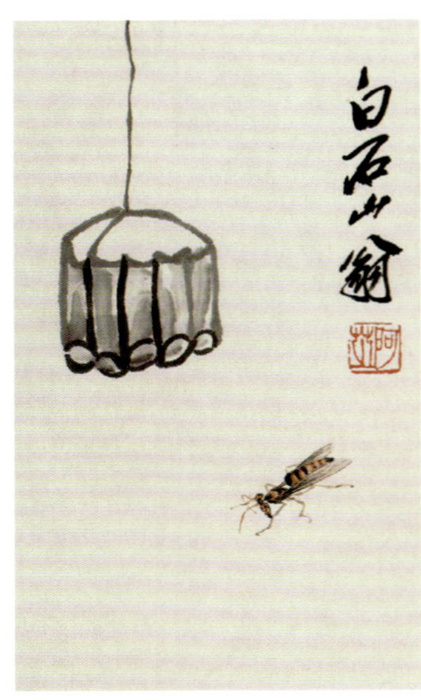

0766 齐白石 草虫小品（四幅）

镜心 设色纸本

钤印：白石、齐大、白石翁白石、齐大

尺寸：32×26cm；3×25.8cm；29.5×24cm；22.4×28.4cm

估价：HKD3,500,000-4,000,000

成交价：HKD3,860,000

2009-5-25 香港佳士得

0009 齐白石 四季虫草

四屏 设色纸本

钤印：苹翁、白石、阿芝

尺寸：13.5×8cm×4

估价：RMB1,500,000-2,200,000

成交价：RMB2,464,000

2009-12-26 山东天承

0997 齐白石 可惜无声•花鸟工虫册（十三开）

册页 设色纸本

钤印：悔乌堂、白石题跋；木人；阿芝；白石老人；齐大；白石老人；木人；阿芝；齐大；木人；木人；齐大；老白

尺寸：29×23cm×13

估价：咨 询 价

成交价：RMB95,200,000

2009-11-22 北京保利

0106 齐白石 蟋蟀与碗

镜心 设色纸本

钤印：阿芝

尺寸：17×27cm

估价：RMB300,000-400,000

成交价：RMB1,232,000

2009-11-9 北京翰海

0317 齐白石 菜蔬草虫
立轴 设色纸本
钤印：木人、风前月下清云
尺寸：100×34cm
估价：RMB1,000,000–1,500,000
成交价：RMB1,792,000
2009–11–9 北京翰海

0598 齐白石 贝叶草虫
立轴 设色纸本
钤印：齐大
尺寸：110×50cm
估价：RMB6,000,000–8,000,000
成交价：RMB16,800,000
2009–11–9 北京翰海

0010 齐白石 荷花蜻蜓
立轴 设色纸本
钤印：齐大
尺寸：100×35cm
估价：RMB600,000-800,000
成交价：RMB1,960,000
2009-12-26 山东天承

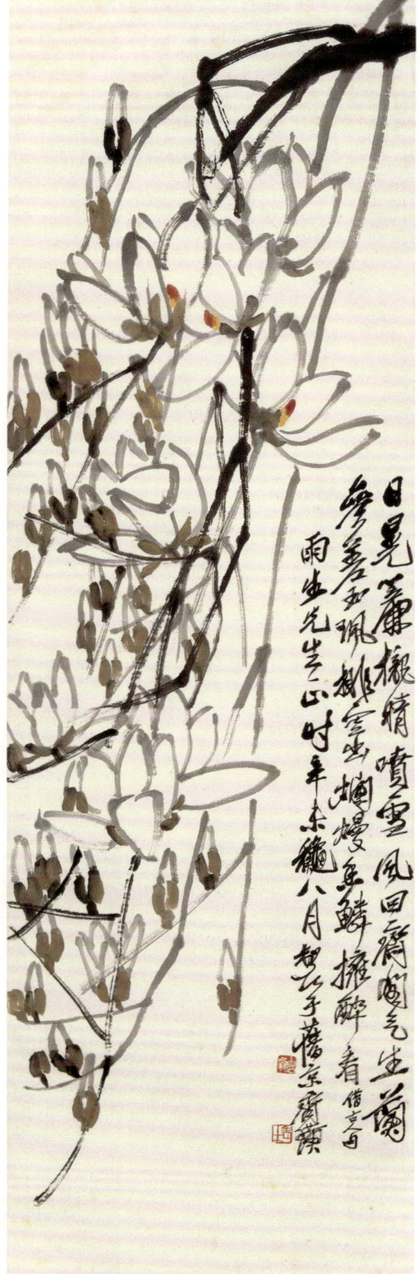

0710 齐白石 玉兰花
立轴 设色纸本
钤印：白石翁、老木
尺寸：132×40cm
估价：RMB500,000-800,000
成交价：RMB840,000
2009-10-17 中贸圣佳

0105 齐白石 丝瓜草虫
立轴 设色纸本
钤印：白石
尺寸：137×35cm
估价：RMB500,000-600,000
成交价：RMB985,600
2009-11-9 北京翰海

0449 齐白石 玉堂富贵
立轴 设色纸本
钤印：白石翁、借山翁
尺寸：137×68cm
估价：RMB1,800,000–2,800,000
成交价：RMB2,240,000
2009–6–25 广州嘉德

0025 齐白石 白菜 玉兰
立轴 纸本
钤印：木人、白石翁
尺寸：133×33cm×2
估价：RMB1,000,000–1,200,000
成交价：RMB1,680,000
2009–12–14 北京匡时

0614 齐白石 玉兰
立轴 纸本
钤印：白石、鬼神使之非人工
尺寸：95.5×50cm
估价：RMB400,000–600,000
成交价：RMB1,344,000
2009–5–28 北京歌德

0013 齐白石 映日荷花别样红

立轴 设色纸本

钤印：木人、王樊老去天留齐大作晨星、悔乌堂

尺寸：134×50cm

估价：RMB800,000-1,200,000

成交价：RMB3,696,000

2009-8-29 山东天承

1052 齐白石 映日荷花别样红

立轴 纸本

钤印：白石、大匠之门

尺寸：136×34.2cm

估价：RMB1,200,000-1,800,000

成交价：RMB1,456,000

2009-5-28 北京歌德

0406 齐白石 富贵双寿

立轴 纸本

钤印：木人、白石翁

尺寸：139.5×34cm

估价：RMB1,200,000-1,500,000

成交价：RMB1,680,000

2009-12-14 北京匡时

0545 齐白石 牵牛花鹌鹑

立轴 设色纸本

钤印：白石翁、湘潭人也、归梦看池鱼

尺寸：100.5×33.5cm

估价：RMB600,000–900,000

成交价：RMB2,296,000

2009–11–20 北京华辰

0310 齐白石 翠藤明珠

立轴 纸本

钤印：老木

尺寸：137×50cm

估价：RMB1,200,000–1,600,000

成交价：RMB1,680,000

2009–11–21 北京歌德

0541 齐白石 红荷白鹭图

立轴 设色纸本

钤印：白石

尺寸：138×35cm

估价：RMB1,200,000–1,500,000

成交价：RMB2,352,000

2009–11–20 北京华辰

0723 齐白石 紫藤八哥

立轴 设色纸本

钤印：老白、要知天道酬勤

尺寸：136×33cm

估价：RMB1,600,000–2,200,000

成交价：RMB1,680,000

2009–10–17 中贸圣佳

0428 齐白石 葡萄图

立轴 纸本

钤印：木居士、白石翁

尺寸：135×33cm

估价：HKD1,200,000–1,500,000

成交价：HKD2,856,000

2009–11–30 香港长风

0239 齐白石 紫藤蜜蜂

立轴 设色纸本

钤印：木居士、白石翁、齐大、行年八十三矣

尺寸：171.5×46.5cm

估价：RMB800,000–1,200,000

成交价：RMB1,881,600

2009–5–8 北京翰海

0161 齐白石 海棠蝴蝶 紫藤

立轴 设色纸本

钤印：木人

尺寸：69×35cm；68×34cm

估价：RMB800,000-1,200,000

成交价：RMB1,400,000

2009-8-29 山东天承

0722 齐白石 秋声秋色

立轴 设色纸本

钤印：齐大、归梦看池鱼

尺寸：100×34cm

估价：RMB1,000,000-1,500,000

成交价：RMB1,624,000

2009-10-17 中贸圣佳

0124 齐白石 万年青
镜心 纸本
钤印：白石、寄萍堂
尺寸：64×27cm
估价：RMB1,000,000–1,200,000
成交价：RMB2,856,000
2009–6–25 北京匡时

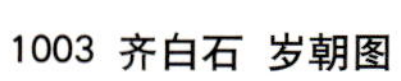
1003 齐白石 岁朝图
设色纸本 镜片
钤印：齐大
尺寸：52×34cm
估价：RMB180,000–250,000
成交价：RMB1,030,400
2009–12–23 上海朵云轩

0240 齐白石 延年益寿图
立轴 纸本
钤印：齐大、白石、借山翁、悔乌堂
尺寸：135×68cm
估价：RMB1,500,000–1,800,000
成交价：RMB2,128,000
2009–12–16 北京长风

0108 齐白石 四季平安花卉

四屏 设色纸本

钤印：白石、故里山花此时开也；借山翁、老为儿曹作马牛；借山翁、吾草木众人也；借山翁、无君子不养小人

尺寸：100×33cm×4

估价：RMB1,200,000-1,500,000

成交价：RMB6,720,000

2009-11-9 北京翰海

0377 齐白石 花鸟

四屏 纸本

钤印：木人（3次）、湘上老农

尺寸：130×33.5cm×4

估价：RMB2,000,000-2,200,000

成交价：RMB2,408,000

2009-6-25 北京匡时

0077 齐白石 双寿图

设色纸本 立轴

钤印：木人、白石翁

尺寸：181.5 × 48 cm

估价：RMB800,000−1,000,000

成交价：RMB1,008,000

2009−7−19 上海朵云轩

0074 齐白石 松梅喜鹊

立轴 纸本

钤印：白石、人长寿、寄萍堂

尺寸：305 × 71cm

估价：RMB7,000,000−9,000,000

成交价：RMB14,560,000

2009−12−14 北京匡时

0240 齐白石 清风君子

立轴 水墨纸本

钤印：借山翁、白石、寄萍堂

尺寸：245.5 × 61cm

估价：RMB2,600,000−3,000,000

成交价：RMB2,912,000

2009−5−8 北京翰海

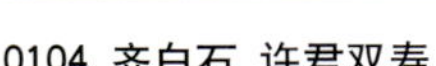

0104 齐白石 许君双寿

立轴 设色纸本

钤印：白石、齐璜之印、人长寿、吾草木众人也

尺寸：95.5×36cm

估价：RMB400,000-500,000

成交价：RMB5,544,000

2009-11-9 北京翰海

0597 齐白石 花实图

镜心 设色纸本

钤印：木人

尺寸：73.5×30.5cm

估价：RMB550,000-700,000

成交价：RMB1,344,000

2009-11-9 北京翰海

0502 齐白石 碧桃寿带

镜心 设色纸本

钤印：白石、大匠之门、人长寿

尺寸：152×38.5cm

估价：RMB1,200,000-2,000,000

成交价：RMB2,128,000

2009-10-17 中贸圣佳

0037 **齐白石 多寿**
立轴 纸本
钤印：齐大
尺寸：69×35cm
估价：RMB800,000-1,000,000
成交价：RMB2,128,000
2009-12-14 北京匡时

0216 **齐白石 世世太平**
镜心 设色纸本
钤印：白石翁、鲁班门下
尺寸：94×44cm
估价：RMB800,000-1,200,000
成交价：RMB1,097,600
2009-12-27 山东天承

1418 **齐白石 多寿图**
设色纸本 立轴
钤印：齐白石、人长寿、悔乌堂
尺寸：132.5×47.5cm
估价：RMB1,500,000-1,800,000
成交价：RMB2,016,000
2009-12-19 杭州西泠

0241 齐白石 大富贵亦寿考

立轴 绢本

钤印：齐白石、神鬼无功、人长寿

尺寸：131×38cm

估价：RMB600,000–800,000

成交价：RMB1,232,000

2009–12–16 北京长风

1060 齐白石 寿桃

立轴 设色纸本

钤印：湘潭人也

尺寸：102×34cm

估价：RMB1,200,000–1,500,000

成交价：RMB1,344,000

2009–12–6 广州嘉德

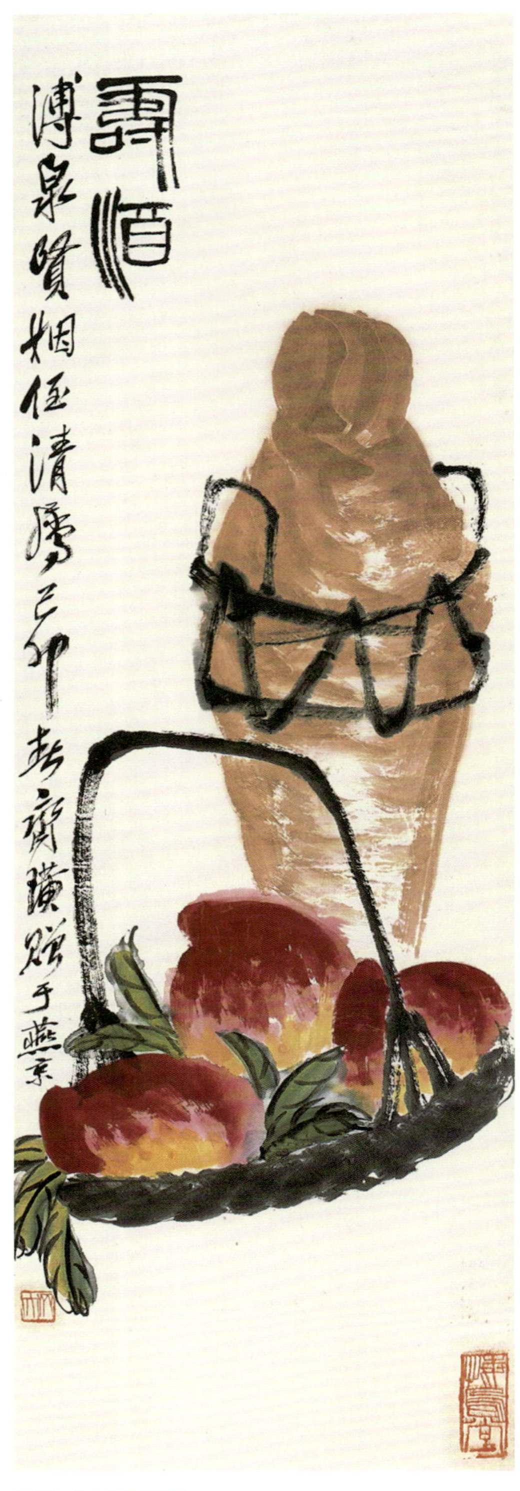

0017 齐白石 寿酒

立轴 设色纸本

钤印：齐大、悔乌堂

尺寸：103×34cm

估价：RMB1,000,000–1,500,000

成交价：RMB1,568,000

2009–5–10 北京荣宝

0008 齐白石 长寿

立轴 设色纸本

钤印：白石、齐大、人长寿

尺寸：97×52cm

估价：RMB3,500,000–4,500,000

成交价：RMB4,928,000

2009–12–26 山东天承

1059 齐白石 五世平安

镜心 设色纸本

钤印：白石、寄萍堂

尺寸：109×36.5cm

估价：RMB800,000–1,000,000

成交价：RMB873,600

2009–12–6 广州嘉德

0429 齐白石 老少多子

镜心 设色纸本

钤印：借山翁、齐白石、白石翁

尺寸：113.5×42.5cm

估价：RMB400,000–500,000

成交价：RMB985,600

2009–5–30 北京华辰

0271 齐白石 平安长寿

设色纸本 镜片四幅

钤印：齐大、人长寿、白石、（指纹印）

尺寸：100 × 33.5 cm × 4

估价：RMB4,800,000–5,800,000

成交价：RMB7,840,000

2009-7-19 上海朵云轩

0026 齐白石 双寿图

镜心 纸本

钤印：白石翁

尺寸：33.5 × 43.5cm

估价：RMB450,000–550,000

成交价：RMB694,400

2009-12-14 北京匡时

0110 齐白石 多利图

立轴 设色纸本

钤印：老木、三千门客赵吴无、行高于人众必非之

尺寸：59.5 × 33cm

估价：RMB380,000–420,000

成交价：RMB1,030,400

2009-11-9 北京翰海

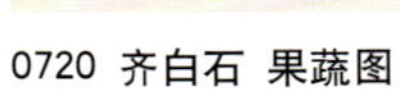

0720 齐白石 果蔬图

立轴 设色纸本

钤印：木居士、白石翁

尺寸：173×46.5cm

估价：RMB800,000−1,200,000

成交价：RMB1,120,000

2009−10−17 中贸圣佳

0342 齐白石 丝瓜

立轴 设色纸本

钤印：白石翁

尺寸：180×48cm

估价：RMB800,000−1,200,000

成交价：RMB1,344,000

2009−11−15 北京荣宝

0631 齐白石 行书七言诗

立轴 纸本

钤印：齐璜之印、悔乌堂

尺寸：131×33.5cm

估价：RMB300,000−400,000

成交价：RMB1,008,000

2009−12−15 北京匡时

1007 齐白石 长寿三千年
镜心 设色纸本
钤印：齐大
尺寸：26×86cm
估价：RMB500,000-800,000
成交价：RMB672,000
2009-12-19 北京荣宝

0717 齐白石 老舍 老鼠 书法
成扇 设色纸本
钤印：齐大、老舍
估价：RMB250,000-350,000
成交价：RMB728,000
2009-12-27 山东天承

0186 齐白石 荔枝
成扇 设色纸本
钤印：木人
尺寸：19.5×51cm
估价：RMB80,000-80,000
成交价：RMB610,500
2009-11-14 天津文物

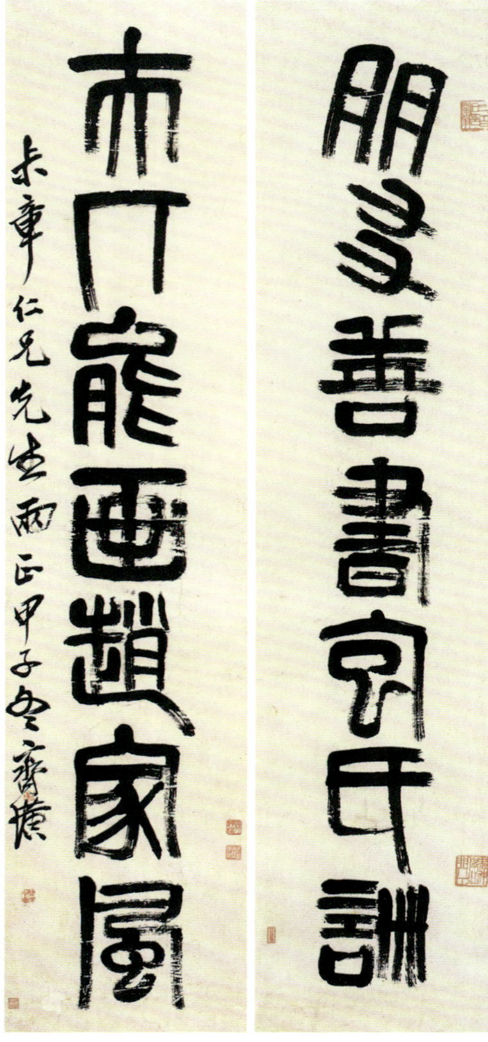

0110 齐白石 篆书七言联
纸本 镜片
钤印：三百石印富翁、鬼神使之非人工、白石翁、木居士
尺寸：127.5×29cm×2
估价：RMB180,000-300,000
成交价：RMB739,200
2009-12-18 杭州西泠

0221 张伯英 齐白石 无量寿佛 临宋刻本《金刚经》
成扇 笺本
钤印：△木居士、木人△张伯英、勺圃
尺寸：18.5×50cm
估价：RMB400,000-500,000
成交价：RMB1,075,200
2009-12-14 北京匡时

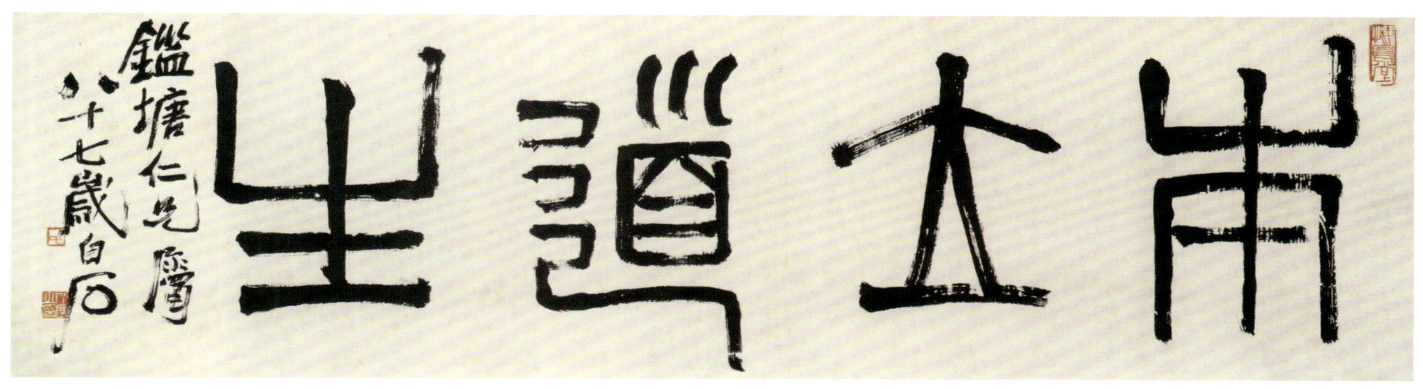

0129 齐白石 书法“本立道生”
镜心 水墨纸本
钤印：白石、齐璜之印、悔乌堂
尺寸：45×171.5cm
估价：RMB400,000-500,000
成交价：RMB4,144,000
2009-11-9 北京翰海

0876 黄宾虹 山水
四屏 设色纸本
钤印：黄宾虹（四次）、朴存（四次）、冰上鸿飞馆（四次）
尺寸：143×47.3cm×4
估价：RMB3,800,000-5,800,000
成交价：RMB12,320,000
2009-11-23 中国嘉德

0634 黄宾虹 黄山天都峰

立轴 设色纸本

钤印：黄宾虹、虹若、岫中有东海

尺寸：142×61cm

估价：RMB1,200,000-1,600,000

成交价：RMB2,576,000

2009-11-9 北京翰海

0633 黄宾虹 松岗叠嶂

立轴 设色纸本

钤印：黄宾虹、冰上鸿飞馆

尺寸：99×39.5cm

估价：RMB600,000-900,000

成交价：RMB1,008,000

2009-11-9 北京翰海

0046 黄宾虹 策杖登高

立轴 设色纸本

钤印：黄宾虹、黄山予向

尺寸：120.5×47cm

估价：RMB300,000-400,000

成交价：RMB1,288,000

2009-10-17 中贸圣佳

0112 黄宾虹 石湖诗意图

立轴 纸本

钤印：黄宾公、片石居、高蹈独往萧然自得

尺寸：173×92cm

估价：RMB1,500,000-2,000,000

成交价：RMB4,032,000

2009-12-14 北京匡时

0442 黄宾虹 黄山始信峰

立轴 纸本

钤印：黄宾虹、冰上鸿飞馆

尺寸：100×41cm

估价：RMB800,000-1,000,000

成交价：RMB1,568,000

2009-6-25 北京匡时

1372 黄宾虹 溪桥静观图

设色纸本 立轴

钤印：黄宾虹、黄山山中人

尺寸：36.5×66.5cm

估价：RMB280,000-350,000

成交价：RMB1,232,000

2009-12-19 杭州西泠

691 黄宾虹 青山佳处绝尘埃
立轴 设色纸本
钤印：黄宾虹
尺寸：137 × 66.5 cm
估价：RMB1,200,000–1,800,000
成交价：RMB2,240,000
2009–12–23 上海朵云轩

0603 黄宾虹 山水
立轴 设色纸本
钤印：黄宾虹印、黄山山中人
尺寸：136 × 33cm
估价：RMB550,000–700,000
成交价：RMB772,800
2009–11–20 北京华辰

0139 黄宾虹 太湖纪游
立轴 设色纸本
钤印：宾虹、体之以质
尺寸：246 × 60cm
估价：RMB900,000–1,500,000
成交价：RMB1,232,000
2009–10–17 中贸圣佳

0779 **黄宾虹 武夷云烟图**
立轴 设色纸本
钤印：黄宾虹、冰上鸿飞馆
尺寸：99.5×40.5cm
估价：RMB400,000-600,000
成交价：RMB896,000
2009-6-20 杭州西泠

0097 **黄宾虹 平天矼山色 金文对联**
镜心/立轴 设色/水墨纸本
钤印：黄宾虹、冰上鸿飞馆
尺寸：118.5×49.5cm；135.7×25cm×2
估价：RMB2,000,000-2,600,000
成交价：RMB3,248,000
2009-12-13 北京永乐

0369 **黄宾虹 江行秋色**
手卷 纸本
钤印：黄宾虹
尺寸：20.5×270cm
起拍价：RMB950,000
成交价：RMB1,344,000
2009-6-26 北京长风

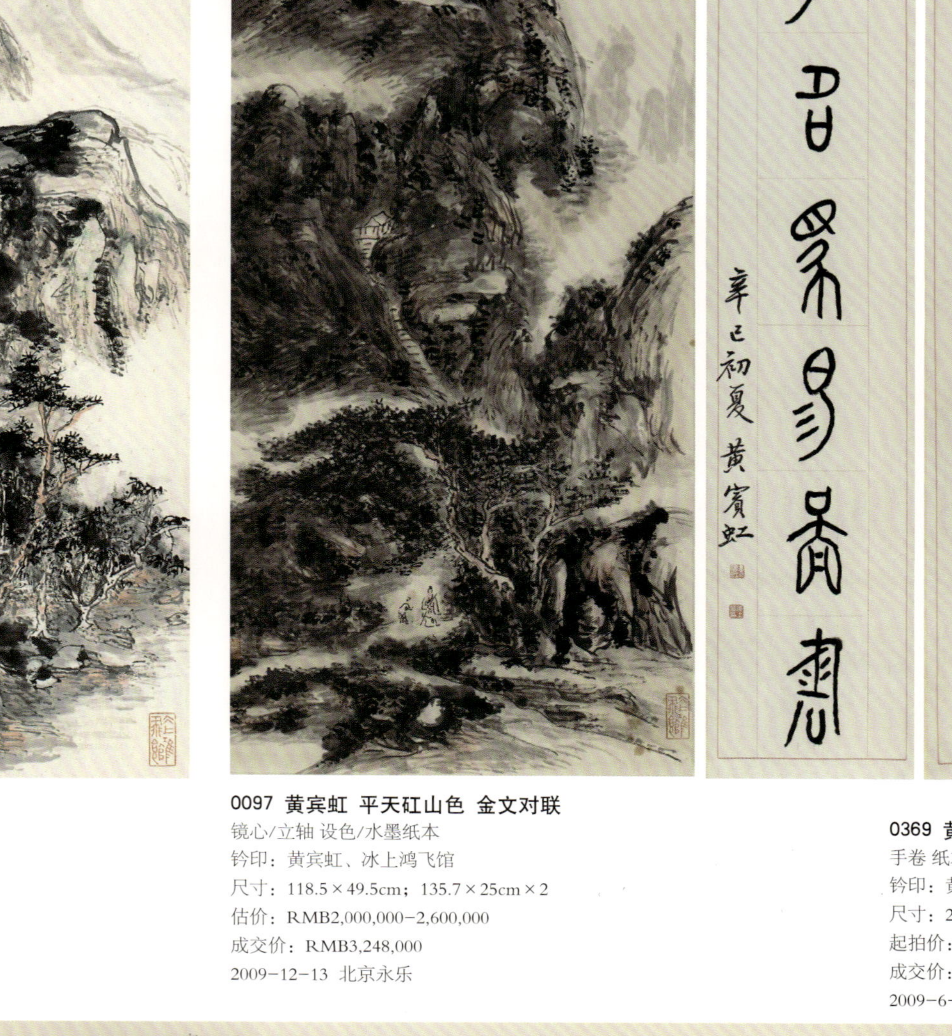

0095 黄宾虹 山水写生册（八开）

册页 设色纸本

钤印：黄冰鸿、朴存

尺寸：28.8×22cm×6，27.8×22cm×2

估价：RMB2,500,000–3,500,000

成交价：RMB4,592,000

2009–6–19 杭州西泠

0141 黄宾虹 山水花鸟杂画册（十二开）

册页 设色纸本

钤印：黄宾虹、黄宾虹

尺寸：尺寸不一

估价：RMB1,200,000–1,800,000

成交价：RMB2,240,000

2009–10–17 中贸圣佳

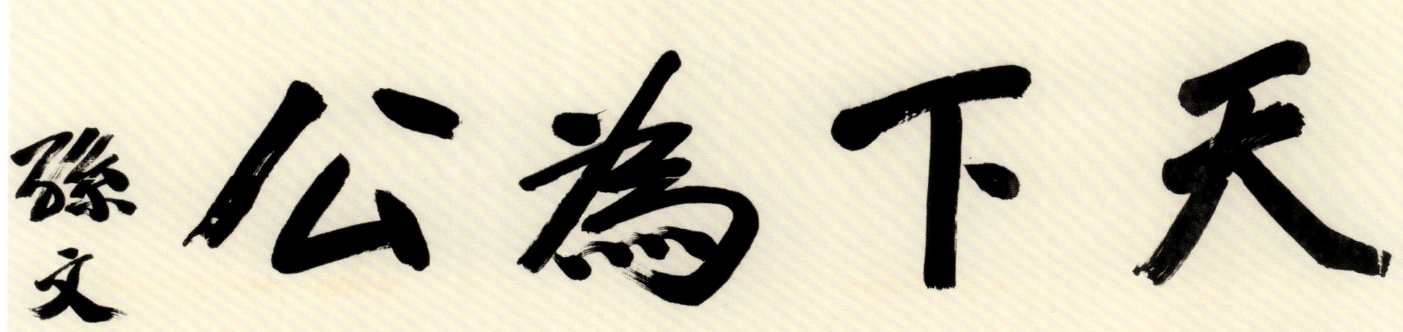

0597 孙文 行书“天下为公”
镜心 纸本
钤印：孙文之印
尺寸：36×118cm
估价：RMB300,000-400,000
成交价：RMB3,472,000
2009-12-15 北京匡时

0217 孙中山 行书《诫词》
镜心 纸本
钤印：孙文之印
尺寸：71.8×33cm
起拍价：RMB250,000
成交价：RMB683,200
2009-6-26 北京长风

要立志做大事
不要做大官
孫文

0593 梁启超 楷书
四屏 纸本
钤印：梁、任公词翰、新会梁氏、启超私印、启超无极、富贵吉祥
尺寸：129.5×21cm×4
估价：RMB80,000-120,000
成交价：RMB660,800
2009-11-9 北京翰海

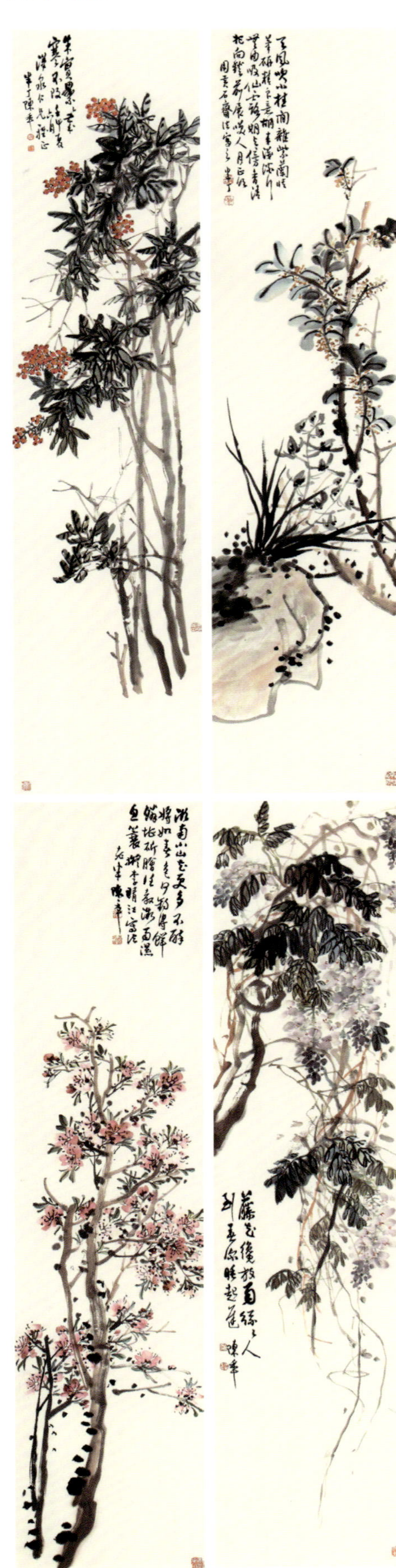

0219 陈半丁 四平富贵

镜心 纸本

钤印：半丁涂抹、陈年之印、小时漂零老似仙、陈年之印、竹环居士、山阴陈年章

尺寸：136.5×33.5cm×4

估价：RMB220,000-250,000

成交价：RMB515,200

2009-11-21 北京歌德

0047 陈半丁 山水

立轴 设色纸本

钤印：半丁

尺寸：127×63cm

估价：RMB280,000-380,000

成交价：RMB403,200

2009-12-26 山东天承

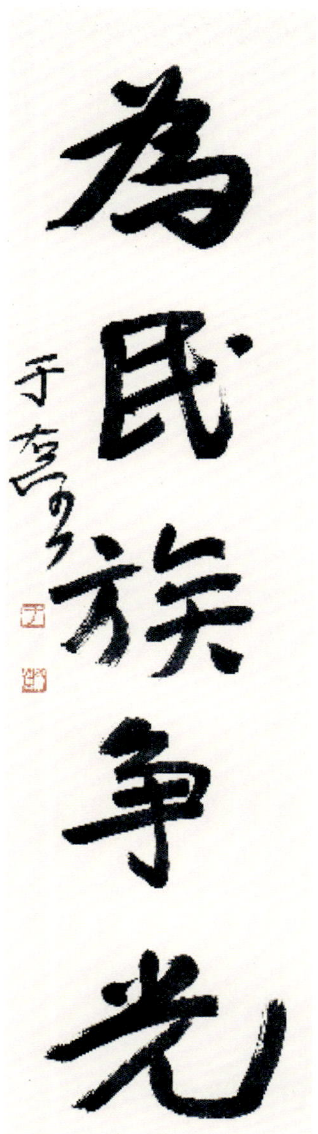

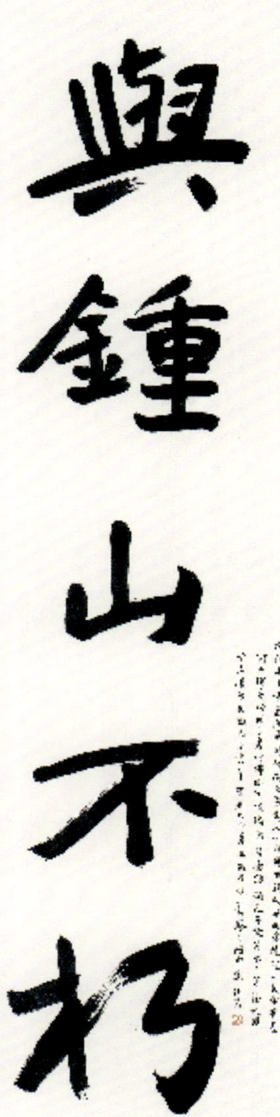

0920 于右任 行书五言联
立轴 纸本
钤印：于、右任
尺寸：172×44cm×2
估价：RMB260,000–400,000
成交价：RMB1,120,000
2009–10–18 中贸圣佳

1372 高剑父 印度仕女
立轴 设色纸本
钤印：番禺高仑、岭南老剑、定光佛再世堕落娑婆界凡夫、高剑父马背船唇朱记
尺寸：152×82cm
估价：RMB280,000–350,000
成交价：RMB448,000
2009–12–6 广州嘉德

0382 吴征 松山高隐图
设色纸本 立轴
钤印：来鹭草堂、诗债待秋征、石门吴征长生安乐
尺寸：152×83cm
估价：RMB80,000–120,000
成交价：RMB168,000
2009–12–18 杭州西泠

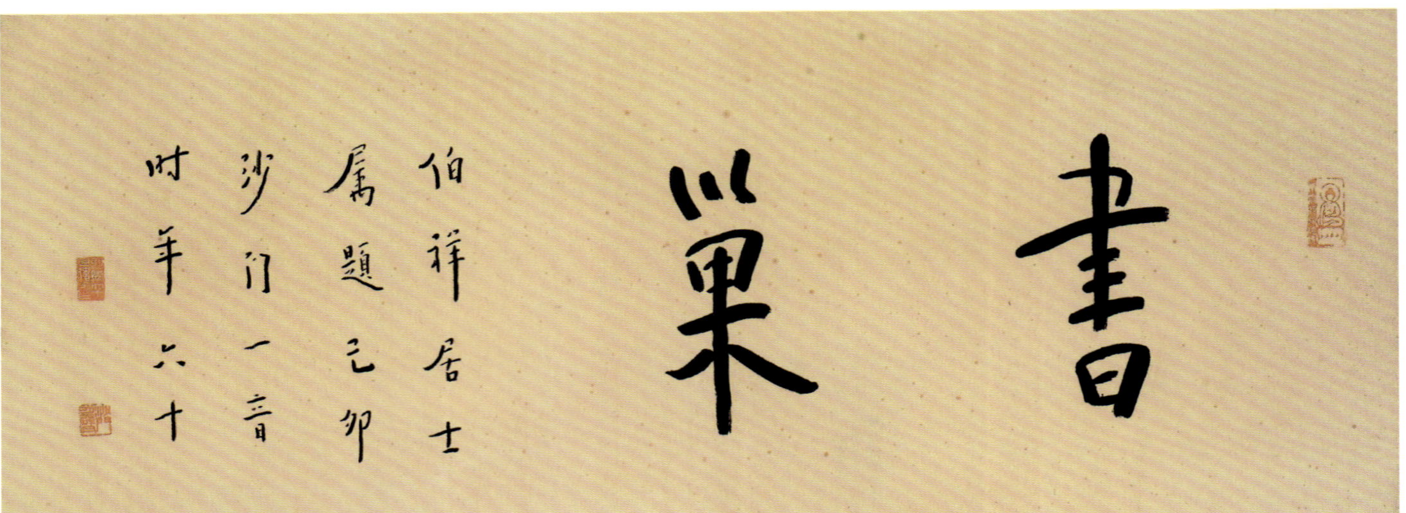

0406 弘一 书巢横额

横幅 水墨纸本

钤印：南无阿弥陀佛、弘一年六十以后所作、沙门臂月

尺寸：33×84cm

估价：RMB120,000–200,000

成交价：RMB1,904,000

2009–11–20 北京华辰

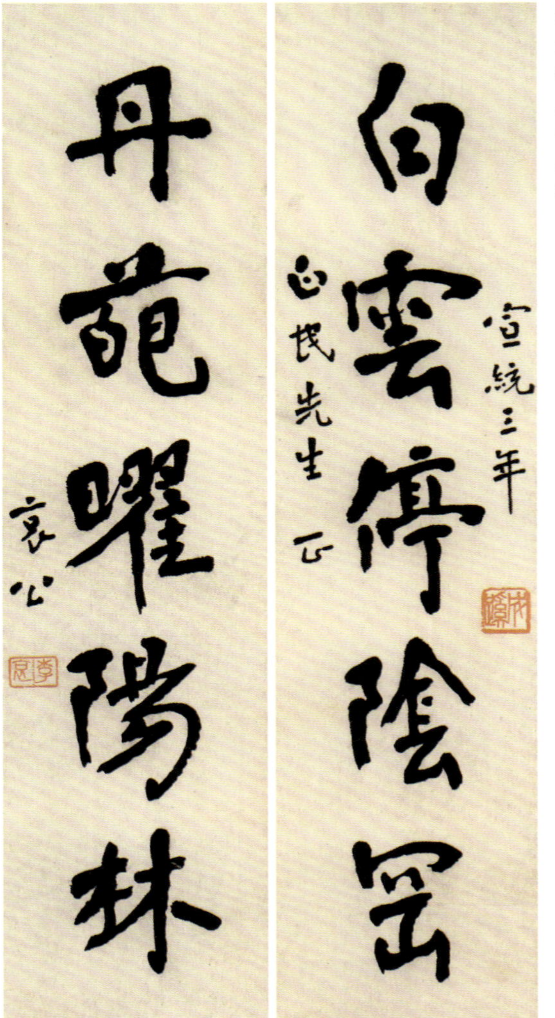

604 弘一 行书五言

对联 纸本

钤印：李哀、成蹊

尺寸：67.5×17 cm

估价：RMB100,000–150,000

成交价：RMB929,600

2009–12–23 上海朵云轩

0084 弘一 佛像

镜心 水墨纸本

钤印：月、佛形印

尺寸：84×32cm

估价：RMB300,000–400,000

成交价：RMB750,400

2009–8–29 山东天承

0849 弘一 出世入世箴言行书

手卷 水墨纸本

钤印：弘一、有朱批(16次)

尺寸：27×604cm

估价：RMB1,800,000–2,800,000

成交价：RMB5,824,000

2009–11–22 北京保利

0668 弘一 楷书偈语联

镜心 纸本

钤印：大心凡夫

尺寸：52×15.5cm

估价：RMB200,000–300,000

成交价：RMB952,000

2009–12–15 北京匡时

0407 弘一 楷书华严经集句五言联

立轴 水墨纸本

钤印：肖形佛、大心凡夫

尺寸：52×13.5cm×2

估价：RMB100,000–180,000

成交价：RMB1,142,400

2009–11–20 北京华辰

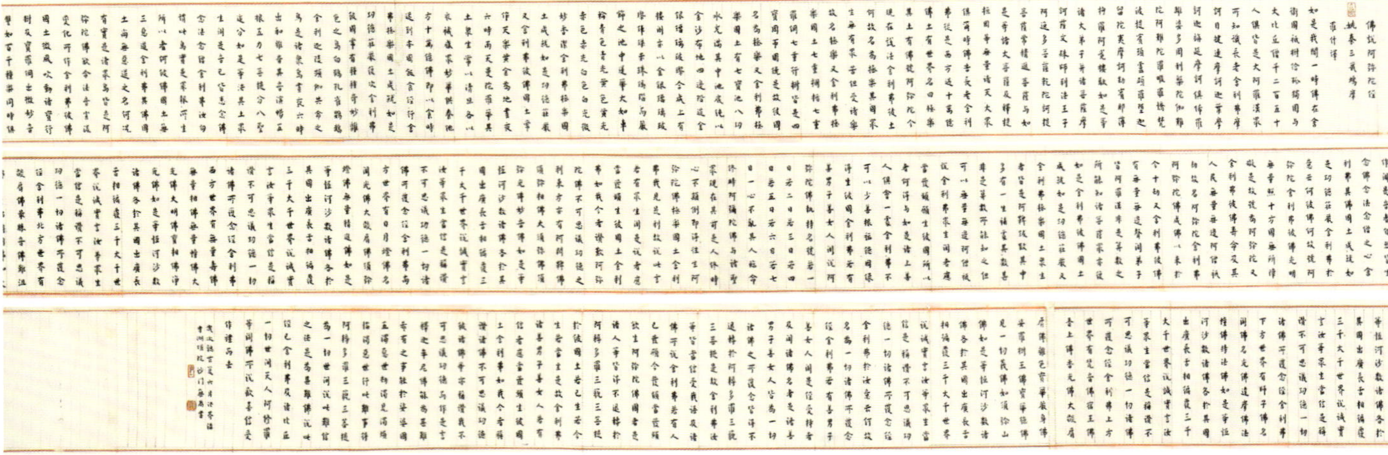

0669 弘一 行书心经册（三十五开）

册页 纸本

钤印：弘一、广心

尺寸：30×11cm×35

估价：RMB1,000,000-1,200,000

成交价：RMB4,480,000

2009-12-15 北京匡时

0196 张善孖 张大千 伏虎美人

立轴 设色纸本

钤印：虎痴张泽、大千豪发

尺寸：119×58cm

估价：RMB250,000-280,000

成交价：RMB649,600

2009-12-12 上海泓盛

0122 张善孖 金络难羁

立轴 设色纸本

钤印：张泽私印、善孖长寿、大风堂

尺寸：137×61.5cm

估价：RMB350,000-400,000

成交价：RMB448,000

2009-5-31 北京永乐

383 冯超然 夏山图

立轴 设色纸本

钤印：涤舸、超然画记、冯超然、慎得

尺寸：147×79.5 cm

估价：RMB50,000-80,000

成交价：RMB190,400

2009-12-23 上海朵云轩

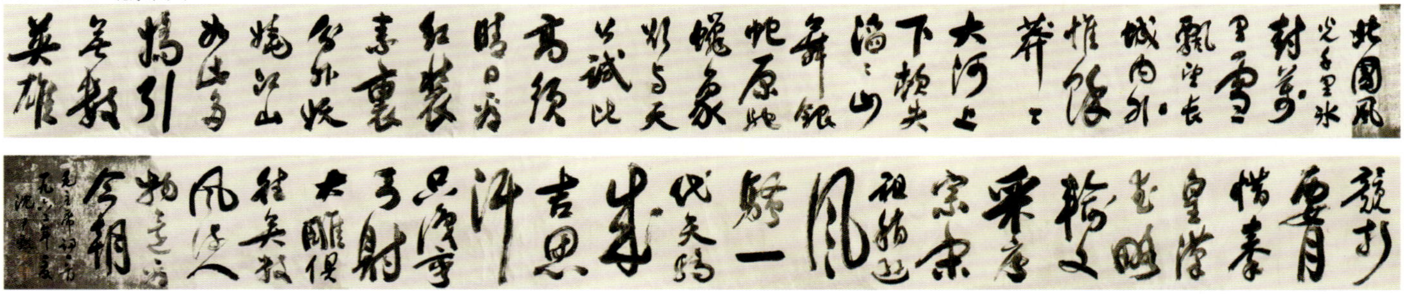

0131 沈尹默 行草书毛泽东词《沁园春·雪》

立轴 纸本

钤印：吴兴溪中钓碣、竹溪沈尹默之印

尺寸：56×1128cm

估价：RMB120,000-180,000

成交价：RMB336,000

2009-12-16 北京长风

0116 陈树人 梨花斑鸠图

设色纸本 立轴

钤印：葭外楼、树人

尺寸：97×48cm

估价：RMB80,000-100,000

成交价：RMB224,000

2009-12-18 杭州西泠

1377 高奇峰 花卉草虫

镜心 设色纸本

钤印：高、奇公、奇翁（三次）、奇翁画印、高麟

尺寸：41×52×4cm

估价：RMB500,000-700,000

成交价：RMB649,600

2009-12-6 广州嘉德

0704 刘奎龄 仿沈南苹笔意

立轴 设色绢本

钤印：刘奎龄印、耀辰书画、瞑琴绿阴、庐江

尺寸：151×80cm

估价：RMB350,000-500,000

成交价：RMB896,000

2009-12-19 北京荣宝

0325 刘奎龄 花鸟

四屏 设色绢本

钤印：耀辰、种墨草庐

尺寸：100×32cm×4

估价：RMB800,000-1,200,000

成交价：RMB1,288,000

2009-8-29 山东天承

0489 于非闇 萧翼赚兰亭图

卷 设色纸本

钤印：戊寅五十、于照私印、非厂五十以后作、大观、于照之印、非厂、玉山砚斋

尺寸：30.5×252cm

估价：RMB1,500,000-1,800,000

成交价：RMB2,128,000

2009-11-9 北京翰海

0057 于非闇 四时双喜图

立轴 设色纸本

钤印：于照印信长寿、非厂之鉨

尺寸：116×46cm

估价：RMB400,000-600,000

成交价：RMB537,600

2009-5-10 北京荣宝

1441 于非闇 牡丹双禽

立轴 设色纸本

钤印：于照之印、非闇、富贵野逸

尺寸：95×46cm

估价：RMB200,000-300,000

成交价：RMB873,600

2009-11-23 北京保利

0488 于非闇 工笔草虫

卷 设色绢本

钤印：非厂

尺寸：272×20cm

估价：RMB1,000,000–1,500,000

成交价：RMB1,456,000

2009–11–9 北京翰海

0119 于非闇 花鸟

四屏 设色纸本

钤印：于照私印；照；于照私印、非闇；于照之印

尺寸：118.5×46cm×4

估价：RMB900,000–1,000,000

成交价：RMB4,368,000

2009–11–9 北京翰海

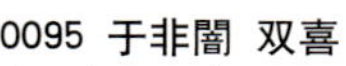

0095 于非闇 双喜

镜心 设色纸本

钤印：于照

尺寸：114.5×40cm

估价：RMB600,000–600,000

成交价：RMB682,000

2009–11–14 天津文物

0159 于非闇 延年益寿

立轴 设色纸本

钤印：于照之印、非厂

尺寸：126×49.5cm

估价：RMB200,000–200,000

成交价：RMB715,000

2009–11–14 天津文物

0420 于非闇 御猫图

立轴 设色纸本

钤印：半文、长相忆、于照之印、非厂居士

尺寸：124.5×52cm

估价：RMB800,000–1,200,000

成交价：RMB1,926,400

2009–8–29 山东天承

0050 于非闇　云祥鹤舞

镜心 设色纸本

钤印：于照之印、非闇

尺寸：142×74cm

估价：RMB800,000-1,200,000

成交价：RMB1,120,000

2009-12-26 山东天承

0379 于非闇 牡丹双鸽

镜心 设色纸本

钤印：非闇、再生、非闇五十以后作

尺寸：127.5×65cm

估价：RMB400,000-600,000

成交价：RMB784,000

2009-10-17 中贸圣佳

1045 于非闇　水仙蝴蝶

镜心 设色纸本

钤印：大雅、于照之印、非闇、我思古人

尺寸：126×32cm

估价：RMB350,000-450,000

成交价：RMB481,600

2009-12-6 广州嘉德

647 贺天健 春城草木深
立轴 设色纸本
钤印：贺天健玺、曾读万卷书行万里路
尺寸：111.5×47 cm
估价：RMB80,000–120,000
成交价：RMB358,400
2009–12–23 上海朵云轩

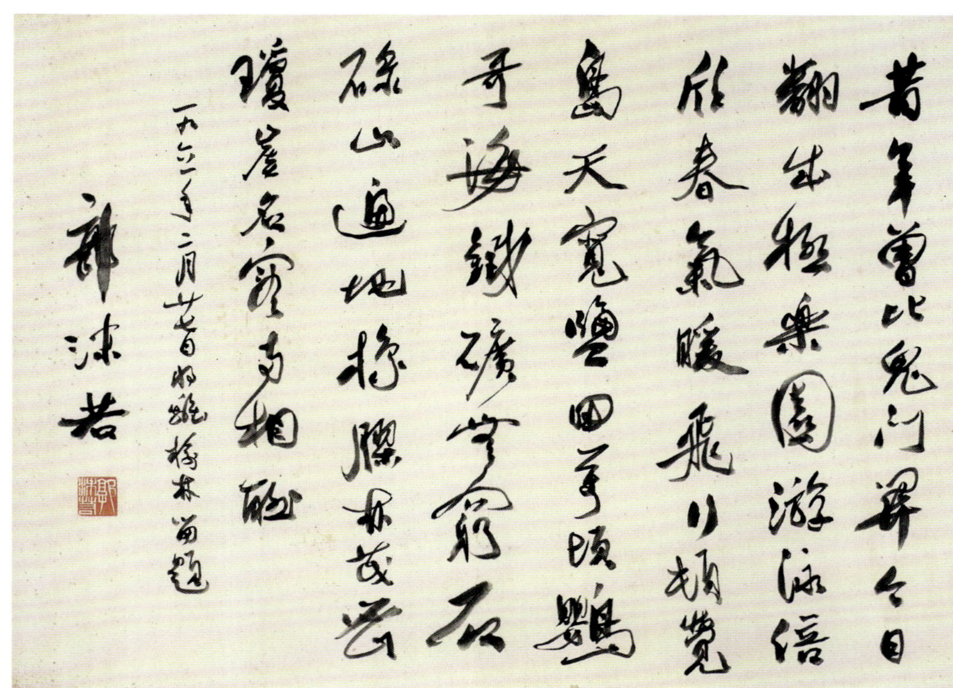

0112 郭沫若 行书自作诗
纸本 画心
钤印：郭沫若
尺寸：78×109cm
估价：RMB280,000–400,000
成交价：RMB862,400
2009–12–18 杭州西泠

0135 郭沫若 大寨行 重访晋祠
镜心 水墨纸本
钤印：郭沫若
尺寸：81×147cm
估价：RMB550,000–650,000
成交价：RMB1,736,000
2009–11–9 北京翰海

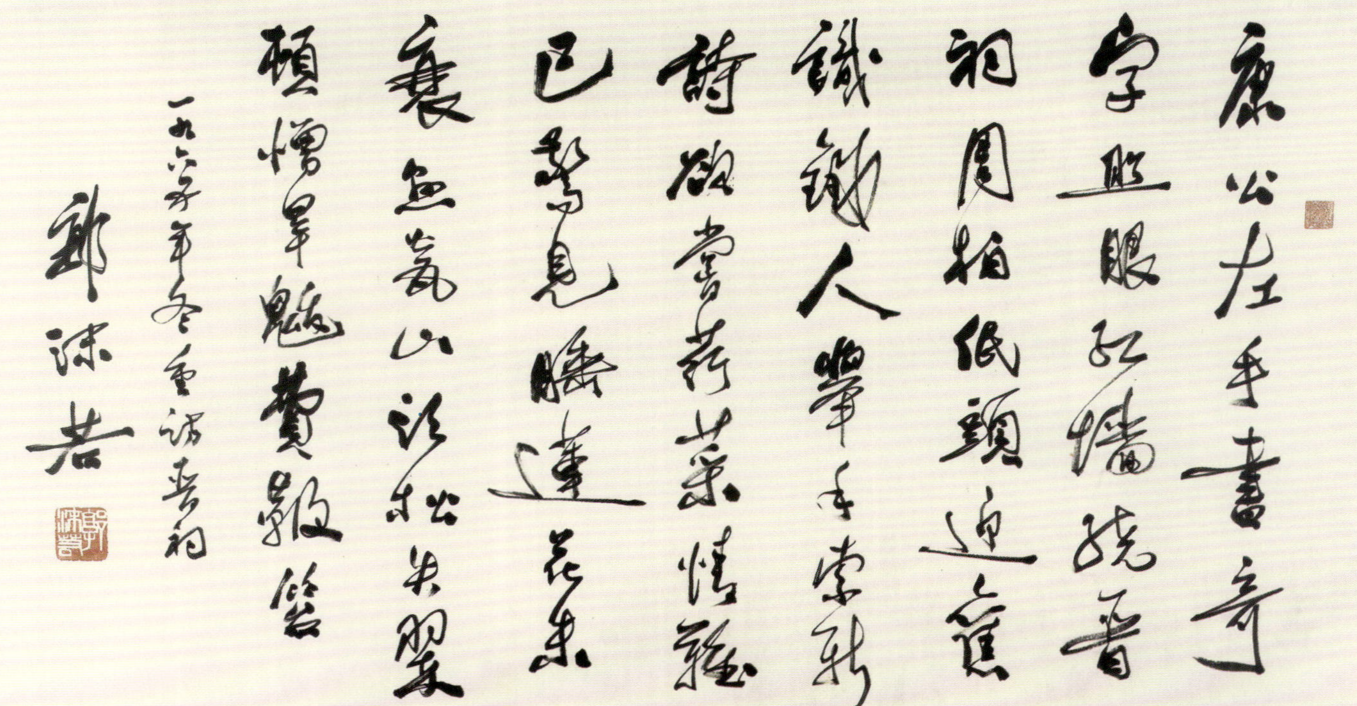

0415 郭沫若 书法
立轴 纸本
钤印：郭沫若
尺寸：143×73cm
估价：RMB350,000-550,000
成交价：RMB907,200
2009-8-29 山东天承

0257 吴琴木 春山帆影图
设色纸本 立轴
钤印：延陵、吴琴木、吴江吴氏琴木书画印、冷枫草堂
尺寸：138×68cm
估价：RMB80,000-130,000
成交价：RMB190,400
2009-12-19 杭州西泠

0127 高剑僧 月下双狐图
设色纸本 立轴
钤印：剑僧、笔补造化
尺寸：138.5×80cm
估价：RMB300,000-500,000
成交价：RMB1,030,400
2009-12-18 杭州西泠

0491吴湖帆、赵叔孺、冯超然、潘静淑、王季迁、郑元素、刘龢璧、徐玥 顾园并蒂莲图(九段)
卷 设色纸本
钤印：倩盦画印、闹红一舸、赵氏叔孺、大雅、慎得居士、记年时曾与鸳鸯侣、吴湖帆、丑簃词境、待五百年后人论定、梅景书屋、吴潘静淑、王选青、补拙山房、元素、朱刘和璧、花露浸诗、徐玥之印、徐玥画莲
尺寸：尺寸不一
估价：RMB2,800,000-3,500,000
成交价：RMB3,248,000
2009-11-9 北京翰海

0389 吴湖帆 洛神
立轴 水墨纸本
钤印：倩盦、梅景书屋、吴湖颿
尺寸：56×30cm
估价：HKD350,000-450,000
成交价：HKD437,500
2009-4-6 香港苏富比

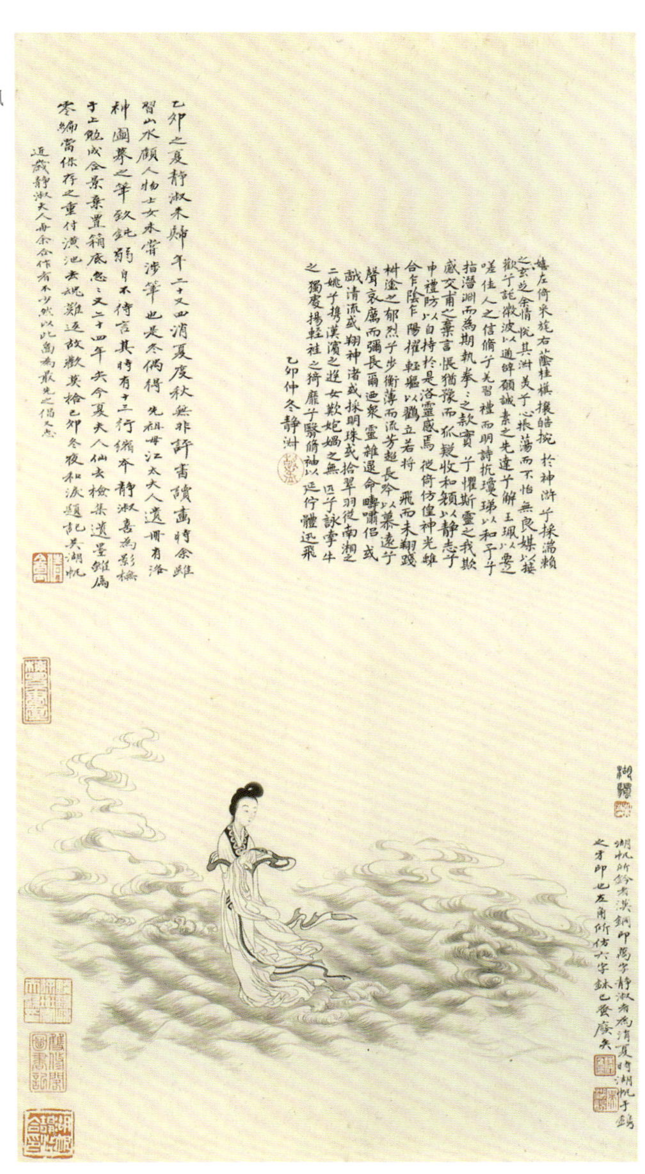

0798 吴湖帆 仿郭熙幽谷图
立轴 设色纸本
钤印：吴湖颿、湖颿临本、万里江山供燕丌、吴湖颿书画、某景书屋
尺寸：145×52.5cm
估价：RMB800,000-1,200,000
成交价：RMB1,400,000
2009-6-20 杭州西泠

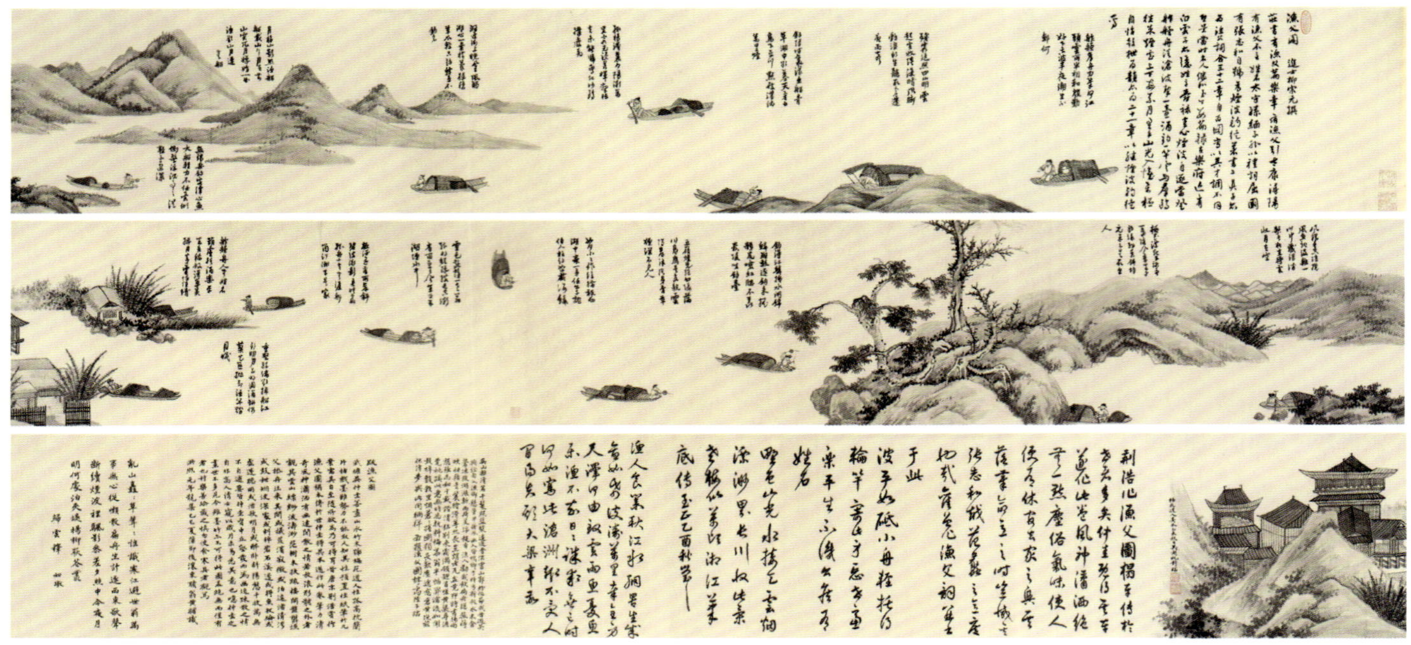

0075 吴湖帆 临吴镇《渔父圈》卷

手卷 纸本

钤印：吴胡帆印、吴倩画印、梅影书屋、吴带当风、湖山如画、好林泉都付与闲人

尺寸：33 × 491cm

估价：RMB2,600,000–3,000,000

成交价：RMB3,920,000

2009–6–25 北京匡时

0102 吴湖帆 《赠陆抑非书画》一堂

立轴 纸本

钤印：1.某景书屋、倩盦、某景书屋主人、代五百年后人论定、倩盦；2.吴湖飘、丑簃

尺寸：83.5 × 34cm；148.5 × 26cm × 2

估价：RMB300,000–400,000

成交价：RMB1,008,000

2009–12–16 北京长风

0426 吴湖帆 天平山一线天

立轴 设色纸本

钤印：倩庵画记、好林泉都付与闲人

尺寸：104 × 51cm

估价：RMB1,500,000–2,000,000

成交价：RMB2,800,000

2009–12–23 上海道明

0090 潘静淑、吴湖帆　临张子政、王若水双鸳图卷（两帧）

手卷 纸本

钤印：1.吴湖颿、吴潘静淑、吴湖颿潘静淑合作印、吴湖颿、梅景书屋；2.吴湖颿潘静淑合作印、吴湖颿、静淑、梅景书屋

尺寸：25.5×72cm×2

估价：RMB600,000-800,000

成交价：RMB2,352,000

2009-12-16 北京长风

0323 吴湖帆 青绿山水

镜心 设色纸本

钤印：江南吴氏世家

尺寸：171×91cm

估价：RMB800,000-1,200,000

成交价：RMB1,097,600

2009-8-29 山东天承

567 吴湖帆 夏木垂阴

立轴 水墨纸本

钤印：吴湖帆、丑簃、湖山如画、梅景书屋

尺寸：151.5×81 cm

估价：RMB400,000-600,000

成交价：RMB1,344,000

2009-12-23 上海朵云轩

0122 郑午昌　晴岚暖翠图
立轴 纸本
钤印：午昌、郑昶之印、鹿胎僊馆画记
尺寸：91×48cm
估价：RMB300,000-500,000
成交价：RMB784,000
2009-12-16 北京长风

0418 叶圣陶 篆书七言联
立轴 水墨纸本
钤印：圣陶
尺寸：92×17cm×2
估价：RMB18,000-38,000
成交价：RMB291,200
2009-11-20 北京华辰

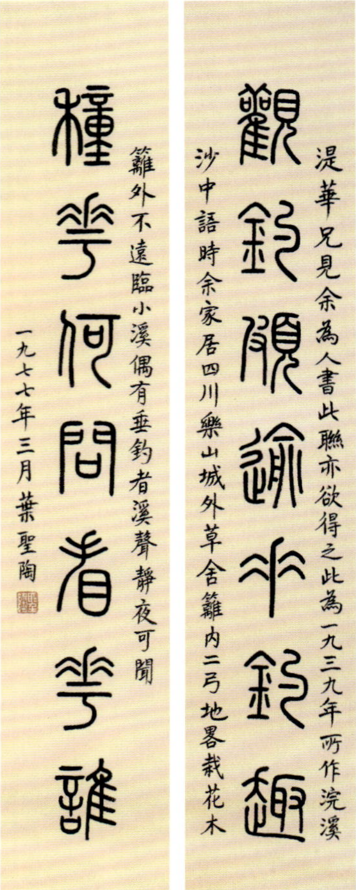

0411 郑午昌 沧海观日
立轴 设色纸本
钤印：午昌、郑昶长寿、两裦五湖烟雨
尺寸：66×106cm
估价：RMB30,000-50,000
成交价：RMB1,108,800
2009-12-23 上海道明

0347 徐悲鸿　范曾　六朝诗意图

镜心 水墨纸本

钤印：徐悲鸿；十翼范曾、抱冲斋主、范曾雅趣、追陪先贤、高山仰止

忆悲鸿、恐修名之不立、唯昭质其未亏

尺寸：92×176cm

估价：RMB8,000,000-10,000,000

成交价：RMB9,856,000

2009-11-15 北京荣宝

0995 徐悲鸿 康南海六十行乐图

镜框 纸本重彩

钤印：悲鸿

尺寸：86×120cm

估价：RMB6,800,000-7,800,000

成交价：RMB9,072,000

2009-11-22 北京保利

0992 徐悲鸿 醒狮图

立轴 设色纸本

钤印：东海王孙、悲鸿、荒缪继伦

尺寸：112.5×108.5cm

估价：RMB5,600,000－6,800,000

成交价：RMB12,880,000

2009－11－22 北京保利

0445 徐悲鸿 醒狮

镜心 纸本

钤印：徐

尺寸：25×31cm

估价：RMB500,000－600,000

成交价：RMB1,814,400

2009－6－25 北京匡时

0718 徐悲鸿 醒狮

立轴 设色纸本

钤印：徐、悲鸿

尺寸：118×62cm

估价：HKD1,800,000–2,200,000

成交价：HKD3,260,000

2009–5–25 香港佳士得

0196 徐悲鸿 奔马

立轴 水墨纸本

钤印：徐悲鸿

尺寸：95×68cm

估价：RMB1,800,000–2,600,000

成交价：RMB2,217,600

2009–5–28 北京保利

1461 徐悲鸿 奔马图

立轴 设色纸本

钤印：徐

尺寸：82×44cm

估价：RMB2,600,000–3,200,000

成交价：RMB2,912,000

2009–11–23 北京保利

0994 徐悲鸿 奔马

镜心 水墨纸本

钤印：东海王孙

尺寸：104×54cm

估价：RMB2,600,000–3,600,000

成交价：RMB7,840,000

2009–11–22 北京保利

0886 徐悲鸿 天马图

立轴 水墨纸本

钤印：东海王孙

尺寸：129×65cm

估价：RMB2,500,000–2,800,000

成交价：RMB6,832,000

2009–11–22 北京保利

0118 徐悲鸿 迥立苍苍
立轴 设色纸本
钤印：东海王孙、鸿爪
尺寸：93.5×59cm
估价：RMB900,000-1,600,000
成交价：RMB1,344,000
2009-10-17 中贸圣佳

0835 徐悲鸿 饮马图
镜心 设色纸本
钤印：东海王孙、徐
尺寸：80×67cm
估价：RMB3,000,000-4,000,000
成交价：RMB4,816,000
2009-11-22 北京保利

0569 徐悲鸿 立马图
立轴 设色纸本
钤印：东海王孙
尺寸：90×59.5cm
估价：RMB800,000-1,200,000
成交价：RMB896,000
2009-11-9 北京翰海

0094 徐悲鸿 春郊立马

镜心 纸本

钤印：悲鸿

尺寸：111×62.5cm

估价：RMB1,500,000-1,800,000

成交价：RMB3,248,000

2009-6-25 北京匡时

0568 徐悲鸿 春柳三骏图

立轴 设色纸本

钤印：徐

尺寸：148.5×55cm

估价：RMB3,800,000-4,500,000

成交价：RMB5,376,000

2009-11-9 北京翰海

0443 徐悲鸿 双骏图
镜心 纸本
钤印：徐
尺寸：77×41cm
估价：RMB800,000-1,000,000
成交价：RMB896,000
2009-6-25 北京匡时

0672 徐悲鸿 立马
立轴 设色纸本
钤印：悲鸿之画
尺寸：107×67cm
估价：RMB800,000-1,200,000
成交价：RMB840,000
2009-11-9 北京翰海

0490 徐悲鸿 万里可横行
镜心 水墨纸本
钤印：悲鸿之印
尺寸：65.5×96cm
估价：RMB850,000-1,200,000
成交价：RMB2,464,000
2009-5-30 北京华辰

0347 徐悲鸿 双骏图

立轴 纸本

钤印：江南布衣

尺寸：100×61cm

估价：RMB2,500,000-3,500,000

成交价：RMB6,832,000

2009-12-14 北京匡时

0675 徐悲鸿 天马行空

立轴 水墨纸本

钤印：悲鸿之画

尺寸：107.5×61.5cm

估价：HKD800,000-1,000,000

成交价：HKD5,300,000

2009-11-29 香港佳士得

0571 徐悲鸿 双马
镜心 水墨纸本
钤印：徐悲鸿、一尘不染
尺寸：61.5×97.5cm
估价：RMB1,600,000-2,200,000
成交价：RMB3,427,200
2009-11-20 北京华辰

0346 徐悲鸿 双马图
立轴 水墨纸本
钤印：江南布衣
尺寸：100×84cm
估价：RMB1,000,000-1,500,000
成交价：RMB1,288,000
2009-11-15 北京荣宝

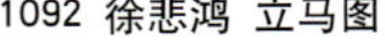

1092 徐悲鸿 立马图
镜心 水墨纸本
钤印：悲鸿、江南布衣
尺寸：101×63.5cm
估价：RMB800,000-1,200,000
成交价：RMB1,097,600
2009-12-19 北京荣宝

0251 徐悲鸿 奔马图
立轴 纸本
钤印：悲鸿作画
尺寸：91×66.5cm
估价：RMB2,600,000–3,600,000
成交价：RMB3,920,000
2009–11–21 北京歌德

0427 徐悲鸿 春郊神骏图
镜心 纸本
钤印：徐、东海王孙
尺寸：75.5×50cm
估价：HKD600,000–800,000
成交价：HKD943,000
2009–11–30 香港长风

1056 徐悲鸿 奔马
镜心 水墨纸本
钤印：东海王孙
尺寸：53×67cm
估价：RMB1,200,000–1,500,000
成交价：RMB1,344,000
2009–12–6 广州嘉德

0782 徐悲鸿 骏马
镜心 设色纸本
钤印：东海王孙
尺寸：113.3×66cm
估价：HKD800,000–1,000,000
成交价：HKD1,940,000
2009-5-25 香港佳士得

0026 徐悲鸿 奔马
镜心 设色纸本
钤印：悲鸿之画
尺寸：78×54cm
估价：RMB600,000–800,000
成交价：RMB1,736,000
2009-12-26 山东天承

0012 徐悲鸿 奔马
立轴 水墨纸本
钤印：悲鸿、徐
尺寸：64×47cm
估价：RMB600,000–800,000
成交价：RMB1,355,200
2009-8-29 山东天承

0317 徐悲鸿 牧牛图
立轴 设色纸本
钤印：悲鸿、聊以自娱、困而知之
尺寸：85×52cm
估价：RMB800,000–1,200,000
成交价：RMB1,736,000
2009-5-8 北京翰海

1301 徐悲鸿 春之歌
立轴 设色纸本
钤印：悲
尺寸：112×108cm
估价：RMB5,800,000–6,800,000
成交价：RMB10,136,000
2009-5-29 北京保利

0123 徐悲鸿 耕牛图
立轴 设色纸本
钤印：悲、徐氏悲鸿
尺寸：51.8×95cm
估价：RMB1,800,000–2,200,000
成交价：RMB2,016,000
2009-5-31 北京永乐

0346 徐悲鸿 耄耋图

镜心 纸本

钤印：东海王孙

尺寸：58×41.5cm

估价：RMB450,000-550,000

成交价：RMB1,254,400

2009-12-14 北京匡时

0446 徐悲鸿 猫

立轴 纸本

钤印：东海王孙、荒谬绝伦、独与天地精神往来

尺寸：84×46cm

估价：RMB1,200,000-1,500,000

成交价：RMB3,360,000

2009-6-25 北京匡时

0130 徐悲鸿 捕鼠

设色纸本 镜片

钤印：江南徐生、大块假我以文章

尺寸：46×80.5cm

估价：RMB1,800,000-2,500,000

成交价：RMB4,144,000

2009-12-18 杭州西泠

0784 徐悲鸿 双吉图
立轴 设色纸本
钤印：鸿爪
尺寸：105.1×44.2cm
估价：HKD1,200,000–1,600,000
成交价：HKD1,820,000
2009-5-25 香港佳士得

0111 徐悲鸿 雄鸡
立轴 设色纸本
钤印：悲鸿、为人性癖
尺寸：81×47.5cm
估价：RMB300,000–400,000
成交价：RMB952,000
2009-12-13 北京永乐

0094 徐悲鸿 雄鸡向日
镜框 设色纸本
钤印：悲鸿
尺寸：131×50cm
估价：HKD2,000,000–3,000,000
成交价：HKD4,220,000
2009-10-5 香港苏富比

0117 徐悲鸿 喜上加喜
立轴 设色纸本
钤印：悲鸿
尺寸：105×38.5cm
估价：RMB500,000-800,000
成交价：RMB1,400,000
2009-10-17 中贸圣佳

0210 徐悲鸿 红梅双喜迎春
立轴 设色纸本
钤印：徐悲鸿
尺寸：95×36cm
估价：RMB600,000-800,000
成交价：RMB896,000
2009-12-27 山东天承

0109 徐悲鸿 柳鹊图
立轴 纸本
钤印：悲鸿
尺寸：107.5×35cm
估价：RMB1,000,000-1,500,000
成交价：RMB2,464,000
2009-12-14 北京匡时

614 徐悲鸿 松鹤延年

立轴 设色纸本

钤印：悲鸿、应民庸议

尺寸：123×61 cm

估价：RMB550,000-650,000

成交价：RMB2,128,000

2009-12-23 上海朵云轩

0227 徐悲鸿 春柳双雀

设色纸本 立轴

钤印：徐悲鸿、水精域

尺寸：65.5×107.5 cm

估价：RMB500,000-800,000

成交价：RMB896,000

2009-7-19 上海朵云轩

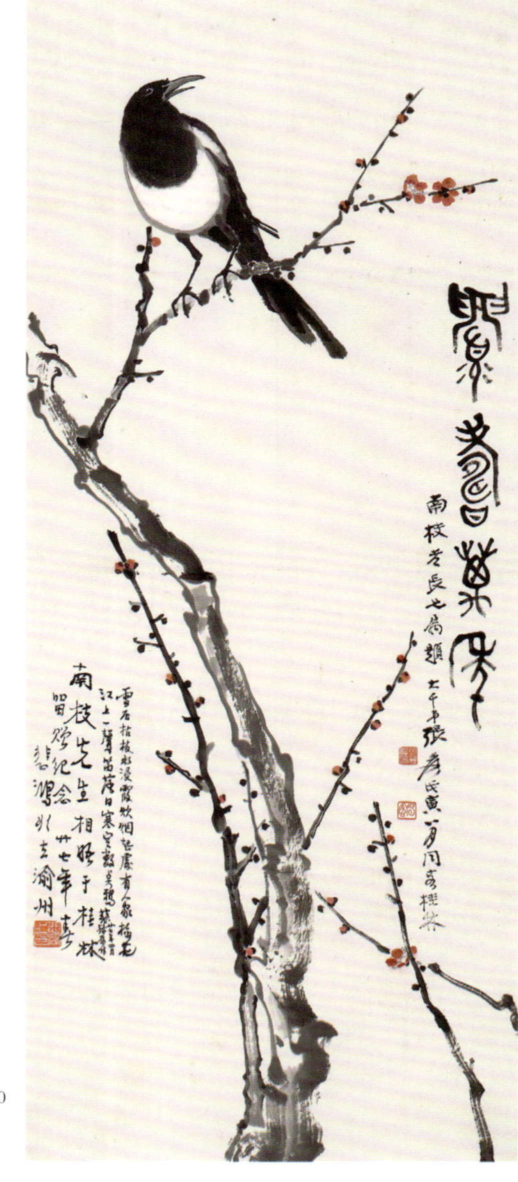

0085 徐悲鸿 鹊寿万年

立轴 设色纸本

钤印：悲鸿之印

尺寸：90×37cm

估价：RMB400,000-600,000

成交价：RMB1,008,000

2009-8-29 山东天承

1417 徐悲鸿 双松苍翠图
设色纸本 立轴
钤印：悲鸿、真宰上诉
尺寸：136×68cm
估价：RMB1,200,000-1,500,000
成交价：RMB1,568,000
2009-12-19 杭州西泠

0341 陈之佛 梅花吐幽
立轴 纸本
钤印：雪翁、陈之佛、花开见佛、养真庐
尺寸：130.5×61cm
估价：RMB280,000-350,000
成交价：RMB313,600
2009-12-14 北京匡时

0064 徐悲鸿 嵩岳遐龄
立轴 设色纸本
钤印：徐、悲鸿、大块假我以文章
尺寸：87×135.5cm
估价：RMB1,000,000-1,500,000
成交价：RMB1,568,000
2009-5-10 北京荣宝

1321 陈之佛 茶梅寒雀图

设色纸本 立轴

钤印：雪翁

尺寸：76×26cm

估价：RMB80,000–120,000

成交价：RMB268,800

2009–12–19 杭州西泠

1084 陈之佛 雪里鸳鸯

立轴 设色纸本

钤印：雪翁、陈立佛、雪翁写生、养真庐

尺寸：114×42cm

估价：RMB380,000–450,000

成交价：RMB425,600

2009–12–6 广州嘉德

0108 陶冷月 梅香幽坐

镜心 设色纸本

钤印：陶镛大利、冷月、心迹双清

尺寸：33×86.2cm

估价：RMB280,000–300,000

成交价：RMB358,400

2009–5–31 北京永乐

0193 溥儒 朱砂观音

立轴 纸本

钤印：旧王孙、溥儒

尺寸：113×49cm

估价：RMB250,000-280,000

成交价：RMB918,400

2009-12-14 北京匡时

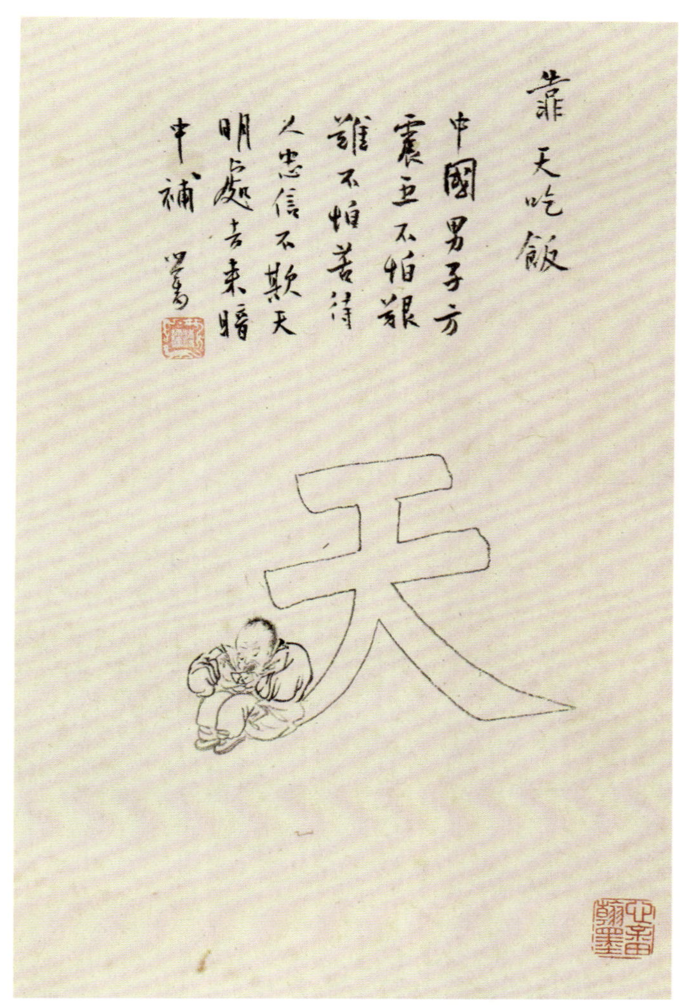

0195 溥儒 靠天吃饭

镜心 纸本

钤印：溥儒、心畬翰墨

尺寸：42×27cm

估价：RMB250,000-300,000

成交价：RMB1,904,000

2009-12-14 北京匡时

0091 溥儒 鍾馗御车图

镜心 纸本

钤印：溥儒、明夷

尺寸：121.5×57cm

估价：RMB180,000-250,000

成交价：RMB627,200

2009-6-25 北京匡时

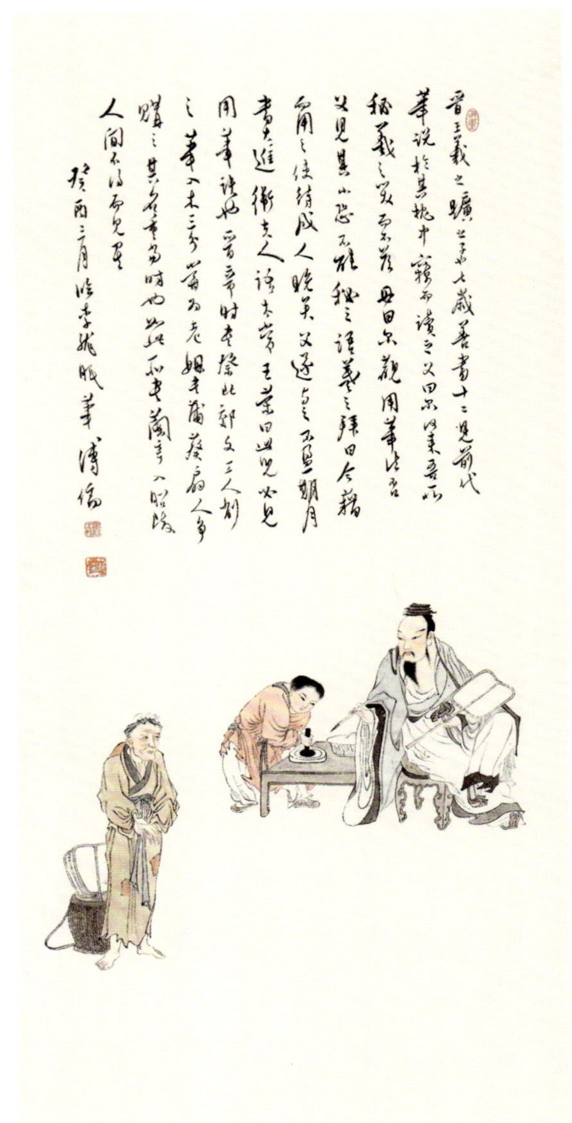

0189 溥儒 汉苑图
立轴 纸本
钤印：旧王孙、心畬、省心斋
尺寸：135×66cm
估价：RMB550,000-600,000
成交价：RMB2,912,000
2009-12-14 北京匡时

0192 溥儒 换鹅图
镜心 纸本
钤印：旧王孙、溥儒、明夷
尺寸：104×50cm
估价：RMB300,000-350,000
成交价：RMB1,052,800
2009-12-14 北京匡时

565 钱瘦铁 黄山松云
设色纸本 镜片
钤印：钱厓之印、瘦铁
尺寸：74×183 cm
估价：RMB25,000-35,000
成交价：RMB336,000
2009-12-23 上海朵云轩

0111 **潘天寿 晴晨图**
立轴 纸本
钤印：潘天寿印、阿寿、阿寿
尺寸：69×44.5cm
估价：RMB1,000,000-1,200,000
成交价：RMB1,456,000
2009-12-14 北京匡时

1447 **潘天寿 凝望图**
设色纸本 立轴
钤印：潘天寿印
尺寸：92.5×34cm
估价：RMB800,000-1,000,000
成交价：RMB3,024,000
2009-12-19 杭州西泠

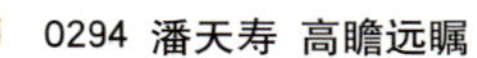

0294 **潘天寿 高瞻远瞩**
镜心 纸本
钤印：潘天寿印
尺寸：70×45.5cm
估价：RMB1,800,000-2,200,000
成交价：RMB2,016,000
2009-11-21 北京歌德

0306 潘天寿 细雨鱼儿出

立轴 纸本

钤印：潘天寿、寿

尺寸：76.5×41cm

估价：RMB1,200,000–1,500,000

成交价：RMB4,032,000

2009–12–14 北京匡时

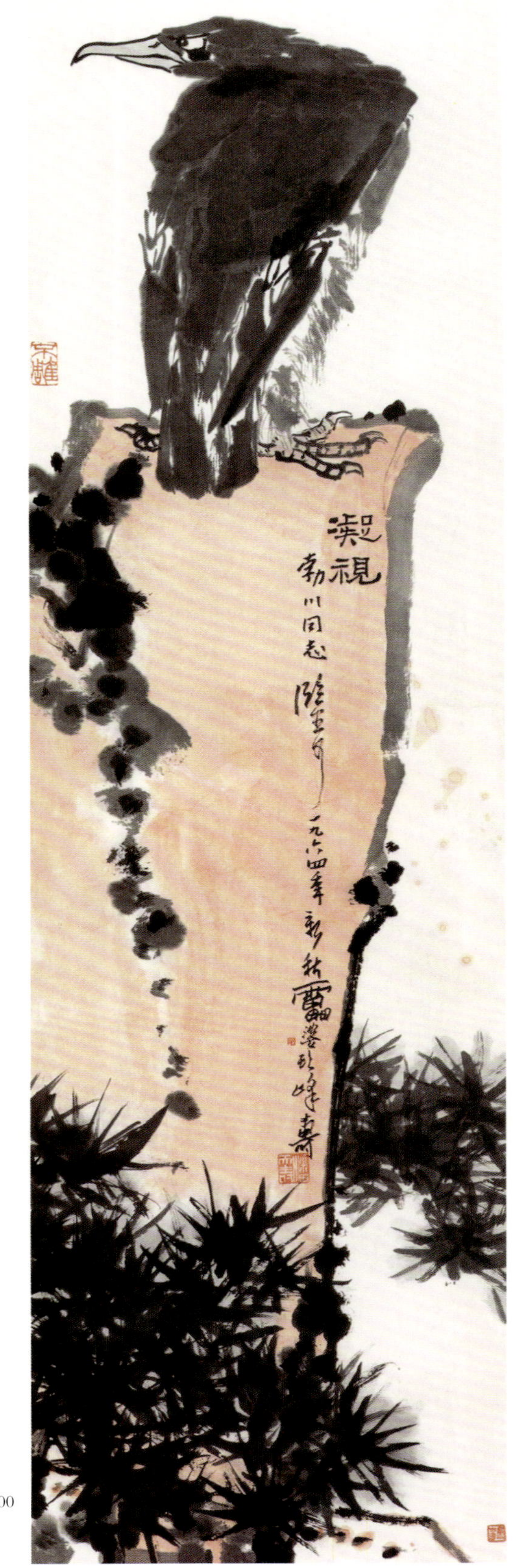

0891 潘天寿 凝视

立轴 设色纸本

钤印：潘天寿、阿寿、不雕

尺寸：147×40cm

估价：RMB2,500,000–3,000,000

成交价：RMB3,808,000

2009–11–22 北京保利

0403 潘天寿 竹石鸣蛙图

水墨纸本 立轴

钤印：潘天寿印、强其骨

尺寸：99×61cm

估价：RMB800,000–1,300,000

成交价：RMB3,360,000

2009–12–18 杭州西泠

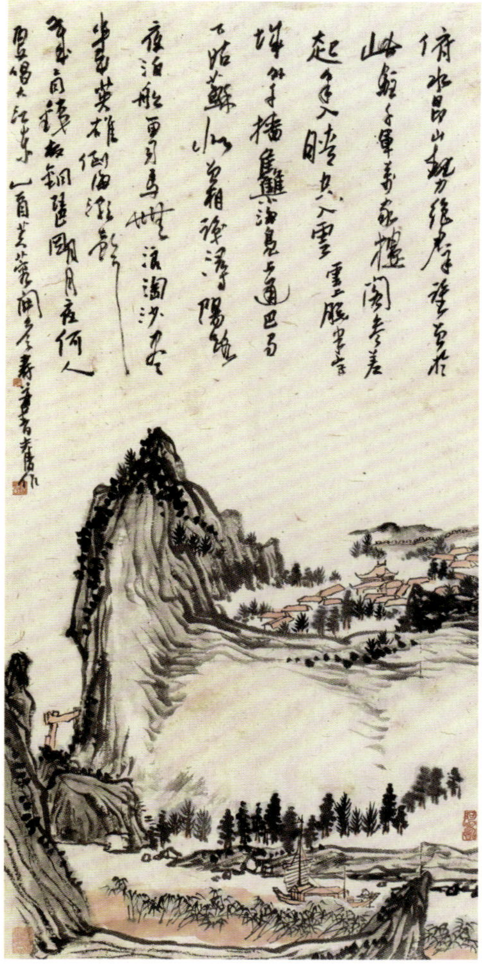

0305 潘天寿 浔阳江景

立轴 纸本

钤印：阿寿、天寿、阿寿

尺寸：83×40.5cm

估价：RMB1,200,000–1,500,000

成交价：RMB3,192,000

2009–12–14 北京匡时

0304 潘天寿 雨后所见

立轴 纸本

钤印：潘天寿印、不雕

尺寸：58.5×45cm

估价：RMB400,000–600,000

成交价：RMB1,120,000

2009–12–14 北京匡时

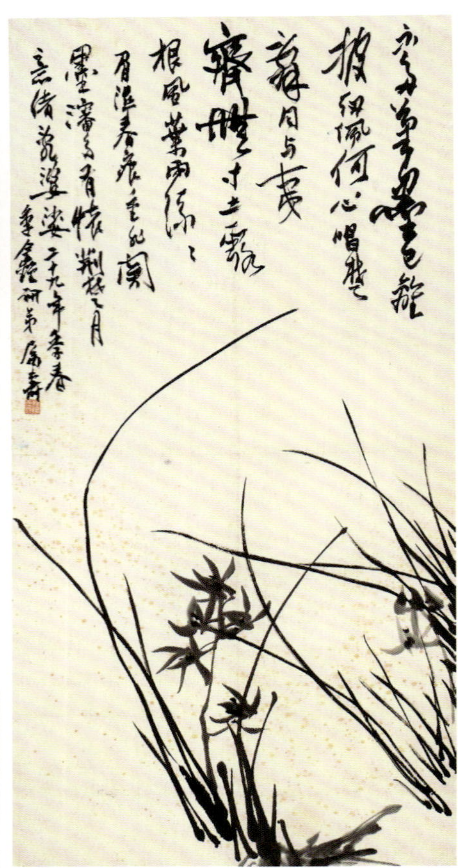

0086 潘天寿 楚兰图

镜心 水墨纸本

钤印：潘天寿

尺寸：101×51.5cm

估价：RMB380,000–500,000

成交价：RMB1,008,000

2009–6–19 杭州西泠

0144 潘天寿 松寿

镜心 设色纸本

钤印：阿寿、潘天寿、阿寿、止止楼

尺寸：134.9×60.1cm

估价：RMB1,800,000–2,000,000

成交价：RMB1,960,000

2009–5–31 北京永乐

0307 潘天寿 竹石幽兰

立轴 纸本

钤印：阿寿、潘天寿印、强其骨

尺寸：135.5×34cm

估价：RMB300,000–400,000

成交价：RMB1,176,000

2009–12–14 北京匡时

0123 潘天寿 雨后
立轴 设色纸本
钤印：潘天寿
尺寸：75.5×41.5cm
估价：RMB650,000–750,000
成交价：RMB1,456,000
2009–11–9 北京翰海

0133 康生 郭沫若 为人民
立轴 水墨纸本
钤印：郭沫若
尺寸：99×44cm
估价：RMB120,000–150,000
成交价：RMB896,000
2009–11–9 北京翰海

0639 林散之 草书毛主席词
镜心 纸本
钤印：林散之印、古为今用
尺寸：96.5×177cm
估价：RMB120,000–150,000
成交价：RMB784,000
2009–12–15 北京匡时

002 丰子恺 种瓜得瓜
设色纸本 镜片
钤印：石门、子恺漫画
尺寸：22×54.5 cm
估价：RMB30,000–50,000
成交价：RMB190,400
2009-7-19 上海朵云轩

0391 丰子恺 人间八景
水墨纸本 镜框八件
钤印：丰子恺、子恺书画、石门丰氏、子恺书画
尺寸：26×15 cm
估价：RMB350,000–400,000
成交价：RMB425,600
2009-7-19 上海朵云轩

463 丰子恺 风俗即景（六开）
册页 设色纸本
钤印：丰子恺
尺寸：28×20.5 cm
估价：RMB120,000–200,000
成交价：RMB257,600
2009-12-23 上海朵云轩

123 颜伯龙 花鸟（四屏）

立轴 水墨纸本

钤印：1.伯龙书画、椿草堂生；2.伯龙书画、椿草堂生；3.伯龙书画、椿草堂生；4.伯龙书画、椿草堂生

尺寸：177×47cm×4

估价：RMB220,000-220,000

成交价：RMB1,792,000

2010-1-9 北京万隆

0456 徐操 大明殿会马图

立轴 设色纸本

尺寸：136.5×86cm

估价：RMB500,000-600,000

成交价：RMB560,000

2009-11-15 北京荣宝

0467 丰子恺 南无观世音菩萨

立轴 纸本

钤印：石门丰氏、子恺书画、缘缘堂主

尺寸：69×34cm

估价：RMB150,000-200,000

成交价：RMB291,200

2009-11-21 北京歌德

0324 徐操 大富贵亦寿考

立轴 设色纸本

钤印：燕孙、徐操

尺寸：133×78.5cm

估价：RMB600,000–800,000

成交价：RMB952,000

2009-8-29 山东天承

0137 李苦禅 高瞻远瞩

镜心 设色纸本

钤印：李英之印、苦禅、以学愈愚

尺寸：137.5×68cm

估价：RMB250,000–350,000

成交价：RMB627,200

2009-8-29 山东天承

0072 李苦禅 栖禽图

镜心 设色纸本

钤印：苦禅

尺寸：156×146cm

估价：RMB400,000–500,000

成交价：RMB1,041,600

2009-11-9 北京翰海

0213 张大千 文会图

镜心 纸本镜心

钤印：张爰、大千居士

尺寸：139×82.5cm

估价：RMB4,000,000-5,000,000

成交价：RMB13,664,000

2009-6-25 北京匡时

500 张大千 白描画稿

纸本 镜片

尺寸：尺寸不一

估价：RMB3,600,000-4,500,000

成交价：RMB9,296,000

2009-12-23 上海朵云轩

0015 张大千 高士图
设色纸本 立轴
钤印：季爰之印、蜀客、大千豪发
尺寸：106 × 46 cm
估价：RMB400,000－600,000
成交价：RMB1,008,000
2009－7－19 上海朵云轩

0362 张大千 松苓高士
立轴 设色纸本
钤印：蜀爰、张爰印
尺寸：133.5 × 68cm
估价：RMB1,100,000－1,300,000
成交价：RMB1,411,200
2009－7－5 上海道明

1424 张大千 梧桐高士图
设色纸本 立轴
钤印：蜀郡张爰、网师园客
尺寸：176 × 78cm
估价：RMB1,600,000－2,000,000
成交价：RMB2,688,000
2009－12－19 杭州西泠

0170 张大千 观音大士
横幅 纸本
钤印：张爰、大千
尺寸：92.5×48cm
估价：RMB1,200,000-1,500,000
成交价：RMB1,344,000
2009-12-14 北京匡时

0212 张大千 纨扇仕女
立轴 纸本立轴
钤印：张爰私印、春愁怎画、长共天难老
尺寸：122×51cm
估价：RMB500,000-600,000
成交价：RMB1,120,000
2009-6-25 北京匡时

0645 张大千 观音大士
立轴 设色纸本
钤印：张爰之印、大千居士
尺寸：165×67cm
估价：RMB2,000,000-3,000,000
成交价：RMB2,016,000
2009-11-9 北京翰海

0153 张大千 团扇仕女图
立轴 设色纸本
钤印：张爰之印信、大千居士、春长好
尺寸：120 × 54.5cm
估价：RMB600,000-800,000
成交价：RMB873,600
2009-8-29 山东天承

0412 张大千 赠吴湖帆仕女图
立轴 纸本
钤印：大千、张爰印
尺寸：99 × 43cm
起拍价：HKD580,000
成交价：HKD3,300,000
2009-5-26 香港长风

0214 张大千 蕉荫仕女
镜心 纸本镜心
钤印：张爰之印、大千、迟秋簃、摩登戒体
尺寸：111 × 56.5cm
估价：RMB1,000,000-1,200,000
成交价：RMB2,408,000
2009-6-25 北京匡时

0168 张大千 修竹仕女
立轴 纸本
钤印：张大千、蜀客、摩登戒体
尺寸：111×32cm
估价：RMB1,600,000-2,000,000
成交价：RMB3,472,000
2009-12-14 北京匡时

0317 张大千 凌云仙女图
设色纸本 立轴
钤印：张爰之印、大千
尺寸：120.4×40.7cm
估价：RMB1,000,000-1,500,000
成交价：RMB2,576,000
2009-12-19 杭州西泠

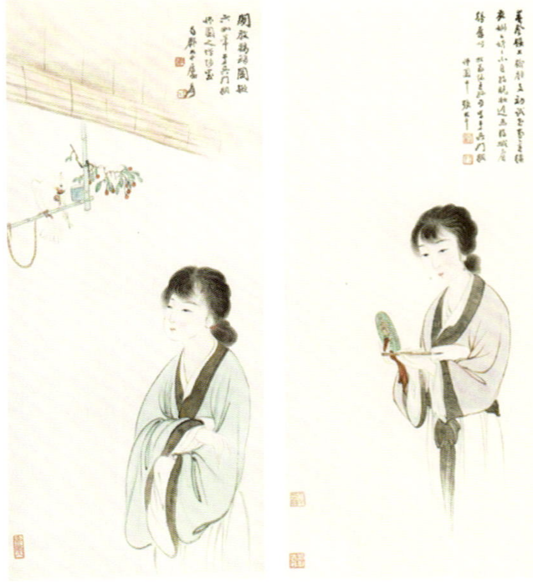

0194 张大千 仕女

四屏 设色纸本

钤印：大砚斋、大千居士、张季爰印、张季、大千、大千豪发、蜀郡张爰、三千大千、季爰之印、四川张八

尺寸：93×40cm×4

估价：RMB1,200,000-1,500,000

成交价：RMB2,688,000

2009-12-12 上海泓盛

0166 张大千 长生殿

立轴 纸本

鉴藏印：鸿嫔掌记（徐雯波）

尺寸：113×62cm

估价：RMB6,500,000-7,500,000

成交价：RMB11,200,000

2009-12-14 北京匡时

0224 张大千 仿宋人山寺图

镜心 绢本镜心

钤印：张爰印、大千

尺寸：135.5×74cm

估价：RMB7,500,000−9,000,000

成交价：RMB14,336,000

2009-6-25 北京匡时

1288 张大千 峒关蒲雪

镜心 金笺设色

钤印：张爰、三千大千

尺寸：185×47cm

估价：RMB3,800,000−4,800,000

成交价：RMB6,216,000

2009-5-29 北京保利

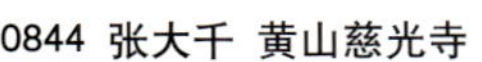

0844 张大千 黄山慈光寺

立轴 设色纸本

钤印：大千唯印大年、大风堂印

尺寸：134×67cm

估价：RMB2,000,000-2,500,000

成交价：RMB3,136,000

2009-11-22 北京保利

0096 张大千 华山金锁关图

立轴 设色纸本

钤印：西川张八、张爰、大千大利、三千大千、大风堂、高寻白帝问真源

尺寸：128.5×46.5cm

估价：RMB1,500,000-2,500,000

成交价：RMB2,296,000

2009-6-19 杭州西泠

0327 张大千 黄山胜境

立轴 设色纸本

钤印：张爰、三千大千、两到黄山绝顶人、大千掌握

尺寸：187×75cm

估价：RMB2,800,000-3,200,000

成交价：RMB3,360,000

2009-5-8 北京翰海

0113 张大千 黄山绝顶

手卷 设色纸本

钤印：张爰长寿、大千富昌大吉、三千大千、张爰印、两到黄山绝顶行、东西南北之人、大千、大风堂张爰之印信、法匠

尺寸：26.5×250.5cm

估价：RMB1,800,000–2,200,000

成交价：RMB2,464,000

2009–11–9 北京翰海

0163 张大千 西秦第一关

立轴 纸本

钤印：张爰、张大千

尺寸：130×65.5cm

估价：RMB1,200,000–1,500,000

成交价：RMB3,472,000

2009–12–14 北京匡时

0048 张大千 峨眉金顶

立轴 设色纸本

钤印：可以横绝峨眉颠、张爰之印信、三千大千、张爰、大千居士

尺寸：170.5×78cm

估价：RMB2,400,000–3,500,000

成交价：RMB2,576,000

2009–10–17 中贸圣佳

0225 张大千 峨眉三顶
横幅 纸本横披
钤印：张爰之印 大千居士
尺寸：33.5×93.5cm
估价：RMB900,000-1,200,000
成交价：RMB1,680,000
2009-6-25 北京匡时

0114 张大千 宝积寺
立轴 设色纸本
钤印：张爰私印、蜀客
尺寸：133×60cm
估价：RMB1,150,000-1,350,000
成交价：RMB1,680,000
2009-11-9 北京翰海

0073 张大千 赤壁夜游图
立轴 纸本
钤印：张爰、三千大千
尺寸：123×58cm
估价：RMB1,200,000-1,500,000
成交价：RMB2,352,000
2009-12-16 北京长风

0089 叶恭绰　张大千　朴园图
镜框 设色、水墨纸本
钤印：张爰、大千
尺寸：26.2×51.2cm；26.2×51.7cm
估价：HKD280,000−400,000
成交价：HKD2,540,000
2009−10−5 香港苏富比

0115 张大千 金陵诗意图
立轴 设色纸本
钤印：张爰之印、大千
尺寸：133×64cm
估价：RMB2,450,000−2,600,000
成交价：RMB2,800,000
2009−11−9 北京翰海

0050 张大千 天风海水
立轴 设色纸本
钤印：张爰、张大千
尺寸：115×47cm
估价：RMB1,200,000−2,000,000
成交价：RMB1,568,000
2009−10−17 中贸圣佳

0076 张大千 溪口泊舟图
镜心 纸本
钤印：张爰、大千居士、一只眼、丁巳
尺寸：68.5×133cm
估价：RMB1,500,000–1,800,000
成交价：RMB2,688,000
2009-12-16 北京长风

0380 张大千 峡江放舟图
立轴 纸本

钤印：张爰长寿、张大千长年大吉又日利、下里巴人
尺寸：134×68.5cm
起拍价：RMB950,000
成交价：RMB1,400,000
2009-6-26 北京长风

0091 张大千 层峦独泛
镜心 设色纸本
钤印：大千唯印长年
尺寸：133.6×68.3cm
估价：RMB850,000–1,000,000
成交价：RMB1,512,000
2009-5-31 北京永乐

0234 张大千 沱水村居图
立轴 纸本
钤印：张爰、大千居士；稚柳、壮暮
尺寸：112.5×45.5cm
估价：RMB1,200,000–1,500,000
成交价：RMB2,240,000
2009–12–16 北京长风

0195 张大千 江寺云帆
立轴 设色纸本
钤印：张爰、爰居士、浪花无际似清湘
尺寸：133×53cm
估价：RMB600,000–800,000
成交价：RMB1,232,000
2009–12–12 上海泓盛

0333 张大千 林壑幽居图
镜心 纸本
钤印：张爰之印、大千居士、法匠、摩耶精舍
尺寸：58×131.5cm
起拍价：HKD2,800,000
成交价：HKD6,380,000
2009–5–26 香港长风

0138 张大千 紫崖叠泉

立轴 设色纸本

钤印：张爰私印、大千

尺寸：133×53cm

估价：RMB550,000-650,000

成交价：RMB1,176,000

2009-6-24 上海泓盛

0199 张大千 赠龚沅山水

立轴 设色纸本

钤印：张爰长寿、张大千长年大吉又日利、张爰之印、大千居士、张爰私印、张爰、大千居士、丙辰

尺寸：100.5×47cm

估价：RMB500,000-600,000

成交价：RMB1,120,000

2009-12-12 上海泓盛

1484 张大千 丹枫滴翠

设色纸本 镜片

钤印：张爰之印、大千居士、大千世界

尺寸：77×153cm

估价：RMB1,500,000-2,500,000

成交价：RMB1,680,000

2009-12-19 杭州西泠

1071 张大千 春山放艇

立轴 设色纸本

钤印：张爰大千父、大风堂、摩诘山园、己亥己巳戊寅辛酉

尺寸：135×67cm

估价：RMB1,200,000-1,600,000

成交价：RMB1,288,000

2009-12-6 广州嘉德

0197 张大千 山居杂咏图

立轴 设色纸本

钤印：松骏斋主、孙公心赏、天玺堂藏

尺寸：133.5×66cm

估价：RMB1,800,000-2,200,000

成交价：RMB3,080,000

2009-12-12 上海泓盛

0536 张大千 飞霞万里

镜框 设色绢本

钤印：大千唯印大幸、大千世界、得心应手

尺寸：91×187cm

估价：RMB1,500,000-1,800,000

成交价：RMB1,680,000

2009-6-25 广州嘉德

0051 张大千 千山古寺
镜心 设色纸本
钤印：大千唯印大幸
尺寸：51.5×39.5cm
估价：RMB800,000-1,600,000
成交价：RMB1,232,000
2009-10-17 中贸圣佳

0094 张大千 春城游归
设色纸本 镜片
钤印：张爰之印、大千居士
尺寸：117×53 cm
估价：RMB800,000-1,000,000
成交价：RMB2,408,000
2009-7-19 上海朵云轩

0366 张大千 云山深处
镜框 设色金笺
钤印：大千唯印大年、五四1965
尺寸：38×89cm
估价：RMB1,300,000-1,800,000
成交价：RMB2,016,000
2009-7-5 上海道明

0218 张大千 菡泽吟留
立轴 纸本立轴
钤印：张爰印、蜀客、大千豪发、大风堂
尺寸：119×51.5cm
估价：RMB700,000–800,000
成交价：RMB1,232,000
2009–6–25 北京匡时

0523 张大千 深壑寻幽
立轴 设色绢本
钤印：张爰之印、大千
尺寸：152.5×71cm
估价：HKD1,500,000–2,000,000
成交价：HKD3,860,000
2009–11–29 香港佳士得

0610 张大千 看山须看故山青

镜心 设色纸本

钤印：张大千、长年大吉又日利、大千唯印大年

尺寸：103×50.7cm

估价：HKD2,000,000–3,000,000

成交价：HKD5,420,000

2009–11–29 香港佳士得

0125 张大千 松下观瀑

镜心 设色纸本

钤印：张爰、大千

尺寸：361×140.5cm

估价：RMB4,800,000–6,800,000

成交价：RMB7,392,000

2009–10–17 中贸圣佳

0173 张大千 瑞士雪山
镜心 绢本
尺寸：173×344cm
钤印：大千唯印大幸、1965、五四
估价：咨 询 价
成交价：RMB52,640,000
2009-12-14 北京匡时

1432 张大千 荷花
镜心 设色纸本
钤印：大千唯印大幸、己亥己巳戊寅辛酉
尺寸：55×122cm
估价：RMB800,000-1,200,000
成交价：RMB1,736,000
2009-11-23 北京保利

0490 张大千 荷花
镜框 设色纸本
钤印：大千父、三千、得心应手、一双眼、乞食人间尚未归
尺寸：93×173cm
估价：RMB1,300,000–1,600,000
成交价：RMB2,240,000
2009–6–25 广州嘉德

0889 张大千 荷花鸳鸯
立轴 设色纸本
钤印：张爰、大千大利、大风堂、冷香飞上诗句
尺寸：116×48cm
估价：RMB1,200,000–1,500,000
成交价：RMB2,016,000
2009–11–22 北京保利

0900 张大千 盛夏清荷图
立轴 水墨纸本
钤印：张爰、大千大利、大风堂、大千掌握
尺寸：156×65cm
估价：RMB2,000,000–2,500,000
成交价：RMB2,240,000
2009–11–22 北京保利

0509 张大千 暗香疏影图

立轴 设色纸本

钤印：张爰之印、大千居士、辛亥

尺寸：136×68cm

估价：RMB280,000-320,000

成交价：RMB1,120,000

2009-12-12 上海泓盛

0304 张大千 荷影婆娑

设色纸本 立轴

钤印：三千、大千父

尺寸：193×102 cm

估价：RMB650,000-750,000

成交价：RMB1,332,800

2009-7-19 上海朵云轩

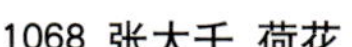

1068 张大千 荷花

立轴 设色纸本

钤印：大千居士、张爰之印

尺寸：132×68cm

估价：RMB800,000-1,000,000

成交价：RMB1,176,000

2009-12-6 广州嘉德

0395 张大千 红莲图
设色纸本 立轴
钤印：张爰、张大千、蜀人、三十六陂秋色
尺寸：101×48 cm
估价：RMB400,000-500,000
成交价：RMB2,105,600
2009-7-19 上海朵云轩

0237 钱松喦 竹林七贤
立轴 纸本
钤印：钱、松喦、松喦长寿
尺寸：145×81cm
估价：RMB500,000-600,000
成交价：RMB1,176,000
2009-12-16 北京长风

0184 张大千 秋江渔隐
成扇 设色纸本
钤印：张爰、蜀客、三千大千
尺寸：20×53cm
估价：RMB100,000-100,000
成交价：RMB836,000
2009-11-14 天津文物

0059 张大千 书画成扇
扇面 纸本
钤印：张爰、大千居士；恭绰、遐翁//张爰之印、大千
尺寸：扇骨长40cm
估价：RMB300,000-500,000
成交价：RMB1,030,400
2009-12-16 北京长风

0145 **钱松喦 长城万里图**
镜心 设色纸本
钤印：钱、松喦
尺寸：83×134cm
估价：RMB500,000-600,000
成交价：RMB1,568,000
2009-11-9 北京翰海

0024 **钱松喦 越大夫归隐图**
立轴 设色纸本
钤印：钱、松岩、芑楼诗画
尺寸：133×67.5cm
估价：RMB500,000-800,000
成交价：RMB784,000
2009-10-17 中贸圣佳

0215 **钱松喦 桃李夜宴图**
立轴 设色纸本
钤印：钱、松喦、芑庐、岁寒松
尺寸：146×81cm
估价：RMB900,000-950,000
成交价：RMB1,120,000
2009-12-13 北京永乐

0414 钱松喦 遵义

立轴 纸本

钤印：钱松喦

尺寸：100×68cm

估价：RMB1,000,000-1,200,000

成交价：RMB3,136,000

2009-6-25 北京匡时

0321 钱松喦 鉴真纪念堂

立轴 设色纸本

钤印：松喦、钱、大好河山

尺寸：98×68cm

估价：RMB450,000-550,000

成交价：RMB1,064,000

2009-8-29 山东天承

0146 钱松喦 古北口

镜心 设色纸本

钤印：钱、松喦诗画、大好河山

尺寸：133×67cm

估价：RMB300,000-350,000

成交价：RMB1,019,200

2009-11-9 北京翰海

0355 关良 钟馗图

设色纸本 立轴

钤印：关良

尺寸：136×67 cm

估价：RMB200,000-250,000

成交价：RMB739,200

2009-7-19 上海朵云轩

0032 关良 贵妃醉酒

设色纸本 立轴

钤印：安卢、关良水墨

尺寸：92×85cm

估价：RMB120,000-150,000

成交价：RMB537,600

2009-12-18 杭州西泠

0227 钱松喦 劳动人家

立轴 纸本

钤印：松喦诗画

尺寸：115.5×68cm

估价：RMB800,000-1,000,000

成交价：RMB1,131,200

2009-12-14 北京匡时

0342 陈少梅 马晋 八骏图
镜心 绢本
钤印：△马晋之印、伯逸△陈五少梅
尺寸：80.5×150cm
估价：RMB350,000-400,000
成交价：RMB504,000
2009-6-25 北京匡时

0786 林风眠 宝莲灯
镜心 设色纸本
钤印：林风瞑印
尺寸：66.5×66cm
估价：RMB1,500,000-2,500,000
成交价：RMB3,248,000
2009-12-19 北京荣宝

0416 马晋 毛主席像
立轴 设色纸本
钤印：马晋之印、伯逸、伯逸六十岁后所作
尺寸：131×65cm
估价：RMB300,000-500,000
成交价：RMB537,600
2009-8-29 山东天承

1440 林风眠 五美图
设色纸本 镜片
钤印：林风瞑印
尺寸：68.7×69.5cm
估价：RMB3,500,000-5,000,000
成交价：RMB5,600,000
2009-12-19 杭州西泠

0846 林风眠 仕女
镜心 设色纸本
钤印：林风眠
尺寸：66.5×66cm
估价：RMB2,500,000-3,500,000
成交价：RMB3,920,000
2009-11-22 北京保利

0478 林风眠 风景
镜心 设色纸本
钤印：林风眠
尺寸：66×68cm
估价：RMB500,000–800,000
成交价：RMB672,000
2009-5-30 北京华辰

0032 林风眠 山水
镜心 设色纸本
钤印：林风眠印
尺寸：69×69cm
估价：RMB680,000–880,000
成交价：RMB952,000
2009-12-26 山东天承

0752 林风眠 秋林镜湖
镜心 设色纸本
钤印：林风瞑印
尺寸：67.6×68.2cm
估价：HKD800,000–1,000,000
成交价：HKD2,060,000
2009-5-25 香港佳士得

440 林风眠 小池秋色
镜框 设色纸本
钤印：林风眠印
尺寸：63×64 cm
估价：RMB750,000–850,000
成交价：RMB2,016,000
2009–12–23 上海朵云轩

0305 林风眠 风景
设色纸本 镜框
钤印：林风眠印
尺寸：33×33 cm
估价：RMB180,000–220,000
成交价：RMB884,800
2009–7–19 上海朵云轩

0335 林风眠 渔舟唱晚
镜心 纸本
钤印：林风眠印
尺寸：68×68cm
估价：RMB1,200,000–1,500,000
成交价：RMB1,680,000
2009–12–14 北京匡时

0306 林风眠 秋

设色纸本 镜框

钤印：林风眠印

尺寸：67×67 cm

估价：RMB600,000-800,000

成交价：RMB1,568,000

2009-7-19 上海朵云轩

439 林风眠 芦塘飞雁

镜框 设色纸本

钤印：林风眠印

尺寸：63×64 cm

估价：RMB600,000-800,000

成交价：RMB784,000

2009-12-23 上海朵云轩

1030 林风眠 莲塘飞雁

设色纸本 镜片

钤印：林风暝印

尺寸：41.5×50cm

估价：RMB300,000-400,000

成交价：RMB795,200

2009-12-23 上海朵云轩

0309 林风眠 双鹭图
设色纸本 镜框
钤印：林风眠印
尺寸：67 × 55.5 cm
估价：RMB600,000-750,000
成交价：RMB873,600
2009-7-19 上海朵云轩

0089 林风眠 静谧午后
设色纸本 镜片
钤印：林风眠印
尺寸：48 × 59 cm
估价：RMB120,000-150,000
成交价：RMB929,600
2009-7-19 上海朵云轩

0480 林风眠 花鸟 静物（两幅）
镜心 设色纸本
钤印：林风眠印
尺寸：33.5 × 30.5cm × 2
估价：RMB580,000-700,000
成交价：RMB851,200
2009-5-30 北京华辰

0420 沈从文 章草自作嶰林诗草

立轴 水墨纸本

钤印：从文

尺寸：94×14.5cm

估价：RMB18,000−38,000

成交价：RMB168,000

2009−11−20 北京华辰

0059 林风眠 渔家乐

镜心 设色纸本

钤印：林风眠

尺寸：65×65cm

估价：RMB500,000−800,000

成交价：RMB672,000

2009−10−17 中贸圣佳

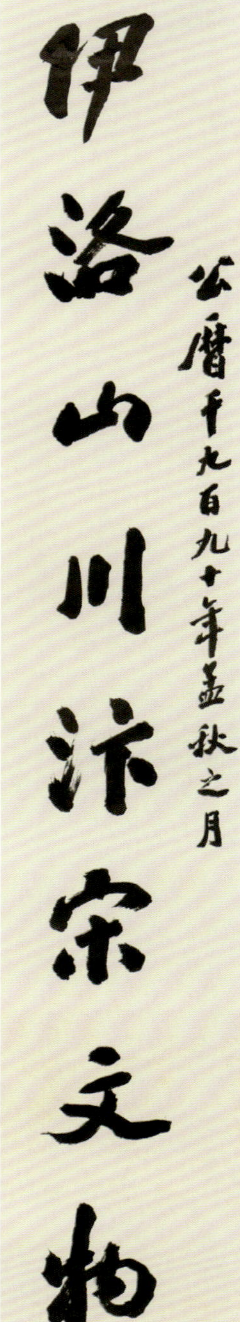

0132 沙孟海 行书对联

立轴 水墨纸本

钤印：赤鄞沙氏、若榴花屋

尺寸：259×44cm×2

估价：RMB120,000−150,000

成交价：RMB817,600

2009−11−9 北京翰海

0550 王雪涛 花卉动物

四屏 设色纸本

钤印：迟园、王雪涛印、犹有豪情凌万丈、雪涛长年

尺寸：105×33.5cm×4

估价：RMB700,000–1,000,000

成交价：RMB1,209,600

2009–11–9 北京翰海

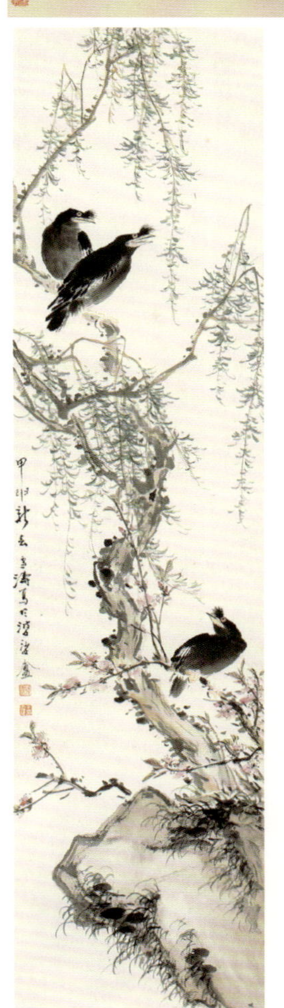

0549 王雪涛 花鸟

四屏 设色纸本

钤印：迟园、王雪涛印

尺寸：135.5×33.5cm×4

估价：RMB800,000–1,200,000

成交价：RMB1,030,400

2009–11–9 北京翰海

0360 江寒汀 碧桃栖禽
设色纸本 立轴
钤印：寒汀
尺寸：140×53 cm
估价：RMB200,000–250,000
成交价：RMB313,600
2009-7-19 上海朵云轩

0701 王雪涛 岁朝图
立轴 设色纸本
钤印：王雪涛印
尺寸：81×48.5cm
估价：RMB300,000–500,000
成交价：RMB907,200
2009-12-19 北京荣宝

0031 王雪涛 九秋图
立轴 设色纸本
钤印：王雪涛印、迟园、大千秋色
尺寸：132×66.5cm
估价：RMB500,000–700,000
成交价：RMB784,000
2009-12-26 山东天承

0017 傅抱石 二湘图

立轴 设色纸本

钤印：傅抱石、抱石大利、抱石斋

尺寸：95×41cm

估价：RMB1,800,000–2,800,000

成交价：RMB2,912,000

2009–12–26 山东天承

714 傅抱石 湘君夫人

立轴 设色纸本

钤印：抱石之印、抱石斋、乙酉

尺寸：117×73.5 cm

估价：RMB2,600,000–3,000,000

成交价：RMB2,912,000

2009–12–23 上海朵云轩

0469 傅抱石 龚半千像

立轴 设色纸本

钤印：抱石大利、傅、新谕、抱石斋作

尺寸：137×30cm

估价：RMB1,800,000–2,600,000

成交价：RMB3,920,000

2009–11–9 北京翰海

0408 傅抱石 袁安卧雪图

设色纸本 立轴

钤印：傅、踪迹大化、印痴

尺寸：110.5×58.5cm

估价：RMB4,800,000-7,000,000

成交价：RMB10,304,000

2009-12-18 杭州西泠

0410 傅抱石 醉僧图

立轴 设色纸本

钤印：往往醉后、抱石斋

尺寸：87.2×59.7cm

估价：HKD3,200,000-5,000,000

成交价：HKD6,260,000

2009-4-6 香港苏富比

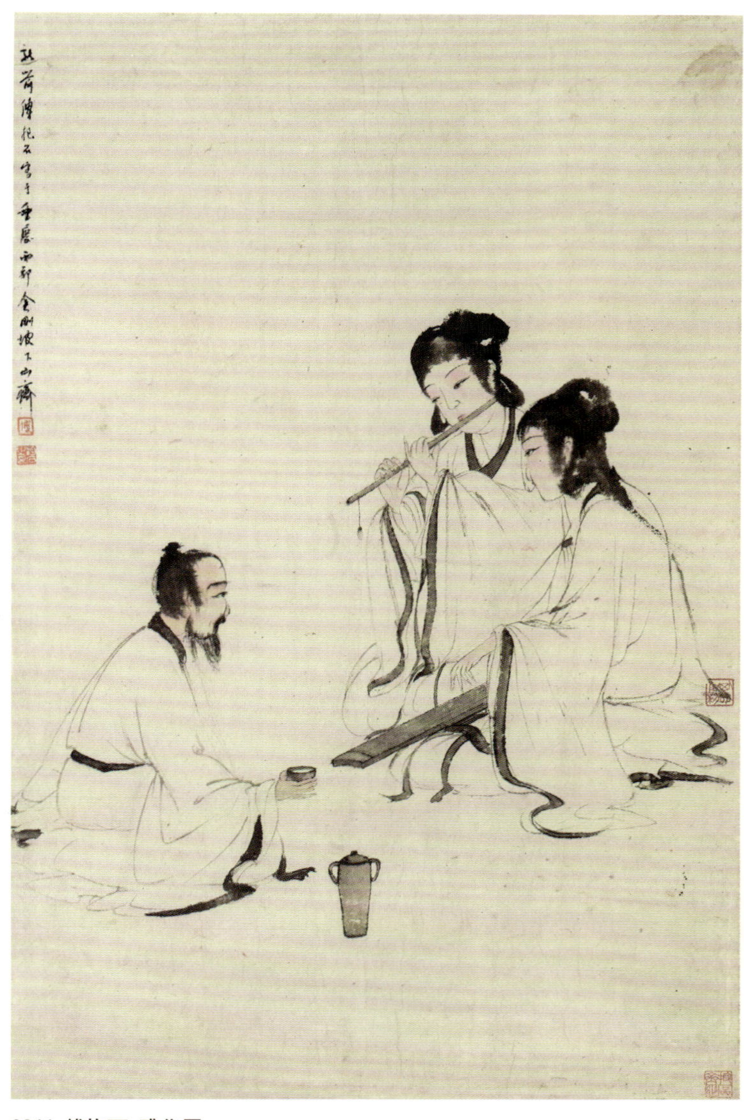

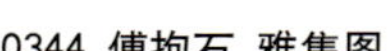

0344 傅抱石 雅集图

立轴 纸本

钤印：傅、抱石之印、其命维新、抱石斋

尺寸：88.5×58.5cm

估价：RMB3,000,000–3,500,000

成交价：RMB5,600,000

2009–12–14 北京匡时

0132 傅抱石 东山携妓

镜心 设色纸本

钤印：抱石之印、抱石得心之作、金刚坡

尺寸：104.5×60.5cm

估价：RMB3,800,000–6,800,000

成交价：RMB5,376,000

2009–10–17 中贸圣佳

0621 傅抱石 杜甫诗意图

镜心 设色纸本

钤印：傅、抱石之印、代山川而言也、踪迹大化

尺寸：208×59.5cm

估价：估价待询

成交价：HKD60,020,000

2009-11-29 香港佳士得

0923 傅抱石 巴山夜雨

立轴 设色纸本

钤印：傅、抱石□□、新喻、抱石斋、踪迹大化

尺寸：105.6×60.3cm

估价：RMB13,000,000-18,000,000

成交价：RMB18,480,000

2009-11-21 中国嘉德

0980 傅抱石 深山访友

立轴 设色纸本

钤印：抱石私印、往往醉后

尺寸：133×45cm

估价：RMB3,200,000–4,500,000

成交价：RMB4,816,000

2009–11–22 北京保利

0019 傅抱石 杜甫诗意

镜心 设色纸本

钤印：抱石之印、抱石斋

尺寸：75×49cm

估价：RMB1,600,000–2,200,000

成交价：RMB2,072,000

2009–12–26 山东天承

0899 傅抱石 烟云一见又商量

立轴 设色纸本

钤印：傅氏、抱石、傅

尺寸：47×53cm

估价：RMB800,000–1,200,000

成交价：RMB1,568,000

2009–11–22 北京保利

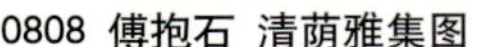

0808 傅抱石 清荫雅集图

立轴 设色纸本

钤印：傅、抱石大利、抱石得心之作

尺寸：126×63.5cm

估价：RMB2,800,000-3,500,000

成交价：RMB4,648,000

2009-6-20 杭州西泠

0231 傅抱石 松溪拂琴图

立轴 纸本

钤印：傅、苦瓜诗意、意兴酣然

概括万千

尺寸：88.5×56cm

估价：RMB2,800,000-3,500,000

成交价：RMB4,256,000

2009-12-16 北京长风

0195 傅抱石 房山诗意图

立轴 设色纸本

钤印：抱石、新谕傅、新谕、抱石斋

尺寸：83×40.5cm

估价：RMB400,000-600,000

成交价：RMB1,736,000

2009-5-8 北京翰海

0105 傅抱石 深山古寺

立轴 纸本

钤印：傅 抱石斋

尺寸：104×29cm

估价：RMB3,000,000-4,000,000

成交价：RMB5,600,000

2009-12-14 北京匡时

1349 傅抱石 华岳千寻图

设色纸本 立轴

钤印：抱石私印、换了人间

尺寸：155×95.5cm

估价：RMB6,000,000-9,000,000

成交价：RMB12,880,000

2009-12-19 杭州西泠

0462 傅抱石 观瀑图

立轴 设色纸本

钤印：傅、壬寅

尺寸：68×38.5cm

估价：RMB1,200,000-1,800,000

成交价：RMB1,232,000

2009-11-9 北京翰海

0489 傅抱石 溪山访友

立轴 设色纸本

钤印：抱石私印、代山川而言也

尺寸：105×59cm

估价：RMB1,550,000-1,850,000

成交价：RMB1,736,000

2009-6-25 广州嘉德

0345 傅抱石 赤壁泛舟图

镜心 纸本

钤印：抱石之印、抱石斋

尺寸：91×60cm

估价：RMB2,500,000-3,000,000

成交价：RMB5,152,000

2009-12-14 北京匡时

0637 傅抱石 松溪观瀑

立轴 设色纸本

钤印：抱石大利、踪迹大化

尺寸：98×30.5cm

估价：RMB1,800,000–2,500,000

成交价：RMB3,248,000

2009–11–9 北京翰海

0048 傅抱石 听泉图

设色纸本 立轴

钤印：抱石私印、癸卯

尺寸：45×47cm

估价：RMB800,000–1,200,000

成交价：RMB1,568,000

2009–12–18 杭州西泠

0029 傅抱石 听泉图

立轴 设色纸本

钤印：傅、抱石大利、往往醉后、癸卯

尺寸：93×49cm

估价：RMB900,000–1,600,000

成交价：RMB1,120,000

2009–10–17 中贸圣佳

1017 傅抱石 泛舟图

立轴 设色纸本

钤印：抱石私印

尺寸：68×44cm

估价：RMB600,000-800,000

成交价：RMB1,288,000

2009-12-19 北京荣宝

0104 傅抱石 观瀑图

镜心 纸本

钤印：傅抱石、南石斋、往往醉后

尺寸：97×57cm

估价：RMB1,000,000-1,200,000

成交价：RMB1,680,000

2009-12-14 北京匡时

0153 傅抱石 海阔天空

镜心 纸本

钤印：抱石画记、癸卯

尺寸：69×34cm

起拍价：RMB750,000

成交价：RMB1,008,000

2009-6-26 北京长风

0018 傅抱石 幽居图
镜心 设色纸本
钤印：抱石私印、傅、一九六二
尺寸：65×34cm
估价：RMB600,000–800,000
成交价：RMB1,120,000
2009-12-26 山东天承

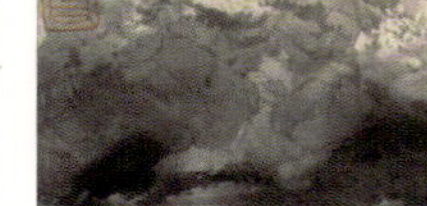

0319 傅抱石 观海图
设色纸本 镜框
钤印：抱石大利、乙酉
尺寸：34×45 cm
估价：RMB800,000–1,200,000
成交价：RMB1,400,000
2009-7-19 上海朵云轩

0322 傅抱石 七贤观瀑图
立轴 设色纸本
钤印：傅、磊青堂珍藏、傅圣恩
尺寸：105×48cm
估价：RMB800,000–1,200,000
成交价：RMB1,680,000
2009-8-29 山东天承

0413 傅抱石 韶峰耸翠
镜心 纸本
钤印：抱石私印
尺寸：69×138cm
估价：RMB1,200,000-1,500,000
成交价：RMB1,904,000
2009-6-25 北京匡时

1543 傅抱石 芙蓉国里尽朝晖
镜心 设色纸本
钤印：傅、抱石
尺寸：33×49cm
估价：RMB1,000,000-1,800,000
成交价：RMB2,576,000
2009-11-23 北京保利

0990 傅抱石 海天落照图
立轴 设色纸本
钤印：抱石私印、往往醉后、抱石得心之作、踪迹大化
尺寸：105×60cm
估价：RMB4,800,000-6,800,000
成交价：RMB5,432,000
2009-11-22 北京保利

0068 傅抱石 登庐山诗图
镜心 纸本
钤印：抱石
尺寸：44×58.5cm
估价：RMB800,000–1,200,000
成交价：RMB1,803,200
2009–11–21 北京歌德

0231 傅抱石 丰满道上
镜心 设色纸本
钤印：傅
尺寸：33×44.5cm
估价：HKD600,000–800,000
成交价：HKD1,700,000
2009–4–6 香港苏富比

0286 傅抱石 镜泊飞泉
镜心 纸本
钤印：抱石画记、一九六二
尺寸：52.5×70cm
估价：RMB1,200,000–1,500,000
成交价：RMB1,568,000
2009–11–21 北京歌德

0339 傅抱石 玛尔丁古堡
镜心 纸本
钤印：抱石私印
尺寸：60×105cm
起拍价：HKD2,600,000
成交价：HKD3,850,000
2009-5-26 香港长风

0062 傅抱石 商衍鎏 书画成扇
扇面 纸本
钤印：傅、往往醉后//璪亭、廷对第三
尺寸：扇骨长31.5cm
估价：RMB350,000-500,000
成交价：RMB896,000
2009-12-16 北京长风

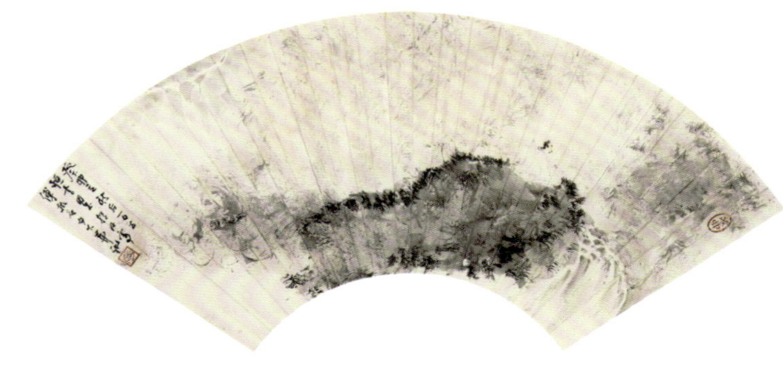

0229 傅抱石 观瀑图
扇面 镜心 纸本
钤印：抱石、癸卯
尺寸：18×52cm
估价：RMB450,000-550,000
成交价：RMB660,800
2009-12-16 北京长风

0020 傅抱石 湘夫人
镜心 设色纸本
钤印：傅、往往醉后
尺寸：18×51cm
估价：RMB180,000-280,000
成交价：RMB896,000
2009-12-26 山东天承

0751 蒋兆和 中国人民从此站立起来了

镜心 设色纸本

钤印：兆龢

尺寸：283×132cm

估价：RMB8,000,000–10,000,000

成交价：RMB19,040,000

2009–11–21 中国嘉德

0901 蒋兆和 饱食终日

立轴 设色纸本

钤印：蒋兆和

尺寸：87×47cm

估价：RMB1,200,000–1,500,000

成交价：RMB2,912,000

2009–11–22 北京保利

0359 蒋兆和 南国风光

镜心 设色纸本

钤印：兆和

尺寸：117×53.5cm

估价：RMB580,000–880,000

成交价：RMB1,344,000

2009–10–17 中贸圣佳

0095 董寿平 南山高松

立轴 水墨纸本

钤印：董寿平、寿平书画、丹青不知老将至

尺寸：117×245cm

估价：RMB600,000–700,000

成交价：RMB1,064,000

2009–11–9 北京翰海

0363 蒋兆和 耍猴图

镜心 设色纸本

钤印：兆和

尺寸：186×104cm

估价：RMB2,800,000–3,200,000

成交价：RMB3,920,000

2009–5–10 北京荣宝

0470 董寿平 红梅图

镜心 设色纸本

钤印：寿平书画、董寿平

尺寸：96×170cm

估价：RMB600,000–900,000

成交价：RMB952,000

2009–10–17 中贸圣佳

0375 董寿平 黄山雄姿

立轴 设色纸本

钤印：寿平、董寿平七十以后作、洪洞董氏、丹青不知老将至

尺寸：130.5×66cm

估价：RMB320,000-600,000

成交价：RMB1,232,000

2009-10-17 中贸圣佳

0298 李可染 绿天庵醉僧书蕉图

纸本 镜心

钤印：李、可染、陈言务去

尺寸：84×51cm

估价：RMB1,800,000-2,800,000

成交价：RMB2,240,000

2009-11-21 北京歌德

1407 赵少昂 花卉

立轴 设色纸本

钤印：赵少昂鉨

尺寸：69×102cm

估价：RMB200,000-250,000

成交价：RMB324,800

2009-12-6 广州嘉德

0042 李可染 桂林象鼻山

立轴 纸本

钤印：可染、李

尺寸：42×46cm

估价：RMB1,200,000-1,600,000

成交价：RMB1,792,000

2009-11-21 北京歌德

0459 李可染 漓江胜景

镜心 设色纸本

钤印：李、可染、语不惊人

尺寸：68.5×45.5cm

估价：RMB900,000-1,600,000

成交价：RMB1,064,000

2009-10-17 中贸圣佳

0561 李可染 阳朔小景

立轴 设色纸本

钤印：可染、河山如画

尺寸：68×44.5cm

估价：RMB800,000-1,200,000

成交价：RMB1,097,600

2009-11-20 北京华辰

0779 李可染 漓江帆影图
镜心 设色纸本
钤印：老李、可染、大海楼、李下不整冠、峰高无坦途
尺寸：68.5×90.5cm
估价：HKD2,500,000-3,500,000
成交价：HKD3,620,000
2009-5-25 香港佳士得

0354 李可染 阳朔一景
镜心 设色纸本
钤印：可染、日新、河山如画
尺寸：54×65cm
估价：RMB4,000,000-5,000,000
成交价：RMB5,376,000
2009-11-15 北京荣宝

0112 李可染 颐和园
镜心 设色纸本
钤印：可染、在精微
尺寸：52×44.5cm
估价：RMB650,000–750,000
成交价：RMB1,142,400
2009–11–9 北京翰海

0323 李可染 九华山
镜心 设色纸本
钤印：老李、可染、河山如画
尺寸：83.9×50.7cm
估价：HKD2,800,000–4,000,000
成交价：HKD3,860,000
2009–4–6 香港苏富比

0460 李可染 爱晚亭
镜心 设色纸本
钤印：可染、寄情、山水知音
尺寸：39×58cm
估价：RMB600,000–900,000
成交价：RMB1,344,000
2009–10–17 中贸圣佳

0341 李可染 爱晚亭图

镜心 纸本

钤印：可染、李、传统今朝

尺寸：69.5×45.5cm

起拍价：HKD3,800,000

成交价：HKD4,950,000

2009-5-26 香港长风

0947 李可染 山村飞瀑图

立轴 设色纸本

钤印：可染、李、河山如画

尺寸：69×46cm

估价：RMB2,800,000-3,600,000

成交价：RMB4,032,000

2009-11-22 北京保利

1050 李可染 江南水乡

镜心 设色纸本

钤印：可染、日新

尺寸：69×43cm

估价：RMB1,200,000–1,500,000

成交价：RMB1,680,000

2009–12–6 广州嘉德

0418 李可染 鲁迅旧居

镜心 设色纸本

钤印：可染

尺寸：57×43cm

估价：RMB600,000–800,000

成交价：RMB1,310,400

2009–8–29 山东天承

0458 李可染 水乡

镜心 设色纸本

钤印：可染

尺寸：33×43.5cm

估价：RMB800,000–1,000,000

成交价：RMB1,344,000

2009–11–9 北京翰海

0991 李可染 乱山丛中百丈泉

镜心 设色纸本

钤印：李、可染、白发学童、陈言务去

尺寸：69×46cm

估价：RMB3,200,000–3,600,000

成交价：RMB4,816,000

2009–11–22 北京保利

0453 李可染 消夏图

镜心 纸本

钤印：李可染

尺寸：67×43cm

估价：RMB1,000,000–1,200,000

成交价：RMB1,232,000

2009–6–25 北京匡时

0911 李可染 雄岳轻舟图

立轴 设色纸本

钤印：可染

尺寸：68×45cm

估价：RMB1,500,000–1,800,000

成交价：RMB1,680,000

2009–11–22 北京保利

0334 李可染 桥亭听瀑
立轴 纸本
钤印：可染、日新、所要者魂
尺寸：67×44cm
估价：RMB1,300,000-1,500,000
成交价：RMB2,352,000
2009-12-14 北京匡时

0792 李可染 家住崇山茂林烟霞中
镜心 设色纸本
钤印：可染、肖形印
尺寸：83×49cm
估价：RMB2,000,000-3,000,000
成交价：RMB3,136,000
2009-12-19 北京荣宝

0041 李可染 山亭观瀑图
镜心 纸本
钤印：可染
尺寸：68.5×46.5cm
估价：RMB700,000-900,000
成交价：RMB2,016,000
2009-12-14 北京匡时

1065 李可染 雨后夕阳

镜心 纸本

钤印：可染、放在精微

尺寸：64×44.2cm

估价：RMB2,200,000–3,500,000

成交价：RMB2,576,000

2009–5–28 北京歌德

0564 李可染 雨余清暑图

镜心 设色纸本

钤印：李、可染、延寿、实者慧、师牛堂、李下不整冠

尺寸：83×46.5cm

估价：RMB1,800,000–2,800,000

成交价：RMB3,584,000

2009–11–20 北京华辰

0641 李可染 雨后斜阳图

镜心 设色纸本

钤印：可染、在精微、江山如画

尺寸：69× 45.5cm

估价：HKD1,800,000–2,200,000

成交价：HKD2,900,000

2009–5–25 香港佳士得

0101 李可染 山林清音图

立轴 设色纸本

钤印：可染、李、寄情、在精微、河山如画

尺寸：92×55cm

估价：HKD3,000,000–4,500,000

成交价：HKD7,340,000

2009-10-5 香港苏富比

0023 李可染 王维诗意

镜心 设色纸本

钤印：可染、可染、李、山水知音、江山如此多娇

尺寸：83×52cm

估价：RMB1,800,000–2,600,000

成交价：RMB3,763,200

2009-12-26 山东天承

0024 李可染 横云岭外

镜心 设色纸本

钤印：可染、李、在精微、河山如画

尺寸：68×45cm

估价：RMB1,200,000–1,600,000

成交价：RMB1,792,000

2009-12-26 山东天承

0506 李可染 山水
镜框 设色纸本
钤印：可染、河山如画
尺寸：71×68cm
估价：RMB1,200,000－1,500,000
成交价：RMB1,288,000
2009-6-25 广州嘉德

0353 李可染 春牛图
立轴 设色纸本
钤印：李、可染、孺子牛
尺寸：70×47cm
估价：RMB600,000－800,000
成交价：RMB952,000
2009-11-15 北京荣宝

0215 李可染 峡江万里图
镜心 设色纸本
钤印：可染、峰高无坦途、神鬼愁、山水知音
尺寸：99×68cm
估价：RMB3,200,000－4,200,000
成交价：RMB4,928,000
2009-12-27 山东天承

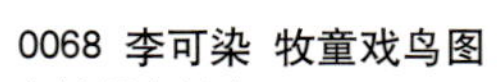

0068 李可染 牧童戏鸟图
立轴 设色纸本
钤印：李、可染、师牛堂、寄情、所要者魂
尺寸：66×33cm
估价：RMB200,000－300,000
成交价：RMB896,000
2009-5-10 北京荣宝

0780 叶浅予 盛夏
立轴 设色纸本
钤印：浅予
尺寸：95×89cm
估价：RMB200,000-300,000
成交价：RMB1,008,000
2009-12-19 北京荣宝

0373 叶浅予 巴安弦子
立轴 纸本
钤印：叶、浅予
尺寸：181×95cm
估价：RMB250,000-350,000
成交价：RMB425,600
2009-12-14 北京匡时

0037 叶浅予 舞蹈人物
镜心 设色纸本
钤印：浅予书画、风流人物、还看今朝
尺寸：133×137cm
估价：RMB120,000-180,000
成交价：RMB369,600
2009-12-26 山东天承

0435 何海霞 秦岭大地春
镜心 设色纸本
钤印：海霞、何瀛
尺寸：141.5×289cm
估价：RMB900,000-1,200,000
成交价：RMB1,344,000
2009-10-17 中贸圣佳

0417 赵朴初 行草贺新郎词
立轴 水墨纸本
钤印：赵朴初、无尽意
尺寸：95×33cm
估价：RMB50,000-80,000
成交价：RMB470,400
2009-11-20 北京华辰

0324 叶浅予 人物册页
册页 设色纸本
钤印：浅予、甘雨新居、叶浅予
尺寸：19.5×25.7cm×12
估价：RMB200,000-300,000
成交价：RMB627,200
2009-11-15 北京荣宝

0087 何海霞 苍松翠壁

镜心 设色纸本

钤印：何瀛、海霞

尺寸：154×52cm

估价：RMB180,000-200,000

成交价：RMB985,600

2009-11-9 北京翰海

0313 吴作人 万里云山

镜心 设色纸本

钤印：吴、作人画、踏遍青山人未老

尺寸：135×69cm

估价：RMB200,000-300,000

成交价：RMB425,600

2009-5-10 北京荣宝

0767 何海霞 红军过雪山

镜心 设色纸本

钤印：海霞、何瀛之印

尺寸：142×147cm

估价：RMB350,000-500,000

成交价：RMB795,200

2009-11-20 北京华辰

428 胡也佛 碧湍松壑
屏轴 设色纸本
钤印：也佛、静风堂、大空堂
尺寸：105 × 63 cm
估价：RMB300,000–400,000
成交价：RMB683,200
2009–12–23 上海朵云轩

0415 陆抑非 秋塘野趣图
设色纸本 立轴
钤印：陆翀私印
尺寸：136 × 67cm
估价：RMB150,000–250,000
成交价：RMB616,000
2009–12–18 杭州西泠

0308 陈少梅 松下高士
立轴 设色纸本
钤印：陈少梅
尺寸：81 × 33cm
估价：RMB350,000–450,000
成交价：RMB660,800
2009–8–29 山东天承

0658 陈少梅 柳荫仕女
立轴 设色纸本
钤印：陈云彰、少梅、少梅书画
尺寸：104.5×30cm
估价：RMB400,000-600,000
成交价：RMB425,600
2009-11-9 北京翰海

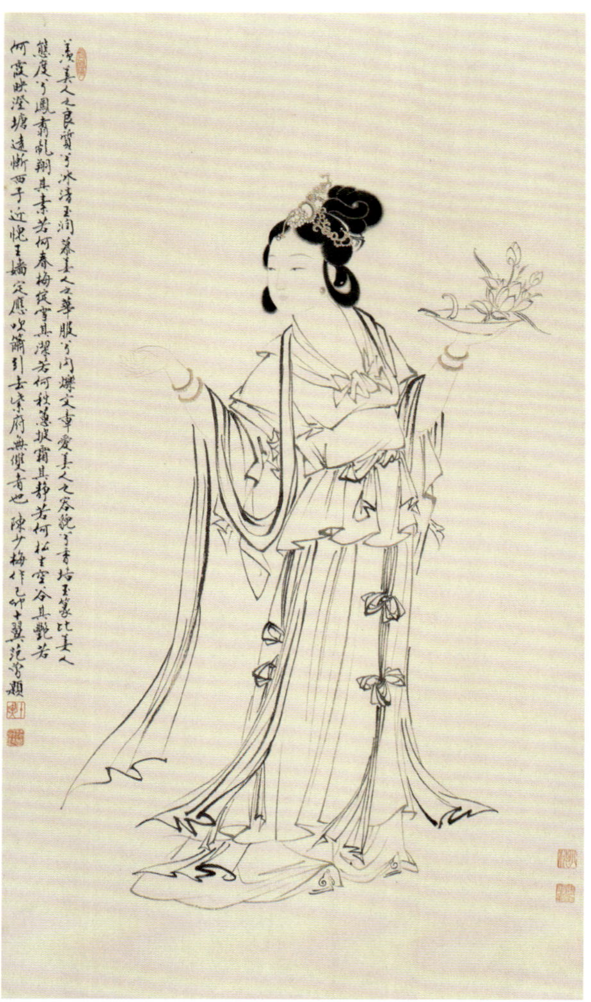

0617 陈少梅 莲花仙子图
立轴 设色纸本
钤印：少梅、陈云彰印
尺寸：112×64.5cm
估价：RMB260,000-400,000
成交价：RMB448,000
2009-10-17 中贸圣佳

0028 陈少梅 纨扇仕女
镜心 设色绢本
钤印：陈彰、少梅
尺寸：96.5×40cm
估价：RMB250,000-250,000
成交价：RMB495,000
2009-5-15 天津文物

0348 陈少梅 仕女

四屏 设色纸本

钤印：陈云彰（3次）、少梅（2次）、少梅诗画

尺寸：103×32cm×4

估价：RMB1,000,000–1,800,000

成交价：RMB1,120,000

2009–10–17 中贸圣佳

0132 陈少梅 竹溪丽影

立轴 设色纸本

钤印：陈彰、少梅

尺寸：124.5×31.5cm

估价：RMB300,000–300,000

成交价：RMB462,000

2009–5–15 天津文物

0620 陈少梅 东坡诗意

立轴 设色纸本

钤印：陈云彰、少梅

尺寸：32×66.5cm

估价：RMB360,000–600,000

成交价：RMB481,600

2009–10–17 中贸圣佳

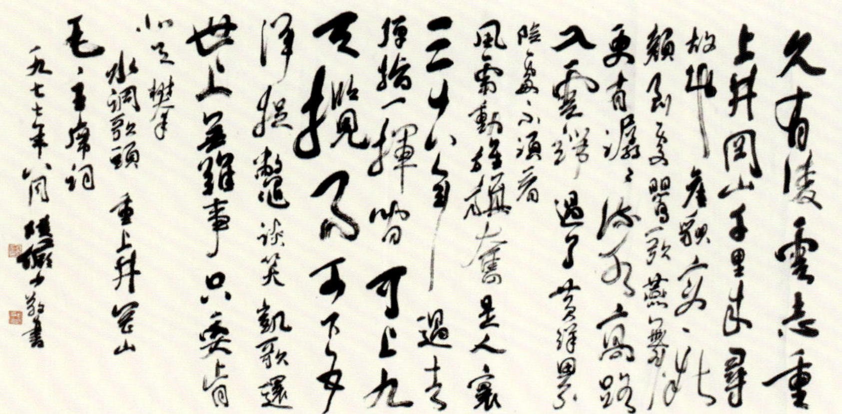

0239 陆俨少 朱砂冲哨口 行书毛主席词

镜心 纸本

钤印：△俨少、宛若△俨少、宛若

尺寸：97×179cm

估价：RMB3,500,000-4,500,000

成交价：RMB4,256,000

2009-12-14 北京匡时

0095 陆俨少 仿石涛山水

立轴 绢本

钤印：俨少、宛若、晚晴轩、骫骳楼

尺寸：83.5×39cm

估价：RMB500,000-600,000

成交价：RMB761,600

2009-12-14 北京匡时

0495 陆俨少 高路入云端

镜心 设色纸本

钤印：俨少、山河壮丽

尺寸：106×66cm

估价：RMB450,000-600,000

成交价：RMB996,800

2009-5-30 北京华辰

658 陆俨少 新安江水库
镜框 设色纸本
钤印：俨少、宛若、庚申七十二、嘉定
尺寸：35.5×101.5 cm
估价：RMB850,000-1,000,000
成交价：RMB1,288,000
2009-12-23 上海朵云轩

0315 陆俨少 雁荡云壑
立轴 纸本
钤印：陆俨少、宛若、嘉定、穆如馆
尺寸：137×68cm
估价：RMB800,000-1,000,000
成交价：RMB1,176,000
2009-12-14 北京匡时

0090 陆俨少 九华山图
立轴 设色纸本
钤印：俨少、宛若、燕因藏俨少画、日日江山日日新
尺寸：85.5×60.5cm
估价：RMB800,000-900,000
成交价：RMB1,232,000
2009-6-19 杭州西泠

0313 陆俨少 五月江深草阁寒

立轴 纸本

钤印：陆俨少印

尺寸：95.5×43cm

估价：RMB1,000,000–1,200,000

成交价：RMB1,456,000

2009–12–14 北京匡时

0652 陆俨少 溪山清远

镜心 设色纸本

钤印：安若、嘉定、穆如馆、陆俨少

尺寸：48×144cm

估价：RMB800,000–1,000,000

成交价：RMB1,120,000

2009–12–23 上海道明

660 陆俨少 古木高江

立轴 设色纸本

钤印：陆俨少、宛若、穆如馆

尺寸：120×47.5 cm

估价：RMB800,000–1,000,000

成交价：RMB1,568,000

2009–12–23 上海朵云轩

0971 陆俨少　古贤诗意图册（十开）

册页 设色纸本

钤印：陆、俨少、知非后作；骫骳楼，知非后作陆氏、俨少；俨少、俨少；陆氏俨少、知非后作；俨少所为；陆、俨少；陆、俨少、所为；俨少、河南；陆俨少、知非后作、骫骳楼；陆氏、俨少、骫骳楼

尺寸：24×35cm×10

估价：RMB4,800,000–6,800,000

成交价：RMB7,952,000

2009–11–22 北京保利

1482 陆俨少　蒙象册（十二开）

设色纸本 册页

钤印：俨少、宛若、嘉定、晚晴轩、丙寅七十八岁

尺寸：33.5×34cm×12

估价：RMB1,800,000–2,800,000

成交价：RMB4,480,000

2009–12–19 杭州西泠

0322 陆俨少 宋人诗意册（二十开）

设色纸本 册页

钤印：俨少、万水千山；俨少、穆如馆；俨少、爱新、少作精严故不磨；陆俨少、宛若、爱新就新；陆印、俨少、穆如馆；陆、俨少、等外品；陆氏、俨少、肖形印；陆氏、俨少、秋日胜春朝；俨少、嘉定、穆如馆；陆俨少印、又字宛若；俨少、就新学人；俨少、穆如馆；陆俨少印、又字宛若、日日河山日日新；俨少、就新居；陆氏、俨少；俨少、穆如馆；俨少；俨少、力今以胜古；俨少、就新；陆氏、俨少、就新居、嘉定

尺寸：24×33cm×20

估价：RMB6,000,000–9,000,000

成交价：RMB24,640,000

2009–12–19 杭州西泠

0157 陆俨少 山水（四帧）

镜心 设色纸本

钤印：陆俨少印

尺寸：70×48cm×4

估价：RMB1,200,000–1,600,000

成交价：RMB1,792,000

2009–8–29 山东天承

0240 陆俨少 金罗店

镜心 纸本

钤印：陆俨少

尺寸：140×70cm

估价：RMB1,800,000–2,500,000

成交价：RMB4,872,000

2009–12–14 北京匡时

0011 陆俨少 山水

成扇 纸本

钤印：俨少（2次）

尺寸：19×48cm

估价：RMB350,000–400,000

成交价：RMB996,800

2009–6–25 北京匡时

0424 唐云 江山卧游图

手卷 纸本

钤印：唐云、老药、药翁、药翁、大石斋

尺寸：24.5×349cm

估价：RMB200,000–250,000

成交价：RMB649,600

2009–6–25 北京匡时

0423 唐云 松鹰图
设色纸本 立轴
钤印：老药、唐云唯印、大石翁、敝帚
尺寸：136×67cm
估价：RMB100,000-150,000
成交价：RMB380,800
2009-12-18 杭州西泠

0242 谢稚柳 高唐神女图
立轴 纸本
钤印：迟燕、谢穉
尺寸：126.5×58.5cm
估价：RMB600,000-800,000
成交价：RMB1,344,000
2009-12-16 北京长风

0320 谢稚柳 观音宝像图
立轴 纸本
钤印：稚柳、谢稚
尺寸：98×45cm
估价：RMB1,000,000-1,200,000
成交价：RMB1,400,000
2009-12-14 北京匡时

0082 谢稚柳 拟宋元山水（十开，另跋文一开）

金笺纸本 册页

钤印：稚柳、壮暮、年逢己巳八过十、稚柳、壮暮翁

尺寸：画心：26.5×32.5cm×10，跋文：26.5×32cm

估价：RMB900,000–1,200,000

成交价：RMB1,120,000

2009–12–18 杭州西泠

406 谢稚柳 陈佩秋 山川万象 行书诗（十六开）

册页 设色纸本

钤印：谢稚、稚柳、鱼饮、谢屐、稚柳

尺寸：29×32.5 cm

估价：RMB800,000–1,200,000

成交价：RMB1,456,000

2009–12–23 上海朵云轩

0412 谢稚柳 南湖之春
镜心 纸本
钤印：谢稚、稚柳
尺寸：64×94cm
估价：RMB1,200,000-1,500,000
成交价：RMB5,600,000
2009-6-25 北京匡时

0152 谢稚柳 青山访客图
镜心 设色纸本
钤印：壮暮翁、稚柳
尺寸：123×247cm
估价：RMB900,000-1,200,000
成交价：RMB3,864,000
2009-6-24 上海泓盛

0071 谢稚柳 群峰夏绿图

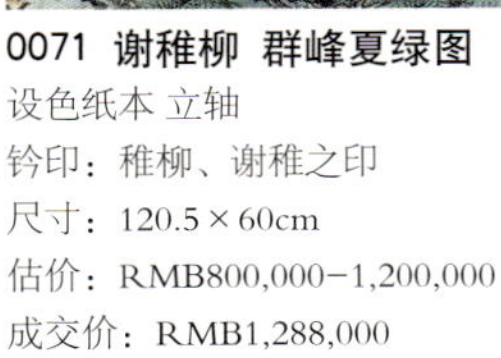

设色纸本 立轴
钤印：稚柳、谢稚之印
尺寸：120.5×60cm
估价：RMB800,000–1,200,000
成交价：RMB1,288,000
2009–12–18 杭州西泠

0107 谢稚柳 长松雅阁

镜心 设色纸本
钤印：谢稚柳、壮暮
尺寸：81.5×33cm
估价：RMB700,000–800,000
成交价：RMB784,000
2009–5–31 北京永乐

0427 谢稚柳 峰峦空翠图

设色纸本立轴
钤印：稚柳、谢稚之印、苦篁斋
尺寸：96.5×46.5cm
估价：RMB500,000–800,000
成交价：RMB1,120,000
2009–12–18 杭州西泠

0443 谢稚柳 林麓晴云
立轴 设色纸本
钤印：谢稚、稚柳
尺寸：84×48cm
估价：RMB500,000-800,000
成交价：RMB985,600
2009-11-20 北京华辰

0097 谢稚柳 泉声云气图
立轴 纸本
钤印：稚柳、谢、壮暮堂
尺寸：237×105.5cm
估价：RMB2,800,000-3,500,000
成交价：RMB5,824,000
2009-12-14 北京匡时

0096 谢稚柳 松鹰图

立轴 纸本

钤印：谢稚柳、壮暮、谢、壮暮翁、鱼饮、夕好

尺寸：124×57cm

估价：RMB1,500,000–1,800,000

成交价：RMB1,568,000

2009–12–14 北京匡时

0282 谢稚柳 松鹰图

设色纸本 镜片

钤印：稚柳、壮暮翁、夕好、巨鹿园

尺寸：123×66 cm

估价：RMB500,000–800,000

成交价：RMB1,366,400

2009–7–19 上海朵云轩

0819 谢稚柳 翠竹幽栖图

镜心 设色纸本

钤印：谢稚私印、稚柳居士、鱼饮溪堂

尺寸：90×35.5cm

估价：RMB180,000–250,000

成交价：RMB907,200

2009–6–20 杭州西泠

0149 谢稚柳 耄耋图

镜心 设色纸本

钤印：谢稚之印信、稚柳

尺寸：56×45cm

估价：RMB500,000-600,000

成交价：RMB1,041,600

2009-8-29 山东天承

0106 谢稚柳 霜枝鹳鸲

镜心 设色纸本

钤印：谢稚、稚柳

尺寸：138×35.8cm

估价：RMB1,100,000-1,500,000

成交价：RMB1,232,000

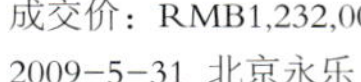

2009-5-31 北京永乐

0448 谢稚柳 小莲庄看荷图卷

手卷 设色纸本

钤印：谢稚、稚柳

尺寸：33×225cm

估价：RMB400,000-600,000

成交价：RMB784,000

2009-11-20 北京华辰

623 谢稚柳 白莲图
水墨纸本 镜片
钤印：谢稚之印、稚柳、鱼饮溪堂、杜斋
尺寸：126.5×83.5 cm
估价：RMB350,000-500,000
成交价：RMB1,344,000
2009-12-23 上海朵云轩

0158 黎雄才 崂山狮子峰
设色纸本 镜片
钤印：黎（朱）雄才
尺寸：139×69cm
估价：RMB280,000-450,000
成交价：RMB560,000
2009-12-18 杭州西泠

0134 黎雄才 山村春晓
镜心 设色纸本
钤印：岭南、黎雄才
尺寸：96×178.5cm
估价：RMB160,000-280,000
成交价：RMB616,000
2009-10-17 中贸圣佳

0037 陆俨少 徐邦达 西溪小隐之图

横批 设色纸本

钤印：徐邦达印、俨少、心远居士

尺寸：19.5×133cm

估价：RMB700,000-1,000,000

成交价：RMB1,120,000

2009-10-17 中贸圣佳

571 吴青霞 出峡图

立轴 设色纸本

钤印：吴、青霞书画、篆香阁主、龙城女史

尺寸：151.5×78.5 cm

估价：RMB180,000-250,000

成交价：RMB336,000

2009-12-23 上海朵云轩

0386 徐邦达 仿文徵明龙池叠翠

立轴 纸本

钤印：徐旁临古、心远草堂、徐旁

尺寸：136×36cm

估价：RMB300,000-400,000

成交价：RMB616,000

2009-6-25 北京匡时

0015 郑乃珖　松鹤延龄（四屏）
设色纸本
钤印：璧寿翁、砚云山馆、思母亭、带草堂
尺寸：150×40cm×4
估价：RMB400,000-600,000
成交价：RMB1,344,000
2009-5-10　北京荣宝

0001　关山月　虾球传·山长水远（九十四开）
水墨纸本 连环画原稿 九十四页
钤印：关、山月、山月
尺寸：尺寸不一
估价：RMB8,000,000-12,000,000
成交价：RMB8,960,000
2009-10-17　中贸圣佳

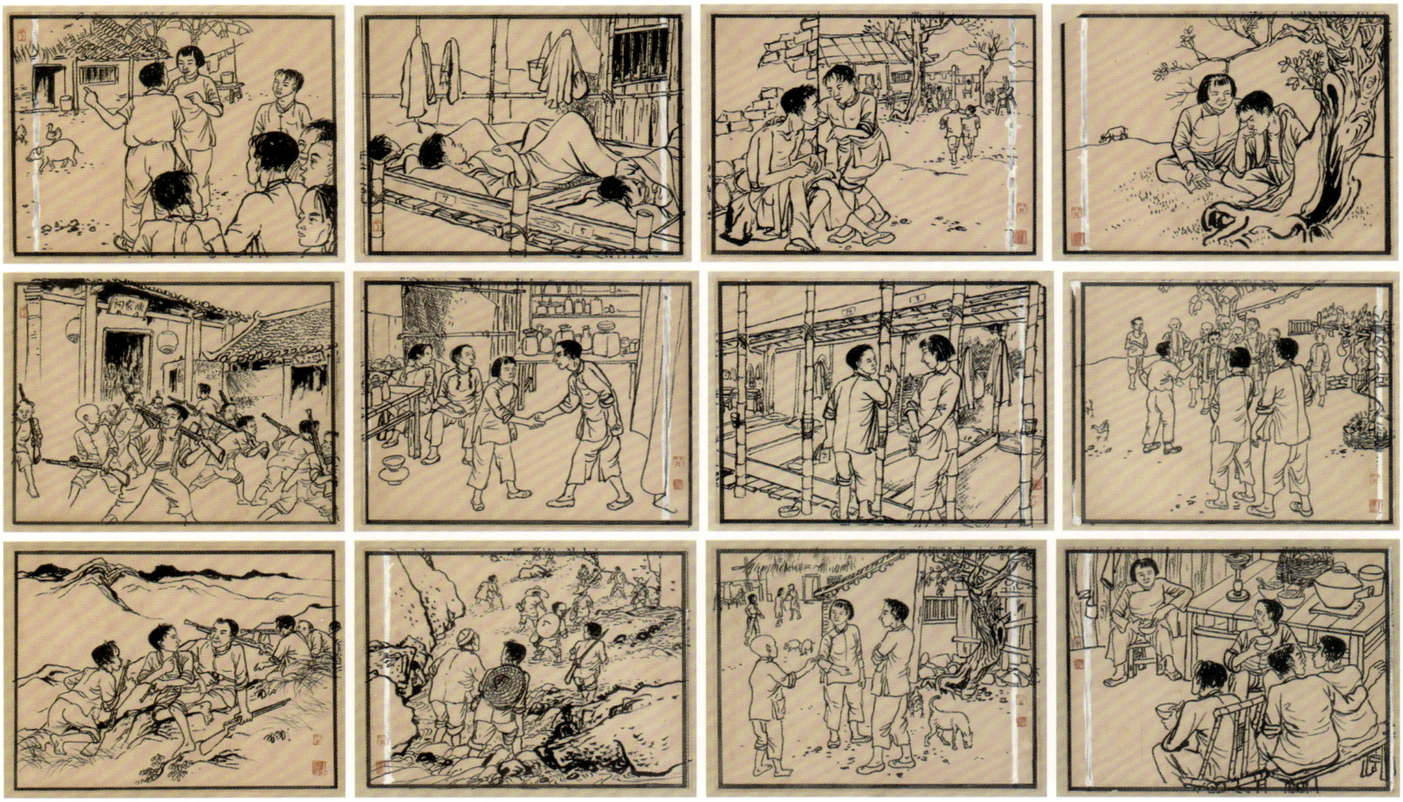

0114 关山月 一笑千家暖

立轴 设色纸本

钤印：关山月、学到老来知不足、八十年代

尺寸：136×67cm

估价：RMB200,000-300,000

成交价：RMB806,400

2009-12-13 北京永乐

0413 启功 草书琵琶行长卷

手卷 水墨纸本

钤印：启功、元伯

尺寸：33×1907cm

估价：RMB600,000-800,000

成交价：RMB3,920,000

2009-11-20 北京华辰

0436 启功 秋江独钓图

立轴 设色纸本

钤印：启功之印、元白居士、西山朝来致有爽气

尺寸：135×68cm

估价：RMB200,000-350,000

成交价：RMB582,400

2009-5-30 北京华辰

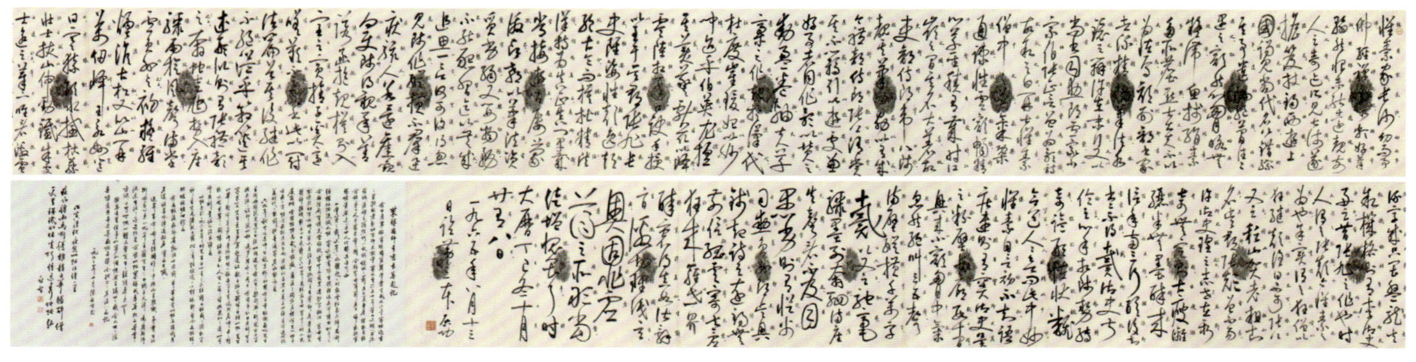

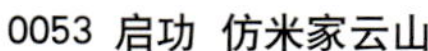

0272 启功 书法手卷

手卷 纸本

钤印：启功之印、元白

尺寸：44.5×630cm

估价：RMB800,000-1,200,000

成交价：RMB1,400,000

2009-8-29 山东天承

0053 启功 仿米家云山

镜心 设色纸本

钤印：启功之印、元白居士、味无味、曼殊

尺寸：127×58cm

估价：RMB500,000-600,000

成交价：RMB1,120,000

2009-5-31 北京永乐

0371 启功 秋岭苍松

立轴 设色纸本

钤印：启功之印、元白居士、元伯

尺寸：131.8×60.2cm

估价：HKD180,000-250,000

成交价：HKD800,000

2009-4-6 香港苏富比

0547 启功 行书五言诗

镜心 纸本

钤印：启功之印、元白辞翰、己卯

尺寸：89×115.5cm

估价：RMB800,000－1,200,000

成交价：RMB1,792,000

2009－10－17 中贸圣佳

0314 启功 自作诗

镜心 水墨纸本

钤印：启功之印、元伯、长爱

尺寸：150×74cm

估价：RMB120,000－150,000

成交价：RMB683,200

2009－5－8 北京翰海

0432 陶一清 万水千山

镜心 设色纸本

钤印：陶一清印

尺寸：146×300cm

估价：RMB1,600,000－2,600,000

成交价：RMB2,240,000

2009－10－17 中贸圣佳

0116 黄秋园 蓬莱仙境
镜心 纸本
钤印：秋园、长留天地间
尺寸：132×129cm
估价：RMB1,200,000–1,500,000
成交价：RMB1,344,000
2009–12–14 北京匡时

0117 黄秋园 敦煌仕女图
立轴 纸本
钤印：秋园之画、长留天地间
尺寸：104×64cm
估价：RMB1,000,000–1,200,000
成交价：RMB1,400,000
2009–12–14 北京匡时

1415 杨善深 山水
镜心 设色纸本
钤印：善深、曾绕地球一周、但愿人长久、千里共婵娟
尺寸：96×322cm
估价：RMB650,000–750,000
成交价：RMB840,000
2009–12–6 广州嘉德

潭影空人心

山光悦鳥性

1424 赖少其 山水 对联一屏

镜心 设色纸本

钤印：赖少其印（二次）、少其（二次）、赖

尺寸：82×18cm×2；72×123cm

估价：RMB480,000–580,000

成交价：RMB840,000

2009-12-6 广州嘉德

0069 赖少其 寒梅图

镜心 设色纸本

钤印：赖少其印、兴之所至、赖少其印、一木一石之斋

尺寸：124×248cm

估价：RMB1,200,000–2,000,000

成交价：RMB1,568,000

2009-10-17 中贸圣佳

0026 魏紫熙 黄洋界

镜心 设色纸本

钤印：老魏、紫熙书画

尺寸：143×364.5cm

估价：RMB3,200,000–4,800,000

成交价：RMB5,152,000

2009-10-17 中贸圣佳

0019 魏紫熙 天堑通途
镜心 设色纸本
钤印：老魏、紫熙书画
尺寸：66.5×122.5cm
估价：RMB280,000-400,000
成交价：RMB660,800
2009-10-17 中贸圣佳

0235 魏紫熙 万山红遍
镜心 纸本
钤印：紫熙 魏文
尺寸：137×69cm
估价：RMB1,200,000-1,500,000
成交价：RMB2,016,000
2009-12-14 北京匡时

0359 白雪石 清溪饮马
镜心 设色纸本
钤印：雪石之印
尺寸：71×275cm
估价：RMB450,000-550,000
成交价：RMB1,232,000
2009-5-8 北京翰海

0317 张仃 西夏王陵

镜心 纸本

钤印：它洞、张仃

尺寸：68×137cm

起拍价：RMB 200,000

成交价：RMB274,400

2009-6-26 北京长风

0007 白雪石 千峰竞秀

镜心 设色纸本

钤印：老白、雪石长年、何须斋、曾经处中

尺寸：115×304cm

估价：RMB600,000-800,000

成交价：RMB1,288,000

2009-12-26 山东天承

0431 白雪石 四时长城

镜心 设色纸本

钤印：老白、惜阴、雪石长年、老白所作、何须斋、无数云山半笔埽

尺寸：97×180cm×4

估价：RMB3,800,000-5,800,000

成交价：RMB5,488,000

2009-10-17 中贸圣佳

0890 田世光 孔雀双栖

立轴 设色纸本

钤印：公炜、田世光

尺寸：92×126cm

估价：RMB700,000-1,200,000

成交价：RMB1,456,000

2009-11-22 北京保利

0041 田世光 四季花鸟

四屏 设色纸本

钤印：田世光、公炜

尺寸：130×33cm×4

估价：RMB450,000-550,000

成交价：RMB840,000

2009-12-26 山东天承

0012 宋文治 嘉陵晓行图
镜心 设色纸本
钤印：宋、文治、这边风景独好
尺寸：123×247cm×2
估价：RMB800,000-1,200,000
成交价：RMB2,016,000
2009-5-10 北京荣宝

0367 刘继卣　仕女
镜心 设色纸本
钤印：继卣创作
尺寸：70×46cm
估价：RMB150,000-200,000
成交价：RMB224,000
2009-11-15 北京荣宝

0708 宋文治 长征第一关
镜心 设色纸本
钤印：宋文治
尺寸：101×73cm
估价：RMB500,000-700,000
成交价：RMB1,568,000
2009-12-19 北京荣宝

0463 石鲁 华岳积雪图

立轴 设色纸本

尺寸：179×89cm

估价：RMB1,800,000-2,500,000

成交价：RMB1,792,000

2009-11-9 北京翰海

0017 宋文治 井冈山八角楼

立轴 设色纸本

钤印：宋文治、江山如此多娇

尺寸：109×67.5cm

估价：RMB800,000-1,200,000

成交价：RMB1,456,000

2009-10-17 中贸圣佳

0466 石鲁 缝衣女

立轴 设色纸本

钤印：石鲁画印

尺寸：95×89cm

估价：RMB1,200,000-1,600,000

成交价：RMB1,456,000

2009-11-9 北京翰海

0308 石鲁 蔷薇

立轴 纸本

钤印：石鲁

尺寸：177×82cm

估价：RMB1,000,000-1,200,000

成交价：RMB1,456,000

2009-12-14 北京匡时

1373 石鲁 黄河飞荡图

设色纸本 立轴

钤印：石鲁

尺寸：154.5×83cm

估价：RMB1,800,000-3,500,000

成交价：RMB7,392,000

2009-12-19 杭州西泠

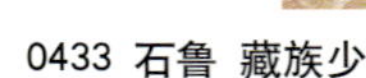

0433 石鲁 藏族少女

立轴 设色纸本

钤印：石鲁、石鲁

尺寸：96×59.5cm

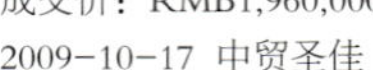

估价：RMB600,000-800,000

成交价：RMB1,960,000

2009-10-17 中贸圣佳

0847 吴冠中 印度尼西亚野生动物园
镜心 设色纸本
钤印：吴冠中印(两次)、九十年代
尺寸：96×179cm
估价：RMB4,800,000-6,800,000
成交价：RMB12,880,000
2009-11-22 北京保利

0848 吴冠中　竹林人家
立轴 设色纸本
钤印：荼、冠中写生
尺寸：66×95cm
估价：RMB1,200,000-1,800,000
成交价：RMB2,352,000
2009-11-22 北京保利

0046 吴冠中 老重庆

镜框 设色纸本

钤印：茶、冠中写生

尺寸：96.5×107cm

估价：HKD2,200,000–3,000,000

成交价：HKD5,540,000

2009-10-5 香港苏富比

0457 吴冠中 禾塘人家

镜心 设色纸本

钤印：吴冠中印、八十年代

尺寸：69×69cm

估价：RMB450,000–600,000

成交价：RMB784,000

2009-11-9 北京翰海

0042 吴冠中 绍兴小楼

镜心 设色纸本

钤印：吴冠中印、八十年代

尺寸：68×56cm

估价：RMB550,000–650,000

成交价：RMB952,000

2009-12-26 山东天承

0103 吴冠中 竹里人家
镜心 设色纸本
钤印：荼、冠中写生
尺寸：47×44.5cm
估价：RMB400,000-450,000
成交价：RMB716,800
2009-11-9 北京翰海

0256 吴冠中 林
镜心 纸本
钤印：冠中写生
尺寸：69×68cm
起拍价：RMB800,000
成交价：RMB1,120,000
2009-6-26 北京长风

0338 吴冠中 万寿无疆
镜心 纸本
钤印：冠中写生
尺寸：47×44cm
起拍价：HKD700,000
成交价：HKD6,600,000
2009-5-26 香港长风

0487 吴冠中 华山日出
立轴 设色纸本
钤印：茶
尺寸：137×68cm
估价：RMB1,800,000-2,200,000
成交价：RMB1,904,000
2009-6-25 广州嘉德

0138 吴冠中 老树新芽
镜片 设色纸本
钤印：吴冠中印、茶、八十年代
尺寸：96×97cm
估价：RMB500,000-600,000
成交价：RMB1,680,000
2009-12-12 上海泓盛

0016 程十发 岁寒三友
镜心 设色纸本
钤印：十发、程潼、勿老草
尺寸：95×177cm
估价：RMB600,000-800,000
成交价：RMB840,000
2009-5-10 北京荣宝

0750 程十发 欢迎毛主席（十六幅）
镜心 设色纸本
尺寸：43.5×33cm×16
估价：RMB3,200,000-5,200,000
成交价：RMB3,584,000
2009-11-21 中国嘉德

1478 程十发 瑶山春
设色纸本 立轴
钤印：程潼十发之鉨、十发、程潼、程十发、大象
尺寸：150.5×95cm
估价：RMB500,000—700,000
成交价：RMB728,000
2009-12-19 杭州西泠

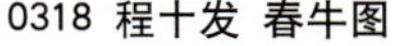

0318 程十发 春牛图
立轴 纸本
尺寸：97×66.5cm
估价：RMB400,000-600,000
成交价：RMB739,200
2009-11-21 北京歌德

0417 亚明 煤田谱新曲
镜心 纸本
钤印：亚明
尺寸：118×66.5cm
估价：RMB80,000-100,000
成交价：RMB414,400
2009-6-25 北京匡时

0458 陈佩秋 观音大士法相
镜心 设色纸本
钤印：陈氏、佩秋、长年、无绝、长年
尺寸：136×59.5cm
估价：RMB600,000-800,000
成交价：RMB828,800
2009-11-20 北京华辰

631 陈佩秋 国色天香 行书
设色绢本 手卷
钤印：陈氏、健碧、义之、大乐、高华阁、忆谢堂、南阳陈氏、佩秋书画、秋兰、长年、截玉轩
尺寸：36×78 cm
估价：RMB150,000-200,000
成交价：RMB448,000
2009-12-23 上海朵云轩

0531 黄永玉 荷花
立轴 设色纸本
钤印：黄永玉、永玉之画
尺寸：130×134cm
估价：RMB600,000-800,000
成交价：RMB672,000
2009-11-20 北京华辰

0382 黄永玉 天女散花
镜心 纸本
钤印：黄永玉、万荷堂主、上善若水
尺寸：188.5×98cm
估价：RMB600,000-800,000
成交价：RMB672,000
2009-12-14 北京匡时

0264 黄永玉 野茶客
手卷 设色纸本
钤印：癸未、万荷堂、永玉、黄
尺寸：52×749cm
估价：RMB600,000-800,000
成交价：RMB896,000
2009-8-29 山东天承

0845 黄胄 新疆舞蹈人物
镜心 设色纸本
钤印：黄胄画印
尺寸：179×95cm
估价：RMB1,800,000–2,800,000
成交价：RMB3,696,000
2009-11-22 北京保利

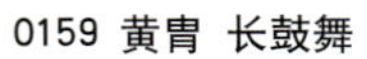

0159 黄胄 长鼓舞
镜心 设色纸本
钤印：梁、黄胄
尺寸：138.5×69.5cm
估价：RMB600,000–800,000
成交价：RMB1,097,600
2009-11-9 北京翰海

0430 黄胄 塔吉克猎人
镜心 设色纸本
钤印：黄胄写意
尺寸：137×67cm
估价：RMB800,000–1,200,000
成交价：RMB1,232,000
2009-10-17 中贸圣佳

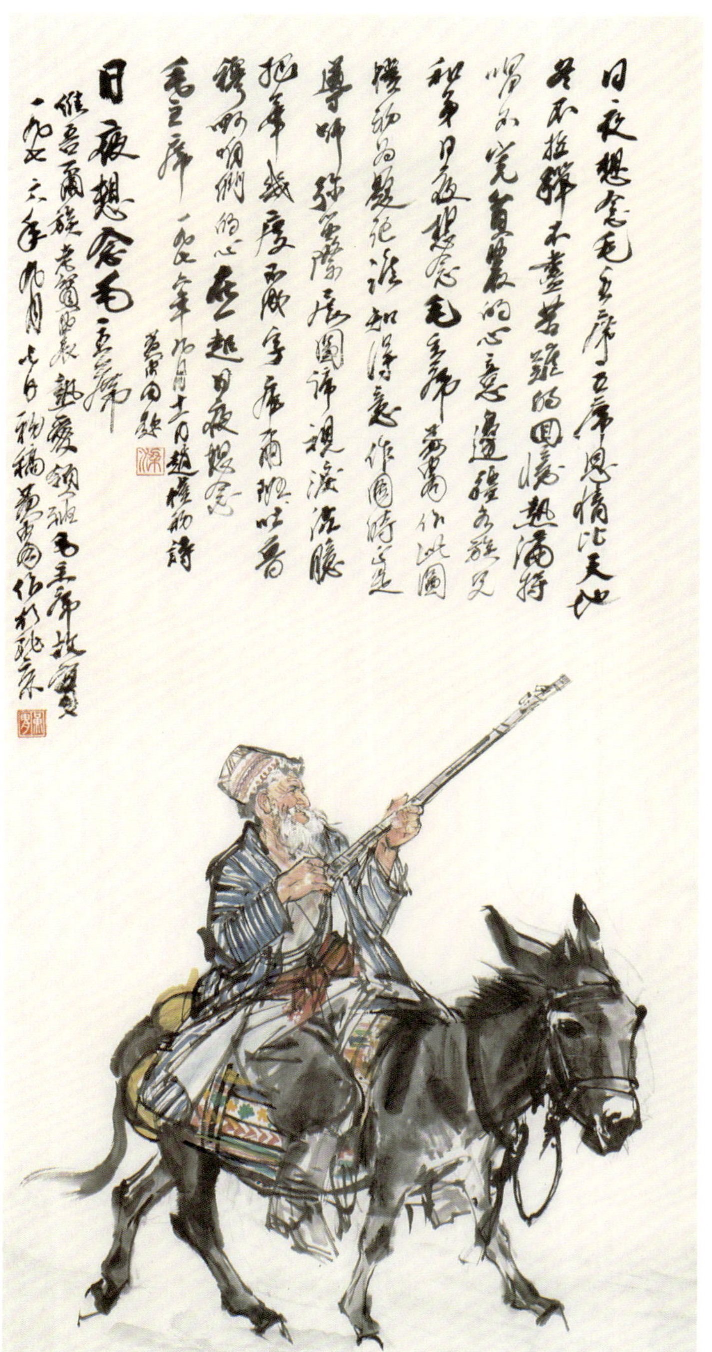

0467 黄胄 日夜想念毛主席

镜心 设色纸本

钤印：黄胄、梁

尺寸：135×69cm

估价：RMB1,200,000-2,200,000

成交价：RMB2,016,000

2009-10-17 中贸圣佳

0364 黄胄 出诊归来

镜心 设色纸本

钤印：梁、黄胄之印、黄胄初稿

尺寸：101×86cm

估价：RMB800,000-1,200,000

成交价：RMB896,000

2009-11-9 北京翰海

0442 黄胄 集市一景

镜心 设色纸本

钤印：黄胄之印、黄胄写意、映斋

尺寸：97×46cm

估价：RMB550,000-650,000

成交价：RMB1,064,000

2009-8-29 山东天承

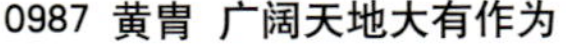

0987 黄胄 广阔天地大有作为

镜心 设色纸本

钤印：梁黄胄印、黄胄写意、黄、胄

尺寸：143×80cm

估价：RMB1,800,000–2,800,000

成交价：RMB4,368,000

2009-11-22 北京保利

0104 刘旦宅 十二诗人造像（十二开）

册页 纸本

尺寸：27×44cm×12

估价：RMB900,000–1,200,000

成交价：RMB1,064,000

2009-6-25 北京匡时

1479 刘旦宅 游春图

设色纸本 镜片

钤印：刘浑、旦宅、吉祥、瓯越人

尺寸：133×67.5cm

估价：RMB450,000-600,000

成交价：RMB504,000

2009-12-19 杭州西泠

0160 刘文西 新疆维族老人

立轴 设色纸本

钤印：刘文西

尺寸：137.5×68.5cm

估价：RMB150,000-180,000

成交价：RMB593,600

2009-6-19 杭州西泠

1635 喻继高　茶梅兰鹊

镜心 设色纸本

钤印：继高之印、鸟语花香、千古文章

尺寸：72×74cm

估价：RMB280,000-350,000

成交价：RMB313,600

2009-12-6 广州嘉德

0305 范曾 话说十二生肖

镜心 设色纸本

钤印：十翼、江东人也、范曾、江东范氏、抱冲斋主、延年、通州范曾、丁丑、范曾之印、范曾长寿、烟霞深处

尺寸：45×34cm×14

估价：RMB1,200,000-1,500,000

成交价：RMB2,744,000

2009-5-8 北京翰海

0542 范曾 竹林七贤

镜心 纸本

钤印：十翼、范曾印信、十翼还甲之后所作、略通古今之变

尺寸：143.5×366cm

估价：HKD5,000,000-8,000,000

成交价：HKD7,700,000

2009-11-30 香港长风

0100 范曾 池塘碧草

横批 设色纸本

钤印：抱冲斋主、十翼范曾、略通古今之变

尺寸：143×313cm

估价：RMB1,450,000-1,550,000

成交价：RMB2,072,000

2009-11-9 北京翰海

0348 范曾 卜居图

镜心 设色纸本

钤印：范曾、江东范曾

尺寸：145×366cm

估价：RMB400,000-500,000

成交价：RMB6,272,000

2009-11-15 北京荣宝

1102 石齐 歌舞升平

镜框 设色纸本

尺寸：138×286cm

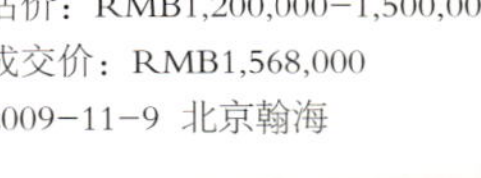

估价：RMB1,200,000-1,500,000

成交价：RMB1,568,000

2009-11-9 北京翰海

0982 石齐 霸王别姬

镜心 设色纸本

钤印：石齐、石齐画、石齐之玺、石齐书画、中得心源、墨酣、闽水长流

尺寸：153×222cm

估价：RMB1,000,000-2,000,000

成交价：RMB4,480,000

2009-11-22 北京保利

0986 杨延文 邀饮桃李园图
镜心 设色纸本
钤印：杨延文印、柏树村
尺寸：143×362cm
估价：RMB1,200,000–1,800,000
成交价：RMB3,416,000
2009–11–22 北京保利

1113 贾又福 太行梦思
镜框 设色纸本
尺寸：68×136cm
估价：RMB740,000–840,000
成交价：RMB828,800
2009–11–9 北京翰海

0544 韩天衡 西湖六月
镜心 设色纸本
钤印：大自在、神畅、韩、天衡、百乐斋印、味闲草堂
尺寸：144×367cm
估价：RMB800,000–1,000,000
成交价：RMB1,344,000
2009–12–23 上海道明

1178 冯大中 宋雨桂 苏醒·二

镜心 设色纸本

钤印：雨桂辛苦、雨桂作画、非鬼亦非仙一怒桃花水

尺寸：189×142cm

估价：RMB1,200,000–1,500,000

成交价：RMB1,680,000

2009-5-26 中国嘉德

1618 周彦生 国艳春融

镜心 设色纸本

钤印：彦生画印、一花一世界、花神

尺寸：237×121cm

估价：RMB2,000,000–2,600,000

成交价：RMB2,240,000

2009-12-6 广州嘉德

0394 王晖 五个里程碑

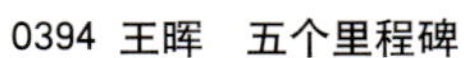

镜心 设色纸本

钤印：王、晖、王晖画印

尺寸：104×227cm

估价：RMB500,000–700,000

成交价：RMB806,400

2009-11-15 北京荣宝

0650 崔如琢 晓雪似春华

镜心 设色纸本

钤印：少许胜多许、如琢写意、醉墨、超以象外、山耶云耶远莫知烟空云散山依然

尺寸：144×365.8cm

估价：HKD3,000,000-4,000,000

成交价：HKD4,820,000

2009-11-29 香港佳士得

0391 崔如琢 千点荷祥

镜心 设色纸本

钤印：醉墨、甲申生、崔如琢印

尺寸：122×245cm

估价：RMB800,000-1,200,000

成交价：RMB3,136,000

2009-10-17 中贸圣佳

0649 崔如琢 冷碧

镜心 设色纸本

钤印：静清斋、崔如琢印、醉墨

尺寸：142×369.6cm

估价：HKD1,800,000-2,200,000

成交价：HKD4,220,000

2009-11-29 香港佳士得

1651 苏百钧　雨霁
镜心 设色绢本
钤印：苏、百钧、德自在
尺寸：147×183cm
估价：RMB1,400,000–1,600,000
成交价：RMB1,568,000
2009–12–6 广州嘉德

0567 冯大中 君临山野
镜心 设色纸本
钤印：冯大中不惑以后所作、山高水常清
尺寸：96×70cm
估价：RMB350,000–450,000
成交价：RMB537,600
2009–5–29 北京保利

0668 萧晖荣　万玉迎瑞图
镜心 设色纸本
钤印：海晖斋、自强不息、晖荣之印、岭东萧氏、书海清韵、萧晖荣画、谷饶溪美、西泠印社中人、海晖斋主兴之所至、但求楼、吉羊、书画有神交有道、笑谈闲气吐笔端
尺寸：189.5×613.5cm
估价：HKD3,800,000–4,800,000
成交价：HKD4,100,000
2009–5–25 香港佳士得

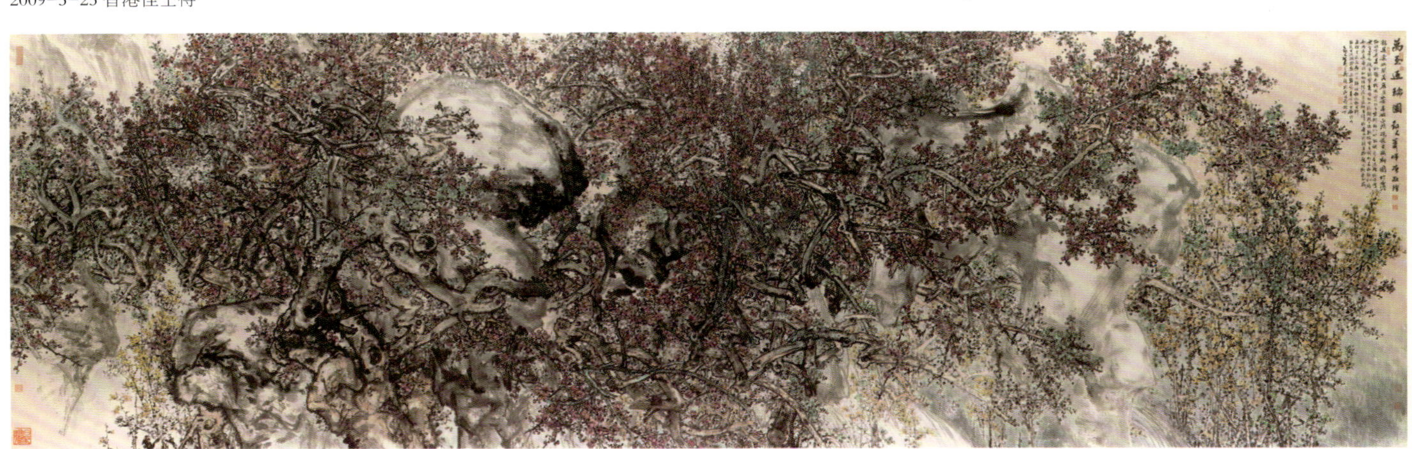

0259 萧晖荣 和谐图
镜心 设色纸本
钤印：萧、晖荣；萧晖荣、俗、海晖斋、真气、不忘根本
尺寸：364×144cm
估价：RMB1,380,000–1,800,000
成交价：RMB1,456,000
2009–10–17 中贸圣佳

1104 冯远 丰年竞技图
镜框 设色纸本
钤印：远
尺寸：79×136cm
估价：RMB450,000–550,000
成交价：RMB683,200
2009–11–9 北京翰海

1115 刘大为 郎德寨的猎手
镜框 设色纸本
钤印：大为
尺寸：180×97cm
估价：RMB960,000–1,200,000
成交价：RMB1,456,000
2009–11–9 北京翰海

1096 王明明 杜牧诗意
镜框 设色纸本
钤印：寄情
尺寸：180×98cm
估价：RMB650,000-850,000
成交价：RMB728,000
2009-11-9 北京翰海

0489 史国良 天山之舞
镜心 设色纸本
钤印：国良之印、大自在、与佛有缘、大城县人、去华存质
尺寸：96×179cm
估价：RMB250,000-350,000
成交价：RMB425,600
2009-5-10 北京荣宝

1105 江宏伟 十里藕花香
镜框 设色纸本
钤印：江、宏伟
尺寸：48×177cm
估价：RMB300,000-320,000
成交价：RMB392,000
2009-11-9 北京翰海

1648 江宏伟　南国印象

镜心 设色纸本

钤印：江、宏伟

尺寸：93×174cm

估价：RMB800,000−1,000,000

成交价：RMB1,120,000

2009−12−6 广州嘉德

0352 何家英 三美图

镜心 设色纸本

钤印：何家英

尺寸：95×86cm

估价：RMB400,000−600,000

成交价：RMB784,000

2009−11−15 北京荣宝

0451 何家英 露花图

镜心 纸本

钤印：何、家英之印、我之为我自有我在、思理为忠神与物游、释神凝情、极画专情

尺寸：133×66.5cm

估价：RMB350,000−450,000

成交价：RMB582,400

2009−12−16 北京长风

0463 何家英 出浴图
镜心 设色纸本
钤印：何家英印、何、何家英印、何
尺寸：82×106cm
估价：RMB300,000–400,000
成交价：RMB515,200
2009–8–29 山东天承

0373 何家英 女孩
镜心 设色纸本
钤印：何、何家英印、极富专情、释神凝情、林楼精舍
尺寸：134×68.5cm
估价：RMB600,000–800,000
成交价：RMB728,000
2009–11–15 北京荣宝

1608 刘泉义 银饰
镜心 设色纸本
钤印：泉义
尺寸：73.5×61cm
估价：RMB200,000–250,000
成交价：RMB224,000
2009–12–6 广州嘉德

1063 杨佴旻　中秋
镜框 设色纸本
钤印：师驼坞
尺寸：82×77cm
估价：RMB180,000-220,000
成交价：RMB268,800
2009-11-9 北京翰海

0560 蒋山青 春意
镜心 纸本
钤印：蒋山青
尺寸：144×97.5cm
估价：HKD200,000-300,000
成交价：HKD1,120,000
2009-11-30 香港长风

1652 喻慧 暖风吹春
镜心 设色纸本
钤印：喻慧之印、大桌山房、悠闲处、无馨佛、寿者相
尺寸：65.5×132cm
估价：RMB200,000-250,000
成交价：RMB224,000
2009-12-6 广州嘉德